富永健一　編

理論社会学の可能性
客観主義から主観主義まで

新曜社

編者序言

　今年 2005 年（平成 17 年）は、1945 年（昭和 20 年）の日本の敗戦から 60 年目にあたる（以下これを「戦後 60 年」と呼ぼう）。またこれを 1868 年（明治元年）の明治維新から数えると、137 年目にあたる（以下これを「明治 137 年」と呼ぼう）。

　明治元年の日本は、鎖国によって長いあいだ世界から切り離されつづけた、極東の小さな一つの封建社会であった。明治維新はその古い封建社会を変革して、日本を近代社会につくりかえることをめざした。維新後の日本は、産業化と近代化に成功して、世界の強国に伍するようになったが、その過程において、台湾と朝鮮半島を植民地化し、アジア大陸への軍事的進出によって満州国を建国し、さらに中国本土に攻め込んだだけでなく、それが拡大して米英中露を敵にまわし、太平洋戦争を引き起こした。その結果、「明治 137 年」は敗戦という大きな挫折経験によって、1945 年を境に戦前と戦後に大きく区切られることになった。

　昭和 20 年の日本は、敗戦の結果、朝鮮半島・台湾・サハリンなどを失い、国内産業も壊滅して、産業化と近代化のやり直しから始めねばならなかった。しかし高度経済成長に成功したことによって、1970 年代以後日本は世界の「経済大国」の一つと見なされるようになり、サミットの仲間入りをするまでになった。これは「戦後 60 年」の明るい面である。その一方で日本は、戦地に動員された 310 万に達する戦死者、広島・長崎の原爆、東京をはじめとする都市大空襲、沖縄住民や満州開拓民など多数の犠牲者をめぐる暗い面を、今にいたるまで引き継いでいる。首相の靖国神社参拝問題、中国で今年 4 月に起こった大規模な反日デモ、中国・韓国から繰返し提起されてきた歴史教科書問題等々は、戦争の傷跡が日本と東アジア諸国の関係を今なお改善に向かわせることを妨げ、ヨーロッパにおける EU のような連合体の形成が東アジアにおいて不可能であることの原因となっている。EU では、ドイツがすでにナチズムの悪夢から脱却し、フランスと並んで「ヨーロッパ連合」のリーダーになっているのと対照的に、アジアでは、日中韓（朝）を含んだ「東アジア連合」というイメージがまったく形成されておらず、したがって日本はそのリーダーにはお

ろかその一員としてすら遇されていない、という現実が現在も続いている。

*

　本書は、「理論社会学」を共通の主題にして、過去二年間研究会を続けてきた成果を本にしたものである。ここで理論社会学というのは、アドホックに設定された個別領域ごとの社会的現実を、社会調査データを用いて分析する領域社会学（家族社会学、農村社会学、都市社会学、産業社会学、医療社会学、環境社会学など）に対して、いわばノン・セクションの広い視野をもつ一般社会学が、社会システムの構造と機能を分析するという視点から設定してきた、システム／サブシステム間の関係についての理論を適用した分析というほどの意味である。しかし「理論」というのは「現実」と無関係に問題を立てるということを意味するものであってはならず、以上述べたような日本社会の「戦後60年」および「明治137年」についての現状を念頭におくことから出発している、ということが重要である。

　ここで「社会システムの構造と機能」とか、「システム／サブシステム間の関係」とかいう用語を用いたのは、本書の目次を見ていただければすぐわかるように、パーソンズの社会システム理論の図式におけるＡ、Ｇ、Ｉ、Ｌの四機能分析が、本書の六部構成の下地になっていることによるもので、本書はこの図式によって抽出された「経済」と「政治」と「社会」と「文化」の相互依存関係から、グローバル化の時代における日本社会と世界社会を分析しようとしている。しかし本書の理論枠組が、パーソンズ理論だけによって作られたものでないということもまた、本書を一瞥していただければすぐにわかるであろう。この問題については、後述しよう。

　現代のグローバル化された世界の中で、日本は上述したように、高度経済成長の達成いらい経済大国として位置づけられてきた。しかし経済は社会システム（広義の社会）の四つのサブシステムの一つとして、他の三つと機能的に相互依存しあっているのであるから、その中でサブシステムの一つとしての「社会」（狭義の社会）を研究対象としている社会学の観点からすると、日本が経済大国であるというなら、それは狭義の社会としての「日本社会」とどのような機能的関連の上に立った経済大国であるのかを分析しなければならない。狭義の社会とは、相互行為しあう複数の個人が集まって作っている、マクロには機能的、ミクロには意味的なつながりを指しており、そのようなつながりの中に

家族や学校や企業や農村や都市や日本社会や世界社会がある。

　ところが日本が経済大国になったために、それらの狭義の日本社会のあり方が、高度経済成長以後に変化をとげてきた。例えば近年の日本においては婚姻率が低下し、家族によって包まれていない個人が増加しているだけでなく、家族の内部においても子供が十分な親子関係によって包まれていないことが多くなって、子供の社会化に問題が起こっており、それらが犯罪率や自殺率の増加の原因になっている。そしてこれは、日本が経済大国になったことによって、少子化社会になり高齢化社会になったという事実と無関係ではないであろう。デュルケームは今から100年以上前のフランスにおいて、『社会分業論』(1893)、『社会学的方法の規準』(1895)、『自殺論』(1897)を次々に書いたが、それらは第三共和制下のフランスで、一方に経済発展が大いに進んでも、他方にそれが犯罪率や自殺率の上昇をもたらしているのでは、フランス人は幸福になることができない、という問題を分析することを意図したものであった。現在の日本でも、少子化と高齢化は同じ盾の両面であり、それらが犯罪率や自殺率の増加につながっている。いくら世界の経済大国の一つになっても、80歳代、90歳代の高齢者が増え、家族の解体が起こり、医療保険や年金保険や介護保険の財政が悪化しているような状態のもとでは、日本人は幸福になることはできない。

　他方、狭義の社会としての日本社会が、同じく狭義の社会としての中国社会や韓国社会の人びとの反日感情を買うにいたっているのは、日本の政治や社会や文化のあり方が、経済大国になった日本の外交関係を維持していくのにきわめて未熟であり、そのために両社会のあいだで人びとの相互行為がうまくいっていない、という事実の結果を示すものであろう。中国と韓国の人びとの神経を逆撫でする自民党政治家たちの靖国神社参拝の強行は、かつて大陸に攻め込んだ日本の東アジアに対する関係と類似する対外的未熟さの産物である、といわなければならないだろう。そしてこの未熟さは、まさに日本社会そのものの未熟さにほかならず、しかもそれは経済大国になった「にもかかわらず」未熟であるというよりも、経済大国になった「ゆえの」未熟であるように思われるのである。

*

　理論社会学は、このように日本社会のあり方が変化してきたことにともな

う、個人と社会のあいだの国内的な関係、および国民社会と国民社会のあいだの国際的な関係について、発言しなければならない。そのような日本社会のおかれた国内的・国際的な現実を、現代社会学のさまざまな理論を用いながら解明することが、本書の目的である。

まず第Ⅰ部「理論社会学を求めて」では、地球規模でのマクロ社会学的視点において、グローバル化の動向の中で日本の国民社会がおかれてきた状況を、国民共同体という観点を中心において分析し（第1章「理論社会学から見た国民社会」（富永健一））、次いで視点を変えて、国内的状況において、戦後日本社会学史の流れとして展開された、外部観察としての実証主義・機能主義から、内部観察としての構築性と内部性へという方向転換を分析している（第2章「規範的探求としての理論社会学」（盛山和夫））。日本社会のおかれている国内的ならびに国際的現実は、グローバル化という外部状況を認識することと、それを日本人の内面的なあり方についての反省と結びつけることとの、両面を必要としているのである。

第Ⅱ部「社会システム理論」においては、戦後理論社会学の中心を形成してきた社会システムという分析用具を用い、さらに第Ⅲ部以下では、その社会システムを、「政治と社会」、「経済と社会」、「文化と社会」、「意味と社会」という四つの側面に区分して、より個別的な理論的視点ごとに、日本の社会と社会学が直面してきているさまざまな個人と社会の問題を取り上げる。

それらのうち、第Ⅱ部の主題とした社会システム理論は、戦後日本社会学において、1950-60年代にはパーソンズ理論から学ぶことにより、次いで1970-80年代にはルーマン理論から学ぶことによって構築され、理論社会学の中核を形成してきたものである。それらについて、まずパーソンズ理論が取り上げられ、近代化にともなって増大してきた不確定性状況と、これによる社会的緊張の増加という問題が分析される（第3章「進化的変動論としてのパーソンズ社会学」（油井清光））。次にルーマン理論が取り上げられ、社会システムの脱人間化および脱主観化という問題（第4章「社会システムの脱人間化と脱主観化」（徳安彰））、および社会システムの下位諸領域が閉鎖化され自律化されるにいたっていることから生ずる問題（第5章「機能分化の社会理論」（馬場靖雄））が論じられる。

第Ⅲ部の「政治と社会」は、20世紀における世界的規模での近代化が、先進諸国の民主化を達成する過程で、一方では、ナチズムおよび共産主義という

二つの全体主義を生み出した原因は何であったのか、という大きな歴史的事件の社会学的意味を分析し（第6章「近代性をめぐるパーソンズとバウマン」（進藤雄三））、他方では、国民国家の形成が進行した歴史的過程の中で、国家論が復権してきた理論的状況を分析する（第7章「国民国家の社会理論」（佐藤成基））。パーソンズとバウマンがそれぞれ中心的に論じたナチズムおよび共産主義の問題は、日本においては昭和前期に進行した軍国主義化の問題と対応するものだったのであり、ドイツもイタリアも日本もロシアも急速な近代化がその途上において破滅を生み出したという点で共通であったという意味で、密接につながった問題であった。また国民国家形成とナショナリズムの関係は、日米貿易摩擦や、日中関係や日韓関係の摩擦の中で、戦後日本が絶えず直面してきた問題であった。

　第Ⅳ部の「経済と社会」は、共産主義の崩壊によって、世界に資本主義だけしかなくなったことにともない、国家が経済の担い手になることが否定されて、「民営化」「市場化」および「競争化」がクローズアップされるようになったことの問題点を、経済学とは異なる経済社会学の視点から分析したものである。一つの観点は、市場的交換をモースの分析した贈与と対比して分析する視点であり、市場的交換の論理だけでは、公共性を構築することはできない、という結論を導くものである（第8章「贈与の論理、経済の論理」（荻野昌弘））。新保守主義に定位する小泉首相は「民間でできることは民間で」と叫び続けてきたが、実は民間でできることにもまた限界があることが、しだいにわかってきた。もう一つの観点は、経済行為がほんらい社会構造の中に「埋め込まれた」(embedded) ものであるということの指摘によるものであり、このことによる構造的なつながりがなければ、ほんらい競争関係である市場的交換において人と人とが理解しあう関係、信頼しあう関係、連帯しあう関係を形成することは可能にならない、という結論を導くものである（第9章「新しい経済社会学」（渡辺深））。

　第Ⅴ部の「文化と社会」においては、芸術的行為と儀礼的行為が理論化される。芸術的行為の分析はこれまで人文学の中でなされ、理論社会学の中にまだはっきりした位置をもっているとは言えないが、ブルデューは社会学理論自体の中に芸術理論の解明が不可欠であるという観点を示した社会学者として、特筆に価する。ブルデューは「カリスマ」に対比されるものとして彼が用いた、「ハビトゥス」および「場」という二つの概念によって、芸術が天才的才能の

所産であるだけでなく、「外在性の内在化」としての社会の所産であることを強調する理論を立てた（第10章「ハビトゥスとしての芸術」（田中秀隆））。他方、儀礼的行為の分析は、ゴフマン的視点に依拠しながら、儀礼を非合理的な呪術にすぎないとして排斥する既成観念から解放し、合理性と合目的性をもった象徴的行為であることを示すことをテーマとしている（第11章「儀礼の社会理論」（志田基与師））。さらに、ネオ機能主義の地平を去って、パーソンズの社会システム理論を文化理論に転換させた、アレクサンダーの新しい文化社会学が紹介される（第12章「ネオ機能主義から文化社会学へ」（鈴木健之））。

第Ⅵ部には、「意味と社会」の理論化という問題に取り組んだ二つの論文が位置づけられている。ここで「意味」というのは、個人行為者が行為に付与する主観的目的ないし動機の認知に発するものであるが、それが相互行為しあう複数の行為者のあいだでインターパーソナルなシンボルによって表現され、他者と共通に理解されるようになっていくものを指している。動物も相互行為をするが、言語をもっている人間のみが、個人の行為の担い手である自我の主観の中で形成された意味を、相互行為をつうじて相互主観化し、他者と共有するようになっていくのである。構築主義論（物語論）とエスノメソドロジーは、この視角によって、意味が社会的なものになっていく過程を理論化する地平を切り開いてきた。構築主義論においては、自我は彼が記憶している自分の過去を、現在の観点に立って主観的に取捨選択し、一つの物語（個人誌から始まって、メゾの集合体、さらにはマクロの国家、世界の物語にまでいたる）を構築する、という考え方が興味ぶかく提示されている（第13章「過去を担う自己と社会」（片桐雅隆））。他方エスノメソドロジー論は、ミクロの相互行為場面においてなされる対話について、パーソンズの「対応説」とガーフィンケルの「同一説」とを対比し、世界的に有名な黒澤明映画の『羅生門』（芥川龍之介の原作『藪の中』）の材料を用いて、パーソンズ理論とガーフィンケル理論の違いを同様に興味ぶかく描き出している（第14章「羅生門問題」（浜日出夫））。

＊

本書の編者である富永は、本書に先立って『戦後日本の社会学』（東京大学出版会、2004）と題する単著を書いたが、私が同書において述べた諸論点の一つは、戦後60年間の日本社会学は、戦後初期には高田保馬を中心に戦前社会学の発展の中で体系化された理論を継承していたにもかかわらず、1951年の

「特殊社会学」対「総合社会学」論争を契機にして、特殊社会学の理論が「形式社会学」という貶し言葉によって攻撃されて主導権を失い、個別領域ごとの調査研究に基づく実証的モノグラフが中心的な位置を占めるようになった、ということであった。それらの実証的モノグラフの中にももちろん優れた著作があり、戦後日本社会学はそれによって新しい発展段階に入ったと私は考えるが、しかしこの新しい発展段階には決定的な弱点があった。というのは、それによって社会学は、家族社会学は家族社会学だけで日本のイエ制度の研究に専念し、農村社会学は農村社会学だけで日本のムラ社会の研究に没頭し、都市社会学は都市社会学だけでシカゴ学派の同心円説に依存し、産業社会学は産業社会学だけで産業における人間関係をテーマにする、というようにそれぞれが閉鎖的なバラバラ学になり、中心になる理論を欠いたために、社会学全体としての共通の基礎概念や基礎命題が全然ない、という状態におちいってしまったからである。これでは、社会学は到底一つの学問としてのまとまりをもちえない。このような状態を克服するために、必要なものは何であろうか。どうすればそのような状態を克服することができるのだろうか。

　新しい理論社会学が構築される必要がある、というのがわれわれの答えである。1951年論争以後の日本社会学に上述した「狭義の社会」という認識がなかったのは、多数のバラバラ学に分解した社会学に、そのような認識を提供することのできる理論的視点が欠けていたためである。そこで本書は、われわれ14人が各自の研究してきた個別テーマを、理論社会学という共通視点を媒介することによってつなげることを目標にした——もちろんそれがどこまで14人に共有された一つの理論にまで高められているかについては、なお今後に検討される必要があるとしても。戦後日本の社会学において、そのような理論社会学を背負う役割の中核として期待されたのは、1950-60年代にはパーソンズ理論であり、1960-70年代にはヴェーバー理論であり、1970-80年代には復活したジンメル理論とデュルケーム理論であり、新しく登場してきたルーマン理論がこれに加わったが、それらはどれも部分的にしか共有されておらず、他方1960-80年代にはマルクス、1970-80年代にはシュッツ、1980-90年代にはフーコーなどがそれぞれ流行の流れを形成したので、理論社会学は一つにまとまることがなかった。とりわけ戦後の理論社会学を出発点においてリードしたパーソンズ理論は、その後はイデオロギー対立によって翻弄され、1979年の彼の死とともに、社会学の表舞台から引き摺り下ろされてしまった観があった。

1989-91年にソ連・東欧の共産主義が崩壊し、冷戦というイデオロギー対立の時代の終わりが到来した。1991年にいちはやく、イギリス人ローランド・ロバートソンとブライアン・ターナーを編者として『タルコット・パーソンズ――近代性の理論家』が出され、1995年にそれが日本語に翻訳された（中・清野・進藤訳『近代性の理論』恒星社厚生閣、1995）。忘れられていたパーソンズが、「近代性の理論家」という名前で呼ばれて再評価される時代になったことは、特筆されるべきことであった。2002年はパーソンズ生誕100年に当たる年であったので、富永はこのようなパーソンズ再評価の動きをとらえて「タルコット・パーソンズ生誕百年記念シンポジウム」を計画した。シンポジウムは2002年12月7日-8日の二日間にわたって法政大学市ヶ谷キャンパスのボアソナードタワー26階スカイホールで開催された。18の報告論文（ロバートソン論文の翻訳を含む）は、シンポジウムの終了後改訂されて、『パーソンズ・ルネッサンスへの招待』（富永・徳安編、勁草書房、2004）という題の本として出版された。またパーソンズ最後の著作『行為理論と人間の条件』の翻訳出版が、パーソンズ研究会メンバーの分担によって実現した（徳安・挟本・油井・佐藤訳『宗教の社会学』、富永・高城・盛山・鈴木訳『人間の条件パラダイム』の二分冊、いずれも勁草書房、2002-3）。なおアメリカでは、パーソンズ生誕100年記念シンポジウムが日本と一日違いの2002年12月6日-7日にニューヨークのラッセル・セイジ財団で行なわれ、同シンポジウムに提出された諸論文は、『パーソンズ以後』（Renée Fox, Victor Lidz, and Harold Bershady (eds.), *After Parsons*, New York: Russell Sage Foundation, 2005）という題名で刊行されている。

　本書の執筆者14人のうち、6人が『パーソンズ・ルネッサンスへの招待』の執筆者でもあることは、両者のあいだに連続性があることを示している。その連続性は、理念的には、本書が21世紀理論社会学の課題を考える「理論」の研究書であり、そしてパーソンズが20世紀後半を代表する社会学理論家であったことから、当然に出てきたものである。しかし本書の執筆者のうち、それ以外の8人はパーソンズ理論の研究にコミットしてきたわけではなく、だから本書が表題に掲げた理論社会学というのは、けっしてパーソンズ理論だけを中心に考えられたものではない、ということが強調されねばならない。それどころか本書の執筆者のうちには、パーソンズ理論に批判的な人びとも含まれている。それらの相互に異質な人びとを意図的につなごうとするわれわれの企て

は、かつてのようなイデオロギー対立が消滅したことによって可能となったものである。『パーソンズ・ルネッサンスへの招待』の刊行は、パーソンズに対する日本の社会学者たちの再評価を起こすことを目的とするものであったが、パーソンズがすでに過去の人であることは、あらためていうまでもない。そこで同書刊行以後におけるわれわれの関心は、本書の副題が示しているように、21世紀における理論社会学の全般的な発展の方向を広い視野から見定めることに向けられた。われわれは、20世紀後半から21世紀初頭にかけて出現した有力な諸社会学理論を多数想起する中から、21世紀の社会と社会学を展望する共通の方向性をめざした。未来の課題を展望することは、過去のすぐれた共通遺産を掘り起こす中でなされるのでなければならない。これからの社会と社会学はどうあるべきかを考えることは、20世紀以来の社会学思想史の流れを考えることと、深く結びついているのである。

　以上のようにして本書は、第Ⅰ部と第Ⅱ部が理論社会学を総論として提示し、第Ⅲ部から第Ⅵ部までがそれぞれ「政治と社会」、「経済と社会」、「文化と社会」、「意味と社会」を各論として提示する、というかたちをとることになった。これらすべてにおいて、「社会」とは「狭義の社会」を意味することはもちろんである。社会学史を想起すれば、今から129年前の1876年に、スペンサーが『社会学原理』第一巻第二部の冒頭で、「社会とは何か」という問いを立てた。129年前も現在も、この問いが社会学にとって根源的な問いであることには変わりがないが、その答えは、社会学129年の歴史をつうじて大いに変化している。スペンサーの答えは、社会分析のための理論的基礎を導くために、社会とは「実在」(entity)であるとし、これを「システム」としてとらえて、「維持システム」「規制システム」「分配システム」の三層構造に分ける、というものであった。われわれの答えもまた、社会はシステムとしてとらえられるとする点で、スペンサー以来の社会学史の流れと一致しているが、その中身は、狭義の社会の個別的な諸側面をそれぞれ研究している専門社会学者たちが、彼らの研究成果にもとづいて、総論的ならびに各論的なそれぞれの答えを多面的に展開したものとなっている。スペンサーの答えと一番違うのはおそらく、われわれの答えは、狭義の社会が経験的実在としての面（政治、経済、社会、文化）と、行為者の意識の中に理念的に存在する面との、二面性をもっているとした点であろう。

＊

　本書の出版を快く引き受けて下さった新曜社社長 堀江洪さんには、有難うございますという言葉だけでは到底つくせないほどの精神的な支えをいただいた。堀江さんは、東京大学文学部社会学科で私より二年あとの卒業だったから、もう半世紀のおつきあいを重ねている仲である。実務をやっていただいた新曜社小林みのりさんへのお礼とともに、深い感謝を捧げたい。
　また編集作業の全体をつうじて、研究会メンバーである盛山和夫氏（東京大学教授）および徳安彰氏（法政大学教授）からの密接なご協力をいただくことなしには、この本をつくることは絶対に不可能であった。記してあつく感謝を申し上げたい。

　　　2005 年 10 月 11 日

　　　　　　　　　　　　　　　　　　　　　　　　　　　　　富永　健一

目　　次——理論社会学の可能性

編者序言　　i

第Ⅰ部　理論社会学を求めて

第1章　理論社会学から見た国民社会 ……………………富永健一　2
　　　　グローバル化のなかでの日本社会と世界社会

第2章　規範的探求としての理論社会学 ………………盛山和夫　28
　　　　内部性と構築性という条件からの展望

第Ⅱ部　社会システム理論

第3章　進化的変動論としてのパーソンズ社会学 … 油井清光　48
　　　　不確定性と超越

第4章　社会システムの脱人間化と脱主観化 …………徳安　彰　74
　　　　社会システムはいかにして世界を認識するか

第5章　機能分化の社会理論 ……………………………馬場靖雄　94
　　　　ルーマンにおける「分化／統合」から「観察／作動」へ

第Ⅲ部　政治と社会

第6章　近代性をめぐるパーソンズとバウマン ………進藤雄三　114
　　　　ナチズムと社会主義の解釈

第7章　国民国家の社会理論 ……………………………佐藤成基　133
　　　　「国家」と「社会」の観点から

第Ⅳ部　経済と社会

第8章　贈与の論理、経済の論理 ……………………… 荻野昌弘　156
贈与と経済の分岐点

第9章　新しい経済社会学 ……………………………… 渡辺　深　176
グラノヴェターの「埋め込み」概念を中心にして

第Ⅴ部　文化と社会

第10章　ハビトゥスとしての芸術 ……………………… 田中秀隆　194
ブルデュー芸術社会学の射程

第11章　儀礼の社会理論 ………………………………… 志田基与師　214
呪術からの解放を超えて

第12章　ネオ機能主義から文化社会学へ ……………… 鈴木健之　236
アレクサンダー社会学の展開

第Ⅵ部　意味と社会

第13章　過去を担う自己と社会 ………………………… 片桐雅隆　254
物語とカテゴリーの社会学

第14章　羅生門問題 ……………………………………… 浜　日出夫　271
エスノメソドロジーの理論的含意

人名索引　291

装　幀――虎尾　隆

第Ⅰ部
理論社会学を求めて

第1章　理論社会学から見た国民社会
第2章　規範的探求としての理論社会学

第1章　富永健一

理論社会学から見た国民社会
——グローバル化のなかでの日本社会と世界社会

1.「国民社会」とは何か

国民国家の社会学的基盤

　国民社会（national society）とは何か、なぜ「国民社会」という概念を主題にするのか、国民社会と国民国家はどのような関係に立つのか、グローバル化は国民社会を解体に導くか、国民社会はいかなる意味で「共同体」でありうるか、グローバル化の動向のなかで日本社会という国民社会は世界社会においてどのような位置をもつか、これらの諸問題について考えることがこの論文の主題である。

　まずカレント・トピックスから始めよう。現在国際連合に加盟している国家は、2004年現在で世界に191あるが、国家という単位は必ずしも安定したものではない。一方では、1991年にソ連が解体して、ロシア連邦＋11の独立共和国ができた。1992年から93年にかけてユーゴスラビアが解体され、ユーゴスラビア＋4の独立共和国ができた。これらは、国家という単位がしだいに小さいものに分解していく方向を暗示するものであろうか？

　ところが他方では、1995年から2004年までに、ヨーロッパ連合（EU）は15カ国の連合体から25カ国の連合体へと拡大した。これは明らかに、ソ連やユーゴスラビアの場合とは反対に、国家という単位がより大きな国家連合へと統合されていく方向を暗示するものである。このように、国家が一方ではより小さな国家へと解体していく事例があり、他方では逆により大きな連合体へと統合されていく事例があるのは、なぜなのだろうか？

　これらのことを説明するには「国民社会」という概念が必要である、というのが以下の私の論点である。ここで国民社会とは、近代国民国家の社会学的基盤構造（sociological substructure）をあらわす概念である。現在世界に存在し

ている 191 ほどの国家はそれぞれまったく多様な構造をもっているが、かつてのソ連という超大国は、単一の国民社会という安定的な構造的基盤によって支えられた国家ではなかったので、共産党という強力な権力基盤が解体すると、崩壊してしまうほかはなかった。ユーゴの場合も同様である。ソ連もユーゴも、多数の独立国に分解したことによって、もともと統合されていなかった複数の国民社会を、それぞれ別個の国民国家に対応するように仕立てなおしたのである。

　これとの比較において対照的なのは、もう一つの超大国アメリカ合衆国である。アメリカは周知のように人種の坩堝であり、これをそもそも「国民国家」と呼ぶことができるのかという問題があった。だが人種の坩堝であるにもかかわらず、アメリカという国家はソ連のように解体への兆候を示したことがない。これはアメリカが旧ソ連と違って、単一の国民社会という安定的な基盤構造の上にのった国家であることを示唆する。人種的多様性という点ではアメリカはソ連やユーゴと同様なのであるから、アメリカの事例は、安定した国民社会が形成されるのに、人種が一つに統合されている必要は必ずしもないことを示唆するであろう。

国民社会の概念

　そうだとすると、国民社会とはそもそもどのようなものなのであろうか。これを解明するのは、理論社会学の課題である。社会学における「国民社会」とパラレルな語は、経済学における「国民経済」という語である。国民経済が国民国家の経済学的基盤をあらわす概念であるのと同様に、国民社会は国民国家の社会学的基盤をあらわす概念である。国家は法律学・政治学・経済学・社会学などの諸社会科学によって研究対象とされてきたが、それら社会科学の諸ディシプリンはそれぞれ異なる側面から国家をとらえてきた。「狭義の社会」[1]を固有の研究対象とする社会学にとっては、国家の研究は、それの社会学的基盤としての国民社会の研究を意味する。

　私は狭義の社会を「複数の人びとのあいだに持続的な相互行為の集積があることによって社会関係のシステムが形成されており、彼らによって内と外とを区別する共属感情が共有されている状態」（富永［1986：3］）と定義してきた。その要点は、狭義の社会とは相互行為する複数の人間の集まりであること、それらの人間は持続的な相互行為と社会関係によって組織化されていること、成

員と非成員の境界が明確に意識されていること、この三つである。家族、学校、企業、文化団体、宗教団体、スポーツ団体、村落、都市、国民社会は、いずれもこの意味における狭義の社会であり、国民社会はそれらのなかの一つとして、境界が国民国家のそれと一致するような、マクロにおける狭義の社会である。

　国家を多数の狭義の社会の一つであるとする考え方は、戦前のマッキーヴァーやG・D・H・コールや高田保馬いらい、多元的国家論と呼ばれてきた。多元的国家論は、一元的国家論に比して国家の地位を相対化したが、今日ではグローバル化という概念の登場によって、国家の地位はいっそう相対化されつつある。具体的にいえば、グローバル化の進行によって、企業も学校も文化団体も宗教団体もスポーツ団体も、今日ではそれぞれに多国籍化し、国家の範囲を超える社会は珍しくなくなっているし、とりわけジェット機とコンピューター・ネットワークのおかげで、世界の多数の諸国民社会は国境を越えて他国の人びととつながっている。

　経済学で「国民経済」という語が18世紀から広く使われてきたのに比べると、社会学で「国民社会」という語は限られた人によってしか使われてこなかった。これは、多くの社会学者が長いあいだ「狭義の社会」という概念に対して眼を開かれず、社会といえば「社会科学」の意味での社会しか認識してこなかった（富永［2004：82］）ことの結果であった。そのようななかにあって、国民社会の語を著書の表題に掲げ、これをキー概念として用いた有力な日本の社会学者は鈴木栄太郎である。彼は遺稿『国民社会学原理ノート』（鈴木［1975］）において、国民社会を「国土を共同して占有し国家統治に服従している人びとに見られる社会的統一」と定義し、これを共同体とも言い換えた。鈴木栄太郎が「国民社会学原理」という表題を立てたのは、戦前に『農村社会学原理』を書き、戦後に『都市社会学原理』を書いた彼の観点から、農村社会学と都市社会学を統合した一つの社会学理論を構築することが必要である、という問題を設定したことによるものであった。

　国民とは、国土の上に定住して国家を構成している成員のことである。国民は国家統治の客体であり、国籍を有し、国家の法規に従い、国家に税金を払い、その反対給付として国家からサービスを受け、国家に所属しているという連帯意識を自覚的にもっている人びとである。国民社会とは、この意味での「国民」が形成している社会のことである。しかし国民社会は、同じく狭義の

社会である学校や企業や宗教団体のように成員がはっきりした目的をもって加入した社会集団ではない、ということが重要である。なぜなら、国民社会を構成している人びとは特定化された目的をもって集まったわけではなく、国境内の諸地域に定住し生活しているにすぎないからである。農村社会と都市社会はどちらも「地域社会」と呼ばれる。地域社会とは一定の土地の上に定住して生活している人びとのつくっている社会を意味しており、上述したようにそれらの土地が国土であり、国土の上に定住し生活している人びとが国民である。

　鈴木栄太郎の国民社会の定義には、国民社会の担い手が「民族」であるという規定は含まれていない。民族を、共通の言語と文化と生活様式をもち、アイデンティティ意識を確立しているものと定義するならば、日本「国民社会」の担い手としての日本国民は、これまで単一民族に比較的近かった。しかし近年では、朝鮮半島、中国、台湾その他のアジア諸国からの流入者が増えたことによって、この民族的単一性の度合いは減少傾向にある。これは、まさにグローバル化の帰結にほかならない。グローバル化は、国民経済の自立性を相対化したのと同様に、国民社会の自立性を相対化した。しかし民族的単一性の度合いが減少しても、そのことが日本の国民経済を解体に導くわけではないのと同様に、それが日本の国民社会を解体に導くということはない。このことを明らかにすることこそ、この論文の主題にほかならない。

2. 日本における「中国化」と「西洋化」

日本に国家形成をもたらしたのは「中国化」

　国民（ネーション）の形成と産業（インダストリー）の形成は、どちらも西洋近代が創始したものである。アーネスト・ゲルナーは、世界史的な観察から、国民社会の形成は産業社会の形成とあいともなうものであると主張した (Gellner [1983 = 2000])[2]。このような観点から、日本における国民国家の成立もまた、歴史的事実として「西洋化」によって可能になったと説明できる。この認識に立つ限り、国民社会としての日本社会の形成は、明治維新以後になされたと考えられる。もちろん明治維新そのものはまだ産業革命ではなかったが、日本の産業革命は明治維新から30年ほどの短い準備期間の後、1890年代から急速に開始された。ゲルナーの用いた「産業社会」の語は、国民社会の形成が産業革命を重要な要素としていたという認識を示している。

しかしながら日本には、西洋化に先立って、古代に起源をもつ「中国化」の長い歴史があった。「律令制国家」と呼ばれているものがこれである（富永[1990：113-7]）。日本における最初の統一国家形成は、大和を中心とする地域において天皇一族の王権がほぼ確立した530〜540年代ころ以後（欽明天皇以後）のことと考えられている。それ以前の古墳時代には統一された日本という国はなく、「伴造（とものみやつこ）」や「国造（くにのみやつこ）」などが古代氏族の族長（多数あった小国家の首長）であった。それらの族長の従属民は部民（べのたみ）と呼ばれていた。645年の大化改新の翌年に出された「改新の詔」は、そのような部民制を廃止して、土地所有を大和朝廷のもとに一元化した（「公地公民」制）ことにより、古代国家の制度の原点を築いたと考えられる。
　律令制国家という制度は、古代日本が先進国である中国から遣隋使・遣唐使を通じて輸入したものである。律令制国家の首長は専制君主としての「皇帝」であり、日本の天皇制は中国の皇帝制度を模してつくられた。かくして日本は古代において、中国よりもずっと小さかったとはいえ、中国型の専制帝国を形成した。明治維新が日本の「西洋化」であったのに対比していえば、大化改新における国家形成は古代日本の「中国化」によって形成されたということが重要である。それは、マックス・ヴェーバー（Weber［1972＝1960-62］）の用語で言えば「家産制」（Patrimonialismus）にあたり、タルコット・パーソンズ（Parsons［1971＝1977］）の用語でいえば「歴史的中間帝国」（Historical Intermediate Empires）の四類型としてあげられたローマ帝国、中華帝国、インド帝国、イスラム帝国のうち、中華帝国のいわば下位類型にあたるものであったといえよう。

「中国化」から「日本化」へ

　ところが日本は1192年の鎌倉幕府成立とともに、中国型の古代的専制帝国たることから離脱して、封建制に移行した。当時ヨーロッパには中世封建制が形成されていたが、この時期の日本はヨーロッパとまったく接触をもっていなかったのだから、日本の中世封建制は古代専制の解体過程で自生的に形成されたもので、けっして西洋から学んだものではなかった。この意味で、日本の封建制は日本の「日本化」によってつくられたと言っておくのがよいだろう。それ以後1868年の徳川幕府崩壊までの676年間、日本には源氏－北条（1192-1333）、足利（1338-1573）、徳川（1603-1868）という三つの幕府政権の交代が

あった。ここで明らかにしておくべきことは、このような日本化によって成立した封建日本は、国民社会であったというべきなのかどうかという問題である。そうではなかった、というのが私の考えである。

幕府は一見すると統一国家の中央政府のように見えるが、幕府は封建制の上に立つものであり、そして封建制は分権的支配の制度である。幕府はほんらい中央政府とは言えず、土地と人民は多数の領主[3]に分割されて支配されていた。封建制のもとでは国家主権を統一的に担う制度体は存在せず、その意味では日本という単一の国家はなかった。ただ日本の封建制においては、古代の制度である天皇制が廃止されなかったので、古代国家としての律令国家が名目的に存在し続け、天皇は支配の「正当性」を保持していた。この意味では、日本という単一の国家（古代律令国家）もまた存続し続けたと見なされうる。

1603年に成立した徳川幕府のもとでは、戦国時代に領国として形成された多数の「藩」が独立国家をなし、各藩主は農民から年貢を取り立てて独立の国家財政を形成した。これは、近世封建制を中世封建制から区別する特徴である。藩と藩の境界には関所がつくられ、人民は藩を移動できなかった。徳川幕府の歳入は天領（幕府の領国）からの農民の年貢に依存していたので、幕府の財政規模は小さく、幕府のなしうる国家支出には限界があった。幕末の「黒船来航」が幕府に衝撃を与えた原因の一つは、この分権制のために幕府が大きな軍備をもてないという認識にあった。これらのことは、徳川幕府のもとでは西洋におけるような統一的な近代「国家」は形成されえない、ということを意味した。

「日本化」から「西洋化」へ

幕末にいたって西洋諸国が日本に通商を要求してきたことによって、「日本化」から「西洋化」への移行が始まった。しかしこの移行には、抵抗があった。幕府が米蘭露英仏とまず和親条約（1854）、ついで修好通商条約（1859）を結んでから十数年のあいだ、日本には攘夷論が高まった。幕府は諸藩の大名と諸有司に対して、開国についての意見を諮問した。それらの諮問に対する回答の記録は現在、日本史家たちによって分析されているが、その分析結果によれば、通商の可否については拒絶論が最も多く、諸外国との戦争については一時避戦論が最も多かった[4]。そのような意見分布は、幕府の条約締結に対して否定的な世論を形成するものだった。

幕府の老中堀田正睦は、通商条約調印について孝明天皇の勅許を求めたが、排外主義で固まっていた天皇と公卿らは勅許を与えなかった。かくして外交権をもつのは幕府でなく天皇であるという認識が広まり、その結果は薩摩と長州と公家の連合体による討幕軍に「官軍」としての正当性が付与されることになった。幕府側が期待した「公武合体」（「公」は天皇、「武」は幕府と諸藩）は成立せず、討幕軍は戊辰戦争に勝利して、政権は天皇を擁する薩長のものになった。かくして明治維新が成立し、攘夷論は終わった。

日本におけるネーション形成

　アンソニー・スミス（Smith［1986 = 1999］）はゲルナー説に反対して、ヨーロッパにおけるネーションとナショナリズムの形成は近代以前に遡りうると主張し、中世初期のフランク王国から、さらに古代に遡って、ギリシアの都市国家やローマ帝国、そして古代エジプトやメソポタミアさえネーションであったと主張した。しかしネーションの形成に関して、スミス説は受け入れがたい。なぜなら、西洋中世のフランク王国はフランスやドイツなどの国民国家の原型であったと見なし得るとしても、ギリシアの都市国家はネーションというには小さすぎ、逆にローマ帝国は言語も文化も異なる広大な諸地域を統合した巨大な征服国家であって、これを国民国家と見なしえないことは、モンゴル帝国（元）を国民国家と見なしえないのと同じだからである。

　同様にして、日本におけるネーションとナショナリズムの形成は、明治維新以前には遡りえない。日本における国民社会の形成と日本における産業主義の形成は、日本が明治維新によって中国化から西洋化に切り替えたことによって可能になったものである。日本は封建制からの離脱も産業革命も西洋諸国よりずっと遅れ、幕末に「黒船来航」に直面して、ここで初めてネーションの統合と近代産業の形成の必要に目覚めた。維新後の日本を大きく変えた「文明開化」は、福澤諭吉の三つの著書『西洋事情』（福澤［1866-70］）から『学問のすゝめ』（福澤［1872-76］）を経て『文明論の概略』（福澤［1875］）までをつなげたものとして、西洋近代文明の受容による産業主義の形成を意味した。西洋近代文明の受容には、国家の制度はもとより、経済の制度も、生活様式も、文化も、すべてにわたって中国化から西洋化への切り替えが必要であった。日本の国民的目標は西洋文明を日本に取り込むことであるとされ、日本はそのために西洋諸国と国際関係を結ぶことを最も重要と見なすようになった。この過程

は、福澤が『時事新報』に書いた端的な表現によって、「脱亜入欧」と呼ばれた（福澤 [1885]）。

福澤の『文明論の概略』には、産業主義を直接に指示する語は登場していない。しかし福澤がその後に書いた『民情一新』（福澤 [1879]）と『実業論』（福澤 [1893]）には、技術の発展、そして産業と貿易の発展が論じられている。明治日本の「文明開化」は西洋の近代産業の導入として受け止められていたのであるから、福澤のいう文明論をサン－シモンにはじまる「産業主義」のテーゼと結びつけて考えることに異論の余地はないであろう。

3. 産業主義のテーゼ

サン－シモンの産業主義のテーゼ

産業革命を世界で最初に達成したのは18世紀後半のイギリスであったが、フランスに生まれてフランス革命をくぐり抜けたサン－シモンは、産業革命をまだ知らないフランスの後進性に批判の目を向け、産業主義（industrialisme）および産業社会（la société industrielle）という語を中核においた思想を創始した[5]。サン－シモンは世界の最先進国イギリスとの対比において、フランスには生産をしないで消費のみをしている無為徒食の上流階級がたくさんいるが、イギリスにはそういう階級は少ないだけでなく、たくさんの科学者がいてインダストリアリズムを生み出しており、彼らは国王よりも尊敬されていると述べた（Saint-Simon [1802 = 1987-88]）。

「産業」（l'industrie）それ自体はもちろん科学ではなく、人間の経済活動である。サン－シモンがこの語を使う時、それはフランス革命の「破壊」に対置されて「生産」することを意味し、そのために勤勉に働くことを意味していた（Saint-Simon [1817 = 1987-88]）。フランス革命の破壊のあとに来たるべきもの、それは産業による生産でなければならないとサン－シモンは強調した。サン－シモンは産業の実践家のことを「産業者」（les industriels）と呼び、産業者として農業者・製造業者・商業者の三カテゴリーをあげた（Saint-Simon [1823-24 = 1987-88]）。しかし科学技術を創始して産業者を支えたのは、科学者である。サン－シモンによれば、産業社会の世俗的権力（les forces temporelles）を担っているのは産業者であり、産業社会の精神的権力（les forces spirituelles）を担っているのは科学者である。サン－シモンの提唱した

「ニュートン会議」を構成するのは、これらの科学者たちであった（Saint-Simon［1802 = 1987-88］）。

　この節の題名として私が立てた「産業主義のテーゼ」というのは、サン-シモンによって定式化されたこの産業化命題をさしている。ヨーロッパで産業社会に先行した封建社会においては、精神的権力は聖職者の手に握られ、世俗的権力は封建領主と武士（ここでは「武士」を日本史上のみの概念としてではなく、英語の warrior と同様の普遍語として用いる）の手に握られていた。日本の徳川社会も武士の支配する社会で、幕末を除いて戦争はなかったが、戦国時代までは戦争に明け暮れていた。封建社会では生産者は隷従的地位におかれ、科学者はまだ存在していなかった。サン-シモンの産業主義のテーゼは、産業社会への移行とともに封建領主は領地を失い、封建領主間の戦争はしだいになくなり、武士はその地位を失い、科学技術が近代産業を起こすことによって科学者と産業者が権力をもつようになった、とするものであった。サン-シモンはオーギュスタン・ティエリの協力を得て、これらの考えを著作シリーズ『産業』（Saint-Simon［1817 = 1987-88］）において展開し、のち『産業体制論』第一部（Saint-Simon［1821 = 1987-88］）においてそれを単独著作として書いた。

コントからスペンサーへ

　24歳のコントが『社会再組織のための科学的プラン』において展開した「三状態の法則」は、彼の師サン-シモンのこのインダストリアリズムのテーゼを継承したもので、世俗的権力の担い手は「軍事的」→「法律的」→「産業的」の三状態を経過して進化し、これに対応して精神的権力の担い手は「神学的」→「形而上学的」→「実証的」の三状態を経過して進化する、という二系列の概念化によって定式化された。この二系列における各三番目の段階が「産業主義」をあらわすもので、そこでは世俗的権力は産業者によって担われ、精神的権力は科学者によって担われるとされた。

　「軍事型社会」から「産業型社会」へというスペンサーのインダストリアリズム発展のテーゼは、サン-シモンとコントのこれらのテーゼをイギリスに移植し、二段階に縮めたものである[6]。明治期日本の社会学では、東大における最初の社会学講座の担当者であった外山正一によって、スペンサーの方がサン-シモンとコントよりも先に紹介された。日本におけるスペンサーの著書の翻訳は非常に早く、松島剛によって訳されたスペンサーの『社会平権論』（Social

Statics, 1850）は 1881–84 年に出ている。この訳本は、その基調をなすイギリス伝統の功利主義に立脚した強い自由主義と個人主義によって、板垣退助の自由党によってオーガナイズされた自由民権運動のバイブルとなった。スペンサーがそのあとに書いた『社会学原理』第 1 巻（*Principles of Sociology*, Vol. 1, 1876）における「軍事型社会」から「産業型社会」へという進化理論は、この思想をサン–シモンとコントの「インダストリアリズムのテーゼ」と結びつけたものである。スペンサーのいう軍事型社会とは戦争に勝つことをもっぱら目標としていた前近代社会であり、産業型社会とは近代産業によって経済的生産を高めることを目標とするようになった近代産業社会である。

　スペンサーの進化理論は、今日のグローバル化論の先駆として位置づけうるもので、その中心は自由貿易論にあった。スペンサーは、インダストリアリズムが進んだ社会では、精緻な分業体系が形成され、それらの分業は、工場内で行なわれるだけでなく、交通手段の発達とともに地域間・地方間・国家間で行なわれるようになるとした。このような地域・地方・国家単位での異質化は、自由貿易なしには不可能であり、それらの自由貿易が経済の発展を促進する、とスペンサーは主張した（Spencer［1910 = 1970］）。

　サン–シモン、コント、スペンサーの「産業主義のテーゼ」は、以上のようにフランスから出てイギリスに広がり、両国で一つながりのものとなった。ただスペンサーはこれを、サン–シモンとコントにはなかったロック、スミスいらいのイギリス啓蒙思想の系譜である功利主義的個人主義のなかに位置づけた。若い時にドイツからイギリスに留学したテンニェス（Tönnies［1887 = 1957］）は、彼が「ゲマインシャフトからとゲゼルシャフトへ」のテーゼに到達するにいたった契機として、メインの「身分から契約へ」とともにスペンサーの「軍事型から産業型へ」のテーゼをあげていた。

4.「社会資本」としての国民共同体

マッキーヴァーの「共同体」論

　「共同体」という語を社会学の独自の用語として確立したのは、マッキーヴァーである。共同体という語には、マルクスの「ゲマインデ」という語の訳語として用いられた歴史的概念としての用法があるが、社会学用語の意味での共同体はこれとは異なる概念である、ということが重要である[7]。歴史的概念と

しての共同体は、近代資本主義以前のヨーロッパの農村において、構成要素である各農家が自給自足し、したがって市場がなく、地域規模が小さく、個人は生涯にわたって場所の移動をしない、という状態のもとで形成されていた封鎖的な地域社会であった。この意味の共同体は、近代化によって農村に市場が形成されるようになるとともに解体した。

これに対してマッキーヴァーが主著『コミュニティ』（MacIver [1917＝1975]）において定式化した社会学的意味での共同体は、前近代社会に関わるカテゴリーではなく、地域社会の成員が相互行為を通じて密接に結びつき合い、互いに信頼しあうことによって社会を一つに統合している統一体である。そのような統一体が形成されるのは、居住の地域的近接が相互行為を促進し、関心の共同性をつくり出すことによってである、ということが重要である。マッキーヴァーのいう共同体は、なんらかの境界によって他から地理的に区切られた具体的な地域社会を意味するのではなく、多数の人びとが相互行為をつうじて共同の目的を達成するという統一的な活動を通じて形成された、より抽象的な精神的統一体を意味していた。マッキーヴァーはこの観点から、共同体とは人びとの「共同関心」（common interest）によって形成されるものであるとした。

マッキーヴァーはリベラルな社会理論家としての立場から、国家を社会秩序の維持のための器官であると考え、この観点から国家を「アソシエーション」であるとした。コミュニティが共同関心であるのに対して、国家は家族や学校や教会や株式会社やクラブなどと同様に、共同関心の実現を追求するための器官だから、アソシエーションである。これが上述した多元的国家論であることは、いうまでもない。

「社会資本」論の登場

社会学的概念としての共同体が、経済史上の概念としての前近代的な共同体とはっきり異なるのは、後者が市場の発展によって壊されてしまったのに対して、前者は市場の発展によって壊されることなく、市場化が進むなかで市場とともに発展しうるということである。なぜなら社会学的概念としての共同体は、それの母体である相互行為ネットワークの中に、社会的統合を実現するような社会的資源が埋め込まれている（embedded）ことによって可能になる、と考えられるからである。

市場それ自体は社会ではなく、相互行為の持続を条件としない。しかし市場は経済的交換という相互行為が行なわれる場であり、経済的交換は互いに相手を信頼することなしにはなされえない。われわれが知らない店に入って安心して商品を買うのは、この信頼が形成されているからである。近代社会における共同体は、市場における相互行為のなかに埋め込まれているそのような信頼という社会的資源を利用することによって、形成が可能になった。とりわけ現代のグローバル化時代における国際貿易市場は、それによって戦争を防止し、国家間の情報ネットワークをつくり出し、相互信頼の形成を可能にするような社会的資源を提供する。ここで必要なことは、市場は人びとのあいだに社会関係と信頼を生み出すという着眼である。ピエール・ブルデュー（Bourdieu［1979＝1990］）とジェームズ・コールマン（Coleman［1990＝2004］）によって提唱され、現在影響を広げつつある「社会資本」という概念が、この着眼をあらわす[8]。
　経済史的な概念としての共同体が市場によって解体したのは、ゲマインシャフトを形成していた村びとたちの素朴な人間関係が、経済的利害に指向する資本主義市場の功利主義的な価値観によって壊されてしまったからである。社会学的概念としての共同体がそれとは違うものであることを知るためには、ゲーリー・ベッカーによって提唱された「人的資本」の概念（Becker［1970＝1976］）を、ブルデューとコールマンによって提唱された「社会資本」の概念（Bourdieu［1979＝1990］、Coleman［1990＝2004］）と対比してみるのがよいだろう。ベッカーの人的資本の理論は新古典派経済学の応用にすぎず、そこでは教育は株式投資と同じく個人に利得をもたらす投資として理論化された。これに対してブルデューとコールマンによって創始された社会資本の理論においては、教育は個人に利得をもたらす私的財としてではなく、社会関係と信頼をつくり出す社会的公共財として理論化されている。社会資本の概念は、ここでの主題である社会学的概念としての共同体の概念と結びつけて理解することができる、という点が重要である。

■パーソンズの「社会共同体」

　タルコット・パーソンズ（Parsons［1971＝1977］）は「社会共同体」（societal community）という概念を設定し、グローバル化の時代においては、社会共同体の統合機能がますます重要性を増していくと考えた。パーソンズが社会共同

体という時の"societal"はsocietyという語の形容詞で、社会共同体は私のいう「狭義の社会」を意味する。それは小さくは家族から、大きくはわれわれの研究対象である国民社会までを含む。だから社会共同体の範囲を「国民」にまで広げれば、社会共同体は「国民共同体」になる。

　私はさきに、鈴木栄太郎の概念としての国民社会を「共同体」と言い換えることによって、国民共同体という概念を立てた。じっさい鈴木自身、国民社会は共同体であると言っていた。国民共同体とは、国民社会を構成している人びとの意識が一つに統合されている統一体として理解しうる。意識は主観的な心の状態をあらわす語で、「わが社意識」や「階級意識」や「差別意識」など種々の文脈で用いられてきたが、ここでは「国民意識」という語が適合的である。この語を用いれば、「国民共同体とは国民意識によって国民社会が一つに統合されているような統一体である」と定義できるだろう。私が国民共同体という語を用いる理由は、グローバル化の進行を背景にして国民社会を考える場合、主観的な要因による国民的統合の方向性こそが重要である、ということを強調したいからである。国家を構成しているのは国民であり、その国民が形成している社会としての国民社会がグローバル化の時代において解体せず、近代国民国家の社会学的下部構造として安定的たりえるためには、国民社会が内部において差異の意識をもつことなく、国民意識を共有することによって一つに統合されていくのでなければならない。

　パーソンズのいう社会共同体は、グローバル化の時代において共同体は解体しないとする見方において、マッキーヴァーの意味する共同体と重なり合っている。ここから引き出されるテーゼは、国民社会が存続しうるのは、国民社会の内部において差異の意識が高められるのではなく、反対に共有された国民意識によって国民社会が統合されていくことによってであるということである。一つの国家ができていても、国民意識が一つに統合されているとは限らない。統合されていない時に何が起こるかは、上述した旧ソ連や旧ユーゴスラビアによって示されている。一つの国家の内部に、相互に異質であるという意識をもった複数の少数民族（エスニシティ）の社会が存在していれば、国民社会としての統合は妨げられる。逆に国民社会内部に人種の違いがあっても、人種の異なる人びとが差異の意識をもった複数の少数民族社会に分裂していることがなければ、その国は国民社会として統合されているということができる。差異の意識をもっているかどうかは主観的な意識のもち方の問題であり、人種という

客観的な要素(皮膚の色や顔かたちなど)が差異の意識をつくり出すとは限らない。

アメリカと旧ソ連はともに多人種社会であるが、アメリカがソ連と違って解体に向かわなかったのは、英語を国語として共有したこと、および適切な人種政策によって人種的差異の存在にもかかわらずアメリカを一つの国民共同体と見なす意識を形成することに成功したこと、この二点によるところが大きい。アメリカ社会は多人種社会でありながら、主観的な意識の内面において、強い国民意識によって統合された社会を実現した。

パーソンズが用いた「社会共同体」という概念は、1979年の彼の急死によって永久に未完成となった大著『アメリカの社会共同体』(American Societal Community, ハーヴァード・アーカイヴズ所蔵)の文脈において、上で定義した国民共同体と同義であることに注意したい。パーソンズはスメルサーとの共著『経済と社会』(Parsons and Smelser [1956＝1958-59])において、「社会システム」の四つのサブシステムA・G・I・Lの二つずつの組み合わせ(合計六組)についてインプットとアウトプットの相互交換を考え、境界を超える相互交換という意味でそれらを「境界相互交換」と呼んだ。これらの相互交換は、市場的交換の概念を拡大していくことから得られたものであることを想起しよう[9]。その原型は、企業(Aセクター)と家計(Lセクター)とのあいだに成立する消費財市場と労働市場にあった。

しかし『経済と社会』では、Aセクターが「経済」、Gセクターが「政治」とそれぞれ名づけられたのに対し、IセクターとLセクターには固有の名称がつけられなかった。ここでの文脈からはIセクターが重要であるが、Iセクターが「社会共同体」(societal community)と初めて名づけられたのは、『社会類型』(Parsons [1966-1971])および『近代社会の体系』(Parsons [1971＝1977])においてであった。私が国民共同体と呼んだものは、パーソンズの「社会共同体」という語を国民社会に適用したものにあたる。パーソンズの『アメリカの社会共同体』という題名は、彼がアメリカ社会は人種的多様性にもかかわらず一つに統合された社会である、と考えていたことを示す。私が用いた国民共同体という語もまた、パーソンズの社会共同体と同じく、国民意識によって統合された国民社会を意味している。

5. グローバル化

グローバル化の経済学的定義

　グローバル化の概念における最初のステップが自由貿易にあったことは、明確な歴史的事実である。自国で生産することのできないものを手に入れたい、あるいは生産することはできても高い費用を要するものをより安く手に入れたいという欲望こそ、国境を越える相互行為の最も基本的な動機づけであることは明らかであろう。国内で生産すると外国に比べて高価なものは、より安く売ってくれる他国から輸入するのが有利であり、国内では外国よりも安く生産できるものを作ることに特化し、それをより高く買ってくれる他国に輸出するのが有利である。だから平和が前提である限り、自給率を高める政策をとることは合理的選択ではなく、世界市場において貿易をさかんにする政策をとることこそが経済成長を促進する、とするのが国際貿易理論である。国際貿易の始まりは大航海時代にあったが、19世紀にリカードおよびJ・S・ミルの比較生産費説によって、自由貿易の経済理論が確立された。グローバル化の最初のステップとして国際貿易をあげるのが、グローバル化の経済学的定義である。

　ところが第一次大戦後、世界の大国は保護貿易主義と為替切り下げ競争に走り、これが1929年に始まる大不況をもたらした。保護貿易主義は、国内生産者を保護するために、外国からの輸入品に関税をかけてその国内価格を引き上げる。為替切り下げは、自国通貨の対外的価値を引き下げて、自国製品の対外価格を下げ、輸出を有利にする。これらのことは自由な国際貿易を妨げ、経済発展に悪影響を及ぼすだけでなく、他国を圧迫して戦争の原因となった。第二次大戦後は、このような第一次大戦後の苦い経験への反省から、輸入関税を引き下げ、為替レートを自由化することによって、自由貿易を発展させる国際的体制を確立することをめざして、先進諸国が協力しあう新しい段階に入った。

　戦後の西側世界の経済発展は、1944年にアメリカのブレトン・ウッズにおいて設立が決定された「国際通貨基金」（IMF体制）と、1947年にスイスのジュネーブにおいて調印された「関税と貿易に関する一般協定」（GATT体制、現在はWTOに移行）を二本の柱とする、国際通貨体制と自由貿易体制によってもたらされたものである。自由貿易の範囲は、冷戦体制の下では西側自由諸国内に限定されざるをえなかったが、1989-91年の東欧ブロックの解体、東西

ドイツの再統合、ワルシャワ条約機構の解体によって、文字通り全地球規模での貿易のグローバル化が実現されるようになった。

グローバル化の政治学的定義

　グローバル化の第二ステップは、国際政治であった。多数の「列強」がぶつかり合ったヨーロッパでは、19世紀から国家間の「同盟」や「協商」が発達した。しかしきわめて多数の諸国が参戦した第一次世界大戦の悲惨な経験から、二国間や三国間の同盟や協商では戦争を防止することができず、多数国が一挙に加盟して集合的に安全保障を実現する国際組織をつくることが必要であるとの考え方が生まれて、1920年に国際連盟（League of Nations）が発足した。ところがせっかくつくられた国際連盟は、ナチス・ドイツ、ファシズム・イタリア、軍国主義・日本の脱退に遭遇して、第二次世界大戦を防止することができず、解体を余儀なくされてしまった。

　そこで第二次大戦後は、国際連合（United Nations）が国際連盟を引き継いだだけでなく、ヨーロッパにおけるNATOとEEC→EU、太平洋を挟んだ日米両国間の安全保障条約、東南アジア諸国におけるASEAN、北アメリカ諸国におけるNAFTAのような地域ごとの国家結合が多数形成され、その結果として戦後の60年間には、局地的戦争を除き、大規模な戦争の生起は有効に防止されてきた。かくして第二次大戦後は、第三次世界大戦が起こることはもはやあり得ないような体制が確立されるにいたったことに注目しよう。

　ヨーロッパでは、第二次大戦まで互いに戦争を繰り返していたドイツとフランスが協力するようになり、1952年に6カ国からなるEECが発足したこと、さらにそれが1973-95年のあいだに15カ国が加盟するEUへと拡大し、ついに2004年中東欧10カ国が新たにこれに加盟するにいたったことの意義が、きわめて大きい。アジアでは、EUに匹敵するような国家連合を組織化することは困難であるが、日清戦争から太平洋戦争まで戦争を繰り返していた日本が、敗戦後にまったく戦争をしない国家となったことの意義が大きい。これはアメリカの占領下でつくられた1946年の平和憲法、サンフランシスコで1951年に調印された日米安全保障条約、1960年に調印されたその改定条約によるものであり、それ自体が戦後の日米関係の産物である。これらは、戦後の国際政治が、第二次大戦に対する深い反省の上に立って展開されてきたことを示す。

グローバル化の社会学的定義

　グローバル化は広い範囲をもった概念だから、グローバル化の定義は、以上に述べた経済学的定義と政治学的定義だけでは尽くされない。かくしてグローバル化の第三ステップとして、社会学的定義が登場する必然性がある。ここで私がグローバル化の社会学的定義というのは、「相互行為・社会集団・地域社会の形成が国民国家の境界を越えて広がることである」というものである。これを可能にした基本的な要因は、著しい技術進歩により高速・大量・安価になった運輸と通信の発達である。まず高速かつ大型化したジェット機のネットワーク、次いで国際電話とファクシミリのネットワークの拡大、さらにコンピューターのインターネットが家庭にまで普及して世界を瞬時につないだことがあげられる。

　相互行為のグローバル化とは、これらの運輸と通信のネットワークによって、電子メール、衛星テレビ、国際会議、国際観光などが、生活のなかに日常化するにいたったことをさす。社会集団のグローバル化とは、多国籍企業のなかで自国人と外国人が一緒に働き、自国の学生の海外留学や外国人学生の自国への留学が増え、教員もまた自国人教員と外国人教員が一緒に教え、多数の新聞記者やテレビ記者が自国から外国に行ったり外国から自国に来たりして一緒に取材活動をし、その他あらゆる分野において組織の国際化が進むようになったことをさす。地域社会のグローバル化とは、自国人が外国に、また外国人が自国に集住的に居住して、それぞれエスニックな地域社会を形成していることをさす。奥田道大は、韓国・中国・台湾などの人びとが東京の池袋と新宿に居住して形成しているエスニック・コミュニティを、詳細な面接調査によって描き出してきた（奥田［2004］）。

高田保馬の世界社会論

　上述したグローバル化の社会学的定義に適合する、日本で最も早い時期に定式化された画期的な理論として、高田保馬の『世界社会論』（高田［1947］）が重要である。高田が「世界社会」というのは、世界に単一の「世界国家」ができるというようなユートピア物語と解されてはならない。高田のいう世界社会とは、国民社会の境界を越えて、近い将来世界のあらゆる部分に広がっていくと思われる地域社会――高田はこれを「地域局限的ならざる地域社会」と表現した――のことである。

地域社会は地縁社会である。高田は『社会学原理』（高田［1919］）と『社会学概論』（高田［1922］）において、血縁社会と地縁社会を合わせたものを基礎社会と呼んだ。この段階で高田が定式化した「基礎社会拡大縮小の法則」では、基礎社会の大なるものはますます大きくなり、小なるものはますます小さくなるとされたが、基礎社会の拡大は国民社会の境界を限度とすると考えられていた。これに対して『世界社会論』においては、高田はスミス、コント、タルド、リップス、シェーラー、ギディングスらの理論を援用しながら、同情、愛、一体感、感情移入は人類全体に広がるとし、基礎社会の拡大は世界社会のレヴェルにまで達すると考えるようになった。この新著で高田が書名に掲げた「世界社会」は、今日グローバル化と言われているものと同義であることに注目しよう。グローバル化という概念がなかった1947年の時点で、高田はいかにしてそのような視点に到達しえたのだろうか。
　ウルリッヒ・ベックは閉じられた空間というものは本来現実のものでなく、われわれはすでに長いあいだグローバリティの中に住んできたのであると述べて、これを「世界社会」という語で言いあらわしている（Beck［1999］）。ローランド・ロバートソンは、グローバル化を「世界の縮小」としてとらえ、これを国と国との相互依存関係が増大することであるととらえている（Robertson［1992＝1997］）。高田の『世界社会論』は、これらヨーロッパの社会学者たちが1980年代以後に展開するようになったグローバル化論に、30年以上も先行していた[10]。そのように早い時期に、しかも敗戦直後の日本において、高田がグローバル化をみごとに予見しえた出発点は、外国貿易への着眼にあった。専門社会学者であると同時に専門経済学者でもあった高田は、『世界社会論』のなかですでにブレトン・ウッズ協定と国際通貨基金の重要性に言及していた。当時の日本は敗戦によって打ちひしがれ、占領下にあって戦争による破壊から立ち直るには程遠く、海外領土は失われて復員者や引揚者が四つの島に閉じ込められ、海外旅行などは思いもよらず、輸出入は制限され、海外との通貨交流は不可能であった。高田の理論的発想はそのような日本の現実をはるかに超えており、彼は『終戦三論』（高田［1946］）においてすでに日本経済の今後の成長力に対する確信を表明していたが、『世界社会論』ではその経済発展の原動力の一つが自由貿易であるとして、将来の日本は外へ向かって広がっていき、諸外国との交流を通じてグローバル国家になると予測した。
　高田は経済的グローバル化を、社会学的グローバル化の第一ステップとして

とらえた。国際貿易はそれ自体が相互行為の一形態であるが、その相互行為のネットワークが広がって、国境を超えた社会集団と地域社会の拡大を生み出すということを、高田は「基礎社会拡大縮小の法則」、およびその系としての「中間社会消失の法則」によって定式化した。大なるものがますます大きくなり、小なるものがますます小さくなるとすると、そのあいだにあった中間的な大きさのものはしだいに消滅に向かうと考えられる。高田が『原理』と『概論』の段階であげていたのは、氏族の消滅、郡や村の解体などであった。『世界社会論』では、高田は人種の差異が混血と同化によって消滅に向かうとするウォードの説、および模倣が同化をもたらすとするタルドの説を機軸におき、これに階級および人種・民族の差異が消滅に向かうという高田自身の重要なテーゼを付加した。その根拠は、分化による封鎖性の打破、利益社会化、社会の理知化による伝統的社会意識の消滅、接触の増加による開放化、の四つに求められるものであった。

　高田は、これらの社会学的グローバル化によって、国民社会が消滅に向かうであろうとはしなかった。なぜならグローバル化は、国民社会が解体されることによって進むのではないからである。しかし国民社会を隔てている境界のカベが低くなること、および国民社会内部における階級的対立や人種的・民族的対立が少なくなることを前提に、国境を越えて形成される共通の政治や経済や学問や宗教への理念によって形成された地域社会の広がりを想定すると、それらによって「共同体」的結合が広められ、強められると考えられるだろう。というのは、今やそのようなグローバルな共同体の結合は、国家や階級や人種・民族の存在によって妨げられることがないからである。

　そこで高田の「世界社会」を「世界共同体」と言い換えてみよう。マッキーヴァーは、国家は滅亡しうるがコミュニティは不滅であるとした。テンニェスも、近代化によってゲゼルシャフトの形成が進むとはいえ、ゲマインシャフトは持続すると考えた。ここで念頭に浮かぶのが、パーソンズの「社会共同体」（societal community）の概念を、それらとつなげて考えることである。パーソンズの社会共同体の概念は、まずアメリカの人種問題を黒人に完全な市民権を付与することによって解決し（Parsons [1967]）、さらにベラーの示唆にもとづいて、プロテスタントとカトリックとユダヤ教の対立という宗教問題をエキュメニズムの実現によって解決する、という展望に立つものであった。

　高田保馬の世界社会の概念と同じく、パーソンズの社会共同体の概念も、ア

メリカ一国の範囲を超えて、世界共同体への展望のなかに位置づけられうるだろう。とはいえ高田にとってもパーソンズにとっても「世界共同体」は地域による制約を受けるもので、地球全体を一つに統合された単数の共同体として考えることはできない。運輸と通信がどれほど進歩し、地球がどれほど「縮小」するにしても、広大な地球全体のなかで、国際的に形成される世界共同体がたった一つの単一の社会にまで統合されると考えるのは、現実的ではなかろう。アメリカ、ヨーロッパ、アジアといった地域性は残ると考えるのが現実的だろう。そこで最後にこの問題への展望を述べて、結びとしよう。

6. アメリカ、ヨーロッパ、アジア
―― 国民社会からグローバル社会へ

日本の位置

　日本は東アジアに位置する国であるが、東に太平洋を隔ててアメリカ合衆国、西に東シナ海を隔てて中国という二つの超大国に挟まれている。それゆえ日本の国際関係は、日米関係と日中関係という二つの主要な軸に分かれている。日米関係は、1945年の敗戦による連合軍の日本占領と1951年の日米安全保障条約締結いらい、戦後60年にわたって日本を西洋世界につなぐ軸となってきた。また日中関係は、1972年の日中国交回復いらい、30年にわたって日本を東アジア世界につなぐ軸となってきた。日本は東アジアの一員であるが、日本は「極東」（西洋から見て）に位置して、アメリカと中国をともに隣国としているため、この二つの超大国の中間に立って、両者のバランスをとる必要に迫られている。

　アメリカも中国も、日本とは桁違いに規模の大きい「超大国」である。規模が大きいということは、勢力が大きいということであり、中規模国家である日本は、単独ではアメリカと中国という二つの隣国と勢力において対等ではありえない。この点はイギリス、フランス、ドイツ、イタリアなどの西ヨーロッパの中規模諸国も同様であるが、ヨーロッパ諸国はEEC→EUを形成することによって、この制約に対処した。彼らは、国家連合を形成することによって、ヨーロッパ全体としてのグローバル諸国家の一員として、アメリカと中国に対して対等になりうる道を選んだのである。日本はそれらの西ヨーロッパ諸国と同様に中規模の国民国家であるが、日本の隣国には、日本と国家連合を形成す

るような対等に並ぶ中規模国家が存在しない。朝鮮と台湾は日本の隣国であるが、それらは中国に比べてアンバランスに小さいだけでなく、戦後は分裂国家の宿命を負わされてきたので、日本はそれらと東南アジア連合のような同盟関係を結ぶことができないままである。この意味では、日本は地理的に孤立しているというほかない。

　島国である日本と東アジア大陸との関係は、同じく島国であるイギリスと西ヨーロッパ大陸との関係に似ているとしばしば言われてきたが、両者が大きく違うのは、封建制を経験した西ヨーロッパ大陸が30以上の中小規模の国民国家に分かれているのに対して、封建制を経験しなかった中国が単一の超大国を形成している点である。ヨーロッパがEEC→EUを形成しえたのは、それをリードしてきたドイツ、フランス、イギリス、イタリアなどがほぼ対等の中規模国家であったからである。日本の隣国には、EUのような国家連合を形成することのできる相手は残念ながらいない。

　ロシアは、日本海を隔てて日本に隣接するもう一つの隣国である。冷戦体制下においては、ソ連はアメリカ合衆国と世界を二分していた。ソ連解体後、拡大していくEUとは逆にロシアは縮小したが、依然として超大国の一つである。ただロシア連邦の中心部はヨーロッパにあるので、日本の隣国としてアジア地域社会のメンバーになるという可能性はロシア自身も想定していないと思われる。超大国ロシアがEUに加盟することはありえないとしても、旧ソ連諸国中で地理的に最もEUに近いウクライナは、国土の西半分にEU指向が多く、東半分にロシア指向が多い。同国では、2004年の大統領選挙で親露派のヤヌコビッチが新大統領に当選したが、選挙に不正があったとして、世界的な注目のなかで最高裁判決によりやり直し選挙が行なわれ、EU加盟を表明しているユーシェンコが新大統領に当選した。しかし新聞報道によれば、ウクライナは全貿易の三割がロシアによって占められていることから、EU加盟がただちに実現されることは困難であるという。

日本──グローバル国家への道

　冷戦体制解体後の世界は、ロシア連邦の大統領エリツィンがサミットに出席したなどのことがあって、初期にはアメリカ一極化になったとする議論もあった。しかし拡大EUの形成、アメリカのイラク戦争に批判的なドイツやフランスの動きなどから、EUはアメリカ合衆国に拮抗する勢力であると考えられよ

う。そこで現在の世界は、冷戦体制とは違った意味で二極体制としてとらえられる。中国と日本と韓国を合わせた東アジアを第三極と見なすことが不可能なのは、2005年4月に中国で起こった大規模な反日デモを見れば明らかだろう。だから日本は、EUに匹敵する「東アジア共同体」を主導することのできる立場にはまったくない。

　日本は一方で、地理的に東アジアのメンバーであり、中国の経済発展とともに日中貿易が拡大しているが、他方で日米安保を通じて戦後ずっとアメリカ合衆国と密接につながっており、EU諸国とは地理的には遠いとはいえアメリカを通じて間接的につながっている。戦後日本は、この三面性を通じて、東洋との関係と西洋との関係の両面を確保し、グローバル国家化の方向をたどってきた。古代に「中国化」を果たし、近代に「西洋化」を果たした日本は、福澤諭吉の時代と異なり、戦後はあらためて西洋に「入欧」する必要もないし、西洋との関係を密にするために東洋を「脱亜」する必要もない。グローバル化する世界において、日本は東洋のメンバーであると同時に西洋のメンバーでもあるというこの二重性を維持することが、最重要であることを自覚しなければならない[11]。しかし日本は、それらのなかで、地理的に最も近い中国および韓国との関係に関して、戦後60年を経た現在、なお歴史的摩擦から逃れることができない。しかも中国には中台の分裂があり、朝鮮半島には韓国と北朝鮮との分裂があるので、日中朝は一体になれない宿命をもっている。ここに国民国家としての日本が、東アジア諸国との関係に関して、EU諸国間の関係におけるような連繋を実現しえない最も困難な事情がある、と言わなければならない。

注

1) 広義の社会とは「自然」と「社会」を対比する意味での社会を指し、社会科学の研究対象すべてを含む。これに対して狭義の社会とは、相互行為しあい、社会関係を形成し、組織化され、成員と非成員の境界が確定している人間の集まりを指す。家族、企業、学校、地域社会、社会階層、国民社会、国際社会などは、その例示である。

2) アーネスト・ゲルナーは「前農耕社会」「農耕社会」「産業社会」の三分法をとり、nationの形成を産業社会段階に対応するものとした。これはnationの形成を近代以前に遡るアンソニー・スミス（Smith [1986-1999]）と対立する考え方で、事実ゲルナーとスミスはこの問題をめぐって論争を展開した。本稿での私の関心は日本にあり、日本の歴史的事実はゲルナーの考えを支持すると思われる。ただゲルナーの著書『ネーションとナショナリズム』 *Nation and Nationalism* （Gellner [1983-2000]）の

訳者加藤節らは「ネーション」を「民族」と訳し、ゲルナー自身も nation を ethnic boundary によってとらえうるとするので、私のとらえ方と一致しなくなる。私のいう「国民社会」は national society のことだから、私にとってネーションは「国民」であり、これを「民族」と訳されたのでは概念の理解が食い違ってしまう。

3) 領主とは、鎌倉幕府の段階では守護・地頭であり、足利幕府の段階では守護大名であり、徳川幕府の段階にいたって初めて独立の領国をもつ大名と呼ばれるようになった。大名の領国として「藩」の自立性が確立された出発点は戦国時代にあり、それが徳川時代に制度化された。徳川時代が「幕藩制」と呼ばれるのは、幕府と藩の二元的支配を言いあらわすためである。藩の数は徳川幕府のコントロールによって変化しているが、幕末段階で264ほどであった。

4) 三谷博、1997、『明治維新とナショナリズム』東京：山川出版社、pp.158-77。

5) 産業主義は19世紀のフランスに起源をもつ思想であるが、その後1960年代から70年代にかけてのアメリカで、「産業社会」および「産業主義」の概念のリバイバルがあった。これはアメリカで社会学者たちを中心に提起されたもので、資本主義だけでなく社会主義（共産主義）もまたインダストリアリズムのもう一つの形態であるという観点から、冷戦体制の下で資本主義と社会主義（共産主義）が収斂に向かうと主張する議論であった。代表的文献としてクラーク・カー『産業社会のゆくえ』（Kerr [1983 = 1984]) をあげておこう。

6) コントをスペンサーに橋渡しして、英仏社会学を結びつける役割をつとめたのは、フランス語に堪能でフランス思想に豊富な知識をもち、英仏のあいだを絶えず往復していたJ・S・ミルであった（Mill [1866]）。

7) この意味の共同体概念は、大塚久雄『共同体の基礎理論』（1955）によって社会学にも影響を与え、歴史的概念としての共同体と、普遍的概念としての共同体とが、日本語においてたまたま同じであるために混同される、という問題を生じた。

8) ブルデューとコールマンは思想的系譜を異にしているが、どちらも社会資本を個人が所有するものではなく、人と人との関係の構造のなかにあるものである、としている点で共通である。中国系アメリカ人林南の著書『社会資本』（Lin [2001]) は、ブルデューとコールマンを継承して、社会資本理論を発展させている。

9) AGIL図式は、「手段的」対「完結的」、「内的」対「外的」という二組の二分法をクロスさせることによって、社会システムの四つのセクターをA（Adaptation 適応）、G（Goal-Attainment 目標達成）、I（Integration 統合）、L（Latency 潜在的パターンの維持）として導出することによってつくられたが、パーソンズとスメルサーの共著『経済と社会』では、Aセクターが「経済」、Gセクターが「政治」と名づけられたのに対して、IセクターとLセクターには名前がつけられていなかった。とりわけIセクターが「狭義の社会」をあらわす概念であることが明示されなかったことは、同書が『経済と社会』と題されていることの意味を不明確なままに残してしまった。

10) 高田保馬の理解されなかった先見性について、一つのことを付け加えたい。高田の随筆「生めよ殖えよ」（『経済往来』[1927年7月、『人口と貧乏』所収]）は、高田

批判者によって戦争協力のイデオロギーであると喧伝されたが、それがとんでもない誤解であったことは、高田が「文明とは何ぞ、一面より見ればこれ、出生率の減少なり」(「現代文明の迷妄」『社会学的研究』[1918])と明確に書いていたことによって明らかである。高田がこれを書いた大正期の日本は人口増加の真最中であったが、彼は日本にやがて来るべき少子化を予測して、その対策を述べるために「生めよ殖えよ」と書いたのであった(中西泰之「高田保馬の人口理論と社会学」。なお同書に収録されている金子勇「少子社会と人口史観」も参照。金子勇編、2005、『高田保馬リカバリー』京都：ミネルヴァ書房)。

11) 本稿はインドとイスラムの位置づけという大きな問題を残しているが、これについては私の知識の不足のため、将来の課題であるとしておきたい。

文献

Beck, Ulrich, 1999, *What Is Globalization?*, Cambridge: Polity Press.
Becker, Gary, 1970, *Social Capital*, 2nd ed., New York: Columbia University Press.（＝佐野陽子訳、1976、『人的資本』東京：東洋経済新報社。）
Bourdieu, Pierre, 1979, *La Distinction*, Paris: Editions de Minuit.（＝石井洋二郎訳、1989、『ディスタンクシオン』Ⅰ・Ⅱ、新評論；1990、藤原書店。）
Coleman, James, *Foundations of Social Theory*, 1990, Cambridge, Mass.: Harvard University Press.（＝久慈利武監訳、2004、『社会理論の基礎』上・下（下は未刊）、東京：青木書店。）
Comte, Auguste, 1822→1854, *Plan des travaux scientifique nécessoires pour réorganiser la société*, Système de politique positive, IV, Appendice, Paris: Mathias.（＝飛澤謙一訳、1937、『社会再組織の科学的基礎』東京：岩波文庫。）
福澤諭吉、1866-70→1958、『西洋事情』全集第1巻、東京：岩波書店。
─────、1872-76→1958、『学問のすゝめ』全集第3巻、東京：岩波書店。
─────、1875→1959、『文明論の概略』全集第4巻、東京：岩波書店。
─────、1879→1959、『民情一新』全集第5巻、東京：岩波書店。
─────、1885→1960、「脱亜論」『時事新報』(1885/3/16付) 全集第10巻、東京：岩波書店。
─────、1893→1959、『実業論』全集第6巻、東京：岩波書店。
Gellner, Ernest, 1983, *Nations and Nationalism*, Oxford: Blackwell.（＝加藤節監訳、2000、『民族とナショナリズム』東京：岩波書店。）
金子勇、2003、「少子社会と人口史観」金子勇編、2005、『高田保馬リカバリー』京都：ミネルヴァ書房、pp.161-83。
Kerr, Clark, 1983, *The Future of Industrial Societies*, Cambridge, Mass.: Harvard Univertisy Press.（＝嘉治元郎監訳、1984、『産業社会のゆくえ』東京：東京大学出版会。）
Lin, Nan（林 南）, 2001, *Social Capital : A Theory of Social Structure and Action*,

Cambridge, England: Cambridge University Press.

MacIver, Robert, 1917, *Community*, New York：Macmillan.（＝中久郎・松本通晴訳、1975、『コミュニティ』京都：ミネルヴァ書房。）

Mill, Stuart, 1865 → 1969, *Auguste Comte and Positivism*, Collected Works of John Stuart Mill, Vol. IX, Toronto: University of Toronto Press.（＝村井久二訳、1978、『コントと実証主義』東京：木鐸社。）

三谷博、1997、『明治維新とナショナリズム』東京：山川出版社。

中西泰之、2003、「高田保馬の人口理論と社会学」金子勇編、2005、『高田保馬リカバリー』京都：ミネルヴァ書房、pp.110-29。

大塚久雄、1955、『共同体の基礎理論』東京：岩波書店。

奥田道大、2004、『都市コミュニティの磁場』東京：東京大学出版会。

Parsons, Talcott and Neil Smelser, 1956, *Economy and Society*, London：Routledge and Kegan Paul.（＝富永健一訳、1958-59、『経済と社会』Ⅰ・Ⅱ、東京：岩波書店。）

――――, 1966, *Societies：Evolutionary and Comparative Perspective*, Englewood Cliffs, N. J.：Prentice-Hall.（＝矢澤修次郎訳、1971、『社会類型――進化と比較』東京：至誠堂。）

――――, 1967, "Full Citizenship for the Negro American?", *Sociological Theory and Modern Society*, New York：Free Press, pp.422-65.

――――, 1971, *The System of Modern Society*, Englewood Cliffs, N.J.：Prentice-Hall.（＝井門富二夫訳、1977、『近代社会の体系』東京：至誠堂。）

――――, *American Societal Community*, unpublished, Harvard Archives.

Robertson, Roland, 1992, *Globalization*, New York：Russell Sage.（＝阿部美哉訳、1997、『グローバリゼーション――地球文化の社会理論』東京：東京大学出版会。）

Saint-Simon, Claud Henri Rouvroy, 1802, "Lettres d'un habitant de Genève à ses contemporains", *Oeuvre complètes*, Tome I, Paris：Editions Anthropos.（＝森博編訳、「同時代人に宛てたジュネーヴの一住民の手紙」『サン－シモン著作集』（全5巻、1987-88）第1巻、1987、東京：恒星社厚生閣。）

――――, 1817, "L'industrie", *ibid.*, Tome II.（＝「「産業」（全）とこれに関する趣意書」、前掲書、第2・3巻。）

――――, 1821, "Du système industriel", *ibid.*, Tome III.（＝「産業体制論」（全）、前掲書、第4巻。）

――――, 1823-24, "Catéchisme des industriels", *ibid.*, Tome IV.（＝「産業者の教理問答」、前掲書、第5巻。）

Smith, Anthony, 1986, *The Ethnic Origin of Nations*, Oxford：Blackwell.（＝巣山靖司ほか訳、1999、『ネイションとエスニシティ』名古屋：名古屋大学出版会。）

Spencer, Herbert, 1850, *Social Statics*.（＝松島剛訳、1884、『社会平権論』東京：報告堂。）

――――, 1876, *Principles of Sociology*, Vol. I, London：Appleton.

――――, 1910, *Essays on Education and Kindred Subjects*, London：Everyman's

Library.（＝清水禮子訳、1970、「進化について」『世界の名著』36、東京：中央公論社。）

鈴木栄太郎、1975、『国民社会学原理ノート』著作集第8巻、東京：未来社。

高田保馬、1918、「現代文明の迷妄」『社会学的研究』東京：寶文館。

―――、1919、『社会学原理』東京：岩波書店。

―――、1922、『社会と国家』東京：岩波書店。

―――、1922→1971→2003、『社会学概論』新版、東京：岩波書店；2003、『社会学概論』高田保馬・社会学セレクション、京都：ミネルヴァ書房。

―――、1927、「生めよ殖えよ」『人口と貧乏』（雑誌『経済往来』掲載）東京：日本評論社。

―――、1946、『終戦三論』東京：有恒社。

―――、1947、『世界社会論』東京：中外出版。

富永健一、1986、『社会学原理』東京：岩波書店。

―――、1990、『日本の近代化と社会変動』東京：講談社。

―――、1998、『マックス・ヴェーバーとアジアの近代化』東京：講談社。

―――、2004、『戦後日本の社会学』東京：東京大学出版会。

Tönnies, Ferdinand, 1887, *Gemeinschaft und Gesellschaft*, Leipzig: Buske.（＝杉之原寿一訳、1957、『ゲマインシャフトとゲゼルシャフト』上・下、東京：岩波書店。）

Weber, Max, 1972, "Soziologie der Herrschaft", *Wirtschaft und Gesellschaft*, 5te Aufl., Tübingen：Mohr.（＝世良晃志郎訳、1960-62、『支配の社会学』Ⅰ・Ⅱ、東京：創文社。）

第2章　　　　　　　　　　　　　　　　　　　　　盛山和夫

規範的探求としての理論社会学
── 内部性と構築性という条件からの展望

1. 社会学における共同性の危機

　この3-40年のあいだに、社会学についての人びとのイメージや期待は大きく変わってしまった。1960年代までは、社会学を理論化し、体系的な理論社会学を打ち立てるという広大な希望が多くの人びとに共有されていた。社会学は貧困や階級や犯罪などの具体的な問題だけでなく、近代化や社会変動や歴史の意味を解明し、産業化以前の伝統的社会のしくみにかえて産業化以降の新たな社会を構築していくための実践的な学問である、という期待が広く抱かれていた。

　今日では、残念ながらそうした社会学の熱い思いは見る影もなく萎(しぼ)んでしまっている。表面的には、社会学者や社会学を専攻する学生・院生の数は40年前と比較にならないほど増大し、量的な面では社会学はきわめて順調な発展を遂げてきたといえるかもしれない。しかし、その内側には大きな空洞が広がっている。社会学に一つの学問としてのまとまりが次第に薄れてきたのである。学問としての共同性を支えるべき共通のものが稀薄になり、あきらめが広くいきわたって、社会学の営みは細かく分化していくばかりなのだ。それぞれのセクト的な営みは、独特のしばしば秘儀的な概念図式や方法を発展させてきている。そうすることが望ましいのだという一種の開き直りすらしばしばみられる。

　社会学がこのような状況に陥っている根本的な第一の理由は、端的に言って、その「内部性」の発見だろう。発見というよりも、むしろ「浸透と呪縛」というべきかもしれない。それは、社会学というものがその対象である社会の内部から決して外には出られないということ、したがって、その外側に出て「客観的」な社会学を営むことは永遠に不可能だ、ということの発見だ。つま

り、「客観的」な社会学というものへの疑いである。これは「共通のもの」、そして共通のものの中核にあるはずの「理論」の信憑性を失わせることになった。このように、外部観察としての社会学の不可能性、この認識およびそれがもたらす含意の苛酷さへの屈服、これこそは、今日における社会学の共同性の危機の根本原因である。それは、1960年代までの社会学にはまったく無縁なものであった。

2. 外部観察としての経験主義と機能主義

経験主義の意味

明らかに1960年代までの社会学には「内部性」そのものないしその含意の重大さの認識が欠けていた。それはたとえば、社会学とは社会的事実をモノのように (comme des choses) 扱うものだというデュルケムの言い方に典型的に現われている (Durkheim [1895 = 1978])。むろんデュルケムは、社会的事実が文字通りにモノだというのではない。彼は、制度や慣習が人びとの思念や信念によって構成されていることを十分すぎるほどよく承知している。しかし彼は、制度や慣習は人びとに対して強制的で外在的なモノとして「客観的」に存在しており、それゆえに、それを外部からモノのように観察することが可能だと考えた。

他方、ほぼ同じ時期にヴェーバーは社会科学における「客観性」をどう確立するかに腐心していた。その暫定的な（したがって実は中途半端な）答えをいったん「理念型」の概念を用いて与えた（『客観性』論文）のち、最終的にはむしろ徹底的な方法論的個人主義の立場に立つことによって、「経験主義」を貫徹するという戦略を提示した (Weber [1921 = 1968；1972])。国家や会社のような存在は一種の社会的擬制であり、規範や法はそれ自体としてではなくあくまで人びとの行為がそれに向けられている程度において認識できるものなのである。このような経験主義を貫くことによって、観察者は、経験的に存在しているものに対して外部に立っているという構図をとることができるのである。

社会学が「外部観察」だという理解を支えた経験主義は、その後、社会調査を中核に据えた「経験科学としての社会学」を確立していくことになった。観測される物事は、明らかに「客観的なモノ」として観察者の外部に存在している。物的なモノだけでなく、人びとのふるまいや発話やテキストも、観察され

て固定されることによって「客観的なモノ」になる。したがって、そうした経験的に観測されうるものを収集し分析することからなる探求は、探求する人の主観にとらわれない「客観的」な知識を獲得していくことができる。このようにして、社会調査を主要な方法とするいわゆる実証的な社会探求こそが社会学だという了解が確立した。これが戦後社会学の基本的アイデンティティとなったのである。

機能主義の理路

「機能主義」もまた、外部観察としての社会学という自己認識の確立に大きな役割をはたした。機能主義は、規範や制度の理解とは、それらが社会に対して「いかなる機能を果たしているか」を解明することだと考える。ここで、暗黙のうちに、機能の宛先として「社会」が想定されていることがわかる。この「社会」は、なんらかの形で「統合」されており、まとまりのあるものだ（と想定されている）。規範や制度の「機能」は、そうした「社会の統合」への関係のしかたにおいて考察される。たとえばマートン（Merton）が政治ボスの「潜在機能」について語るとき、そこでは、その表面的な逸脱性や反社会性とは別に、社会の統合維持に果たすプラスの役割が想定されているのである。

このあたりは、エコロジーという思想ときわめて共通したところがある。エコロジーが1960年代の宇宙開発の後に、「緑の宇宙船」や「ガイア」の概念とともに脚光をあびてきたというのは示唆的である。宇宙からみた地球の映像によって、人びとは生態系をその外側の視点で捉えることを知ったのであり、生態系には維持すべき秩序があるはずだという考えの拡大をもたらしたのである。このとき、人びとの視点は、実際には自分たちがその内部にいる地球生態系の外部におかれている。自分たち自身の自発的な生命活動は、そうした外部の視点によって捉えられるエコロジカルな秩序に「従属すべきもの」とみなされる。ここには一つのパラドックスが潜在しているのだが、エコロジカルな思念はみずからを対象の外部に設定することで、それに気づかないで済ますことができるのである。

社会学における機能主義的な思考を育むうえで重要だったのは、いうまでもなくいわゆる「未開社会」の研究であった。アフリカやオセアニアやアメリカ先住民の社会に対して、欧米の研究者は明らかに文字通り外部に位置していた。彼らは少しもパラドクシカルな状況に陥る危険にさらされることなしに、

気楽にそうした「未開社会」を外部の視点から観察することができた。その際、自分たちにとって疎遠で理解しがたい規範や制度を科学的に理解する方法として、機能主義が発達し、そして次第に最も有力な方法としての地位を確立していったのである。

この機能主義はほとんど同時に、研究者みずからが属す社会についての探求にも採用されていった。つまり、人類学から社会学へ伝播したのである。それは、機能主義が外部の視点を可能にするものだと考えられたからである。自分たち自身が属す社会を一まとまりの統合されたものと見なすことによって、社会学者は研究対象からみずからを引き離し、対象に対して「客観的な」探求を「社会学」として確立できると考えた。

以上のような機能主義と経験主義、これらこそが社会についての外部観察の学としての社会学を支えて推し進めていったものである。

3. 構築性と内部性の発見

こうした方法論を背景にした理論社会学の発展は 1960 年代にピークに達する。1950 年代のはじめに現われたパーソンズの社会学理論構築のプロジェクトは、1966 年の『社会類型』（Parsons [1966 = 1971]）における AGIL 図式の一通りの体系化に到達する。その頃、より個人主義的なスタンスを好む人びとにとっては、ホマンズやブラウの「交換理論」が代替的な理論化の可能性を提示していた。また、ミードの流れを汲むと自称する「シンボリック相互作用論」も、具体的な理論の提示のない単なる方法論的主張にすぎなかったにもかかわらず、「シカゴ学派」の文化的伝統に支えられて理論社会学の有力な一つとみなされていた。さらにフランス発の「構造主義」が、フランス思想界におけるレヴィ＝ストロースの奇しくも華々しいデビューによって注目され、デュルケームとソシュールの威光を背にしつつ、社会研究の最も科学的な理論と方法として英米の社会学にも輸入されつつあった。

しかし、1960 年代には、この一方で、外部観察としての社会学像を覆すことになる社会学研究が開始されていた。これについて最も重要なのは、ベッカーの『アウトサイダーズ』（Becker [1963 = 1978]）と、バーガーとルックマンの『現実の社会的構成』（Berger and Luckmann [1967 = 1977；2003]）の二つである。

「逸脱」研究の文化拘束性

　ベッカーの『アウトサイダーズ』は、いわゆる「レイベリング論」の嚆矢として単に逸脱研究に革新をもたらしただけでなく、機能主義的な正統派社会学の基盤を揺るがすものであった。周知のようにレイベリング論というのは、それまで「何が社会的な逸脱であるか」は客観的に決まっていると思われていたのに対して、「逸脱とは、人びとが逸脱だと思うことだ」という「逸脱の社会的構築性」を主張する理論である。それまで逸脱の概念は、主として機能主義的に「社会の統合に対して阻害的な物事だ」として客観主義的に考えられていた。したがって、社会学者にとって「逸脱現象を研究する」ということは、いわばモノのように実在しているものを研究することであった。レイベリング論はその構図を解体したのである。逸脱とは人びとがそう思うものだということになると、社会学は次のようなジレンマに直面することになる。まず、経験主義に徹しようとするならば、経験的に存在するのは、単に「人びとがあることを逸脱だと思っている」という現象にすぎないので、「逸脱」という社会現象は経験的には存在しないことになり、「逸脱研究」という研究領域は解体せざるをえなくなる。他方、もしも「逸脱」という概念を維持しようと思ったら、人びとが採用している概念図式と社会学のそれとが限りなく近接してしまうことになる。そうすると、社会学が対象世界の外部に位置するという構図が解体する。

　ここでは「逸脱」が「文化拘束的」なものだとされているのだが、実は、このような指摘はレイベリング論が最初というわけではない。すでにヴェーバーは、さまざまな社会事象の「意義」がそれぞれの文化に相関的なものであることを繰り返し強調していた。あるいはP・ウィンチ（Winch [1958 = 1977]）は、未開社会における呪術について人類学者がきわめて安易に「非合理的」と形容することを批判して、「合理性」が文化相対的なものであることを主張した。ほぼ同じ時期、人類学者たちの間ではいわゆる「文化相対主義」をめぐって活発な論争が闘わされていた。ただ、それらは西欧の学者にとって「異文化」をどう位置づけるかという問題に関わっていた。それに対して、レイベリング論は「自分たちの中の異質なもの」をどう位置づけるかに関わっていたために、より直接的なインパクトをもたらしたのである。

制度の構築性

　ベッカーが正統派社会学の「機能主義」的な側面を攻撃したとすれば、バーガーとルックマンはその「経験主義」的な側面を揺るがしていったといえる。彼らの基本テーゼは、制度的な世界は、「対象化」され「物象化」され「客観化」されることによって、「客観的」なものとして人びと自身を拘束しているのだということである。すでに見たように、デュルケームは制度は人びとに対して強制力をもつがゆえに外在的であり、それゆえに客観的だと主張した。それに対して、バーガーとルックマンは、制度的世界は単に「客観的なものに見える」だけであって、実際には「客観的」なものではない、人びとは「人間的な諸現象をあたかもモノででもあるかのように理解すること、つまり非人間的な、あるいは、おそらくは超人間的なものとして理解すること」（Berger and Luckmann［1967 = 1977：151］）を疑っていないだけだというのである。

　制度的世界が本当は「客観的」なものではなくて、単に「客観的」なものに見えているだけだということになれば、では、「制度的世界はいかにして客観的に探求することができるか」という問題が生じる。これは社会学にとって由々しき問題である。たとえば家族や国家や法や規範が存在していることは社会学にとって大前提であり、社会学は経験科学としてそれらを経験的に研究できるものと考えて疑っていなかった。しかし、「単に客観的なものに見えている」だけにすぎない制度的世界は、どこにどのようにして「客観的」に存在しているのであろうか。

　実は、バーガーとルックマンはここまで議論を展開しているのではない。彼らは単に社会的世界が人びとによって構成（構築）されたものだと指摘するだけで終わっている。彼らは、このことが社会学の根幹を揺るがすものであることに気づいていない。実際のところ、彼らは「慣習化」とか「類型化」（これはもともとシュッツの用語だが）というようなかなり行動論的な概念を用いて議論しており、そのレヴェルで経験的で客観的な社会学が可能だと考えていたふしがある。しかし、制度が成立するプロセスは多様で偶然的であるだけでなく、そのプロセスの中核部分は人びとの「思念の内部」にある。「客観化している」のはあくまで人びとの主観的な思念だ（盛山［1995］）。そうすると、社会学にとって「客観的」に存在しているのは「制度」でも「制度的世界」でもなく、ただ単に「制度があると思っている人びとの主観的な思念」にすぎない。社会学は家族や国家や法や規範を研究するのではなく、そういう概念を用

いている人びとの思念やふるまいを研究するだけになってしまう。

　ここで、デュルケームが社会的事実はモノのように扱うことができると主張していたことを思い出そう。バーガーとルックマンは、モノのように理解することは「物象化」だというのだが、そうだとすれば、デュルケームが考えていたような社会学そして正統派社会学の営みそのものが「物象化」的な認識だということになる。バーガーとルックマンは必ずしもそう論じているわけではないのだが、これは重大な「社会学批判」である。

　ベッカーにしてもバーガーとルックマンにしても、必ずしも社会学の根幹そのものを堀り崩すつもりでいたわけではない。彼ら自身はむしろ経験的な社会学を素直に信じていた。しかし、彼らが提起した問題や議論は次第に社会学という学問の成立可能性を脅かすものへと発展していく。それはとくに学生叛乱の時代を経た後の1970年代以降に覆しえないものになる。

　問題は社会学の客観性である。対象から離れてその外に立っていることが客観性の条件だ。ところが、社会学の対象は、通常、当の社会学という営み自身が内属している社会とその諸制度である。つまり、ベッカーやバーガーとルックマンは、社会学とその対象に内含される次の疑いようのない現実に改めてわれわれを気づかせたのである。

（1）対象である制度的世界は、人びとの思念の中の意味世界を基盤として社会的に構築されたものである。（構築性）
（2）社会学は、社会学の対象である制度的世界に内属している。（内部性）

　この二つの事実を結びつけて考えると、社会学の「客観性」が危ういものであることは容易にわかる。「客観性」が問題だということは、そもそも学問としての資格とアイデンティティに関わる問題である。このようにして、1970年代以降、社会学はみずからの新たなアイデンティティを求めてさまざまに彷徨うことになる。

パーソンズ離れの理由

　1970年代以降の変化でまず特筆すべきことは、パーソンズ理論および機能主義の急激な凋落である。パーソンズ理論に対してはそれ以前から「現状維持的」であるとか「誇大的」であるとかの批判が提起されていたが、学生叛乱の

時にグールドナー (Gouldner [1970 = 1978]) などによってあたかもパーソンズ理論が「アメリカ・エスタブリッシュメント」の代弁者であるかのように（誤って）見なされたという事情もある。しかし、若手社会学者たちのパーソンズ離れの理由は、（必ずしも十分に意識されているわけではないが）もっと理論的なものであった。

パーソンズ理論は 1966 年の『社会類型』以降、ある両義性を明白に抱え込むことになっていた。それは、社会学は経験科学なのかそれとも規範科学なのかをめぐる両義性である。1951 年の『社会体系論』(Parsons [1951 = 1974]) は、当時盛んになりつつあった行動科学の影響を受けて、経験科学としての社会学のための一般的概念図式を作りあげることをめざしていた。しかし、パーソンズには（他の多くの社会学者も実際にそうなのだが）社会学を通じてより良き社会への前進に寄与することへの強い関心があった。それは、主としてナチスや医療や人種問題などを論じた個々の論文に明らかである。個別的な社会問題を規範的な関心から分析することそのものは、経験的社会学の応用であってその豊穣さの現われとして歓迎された。しかし 1960 年代以降、彼は AGIL の一般図式を用いて多元的な社会における「あるべき」社会統合の様式を探求していくようになる。一般理論そのものが純粋な経験主義を超えて、規範的な理念を語るために展開されたのである。これは、経験科学としての社会学というそれまでのタテマエから逸脱した企図であった。そのうえ、「あるべき」理念を指し示すための方法論が反省的に検討されないために、実質的に「対象世界であるアメリカが内的に抱いているものを、あたかも「社会学という客観的な装置」の口を借りて語る」ものになってしまったのである。つまり、アメリカ社会の自文化中心主義が「客観的」な装いで表現されたにすぎなかった、少なくともそう見られたのである（盛山 [2004]）。

これは、すでに「社会学の客観性問題」にセンシティヴになっていた社会学者たちにとってはとうてい受け入れがたいことであった。

4. 外部に立つさまざまな試み

1970 年代以降に社会学者を魅了することになるのは、いずれもパーソンズのこの轍を避ける試みだと見なされたものであった。

シュッツとガーフィンケル

　シュッツとその弟子であるバーガーやルックマンたちの仕事は「現象学的社会学」と銘打たれているけれども、実は、戦前のシェーラーやフィアカントらの「現象学的社会学」とはほとんど無縁なものである。シュッツ自身は、フッサールの超越論的現象学を明確に批判したうえで、日常生活者たちが「一次的構成」を通じて社会的世界を構築していくさまを、「科学的な二次的構成」として探求することが社会学だと素朴に考えていた。さきに見たバーガーとルックマンの仕事は、その延長線上に位置づけられる。彼らについて強調すべきなのは、それがきわめて強固な「客観主義」の立場に立っていたことである。有名な「多元的現実」の概念にしても、それは、よく誤解されているように、社会学にとって多元的な現実が存在するということではない。ただ、日常生活者たちは異なった文脈や地平で組み立てられた異なる世界の間を移動しながら生きている、という単一の現実を語ったものである（Schütz［1973 = 1985］）。

　シュッツの仕事が「現象学的」だといえる側面をしいて言えば、それは、日常生活者たちが自分たちを取り巻く世界をどのように理解し、何を自明なこととみなしており、どこに彼ら自身の気づいていない亀裂やズレがあるかを、「外部観察者」の視点から記述しようとした点にある。それは、フッサールの「現象学」が、日常的および専門的認識の営みにおける自明性の構造を「括弧に入れ」て、その外部から分析することで認識のメタ理論を構想していたのに似ている。シュッツは、日常的生活世界のメタ理論を社会学として構想したのである。

　H・ガーフィンケルの創始したエスノメソドロジーとは、「Ethno」人びとの「methodology」方法を研究する学にほかならない。シュッツが日常生活者と社会学者とをアプリオリに区別していたのに対して、ガーフィンケルは「人びともまた社会学を行なっている」のだと考える（Garfinkel［1967］）。はじめのうちガーフィンケルは、人びとが日常生活を実践的に秩序づけていくある種合理的なやり方を解明していくことがエスノメソドロジーだと言っている。よく知られているように、日常生活においては必ずしも明示的に述べられてはいない暗黙のルールや共通の理解が存在していて社会的秩序を支えているという点が強調されていったのは、少しあとになってからだ。

　いずれにしても、ガーフィンケルの「人びともまた社会学を行なっている」という指摘は、重大だ。人びとが社会の諸事象を分類したりコード化したり解

釈したりしてみずからの社会を理解し秩序づけようとしているしかたは、まさに社会学者や人類学者が行なっていることと同じだとされるのだ。このときガーフィンケルがどこまで意識していたかは明らかではないが、要するに、社会学が本来的に「内部観測」であることが言われているのである。

　社会学自身がその対象である人びとの社会認識と同列のものであって、とくに知的特権性や超越性をもつものではないのではないかという疑いは、1970年代から80年代にかけて社会学の社会学、再帰的社会学、レトリックとしての社会学などの試みを盛んに生み出していった。これらは、社会学への自己懐疑の広がりを反映している。ただ、ここで誤解してはならないのは、こうした試みは決してみずから「内部観測」に徹するものではなかったということだ。よく知られているように、エスノメソドロジー自体、内部観測としての人びとの（あるいは専門家の）社会学が自覚していない暗黙のルールや構造を取り出し明るみに出すことにおいて、対象の外側に立った探求であろうとするものであった。社会学の「内部性」を言いつのる議論のほとんどは、みずからは「その外部」に立つものであることを前提としたり、あるいはそうであることを目指したりするものだったのである。

フーコーの外部化戦略

　シュッツやガーフィンケルが主として同時代の日常的な社会生活を探求の対象にしていたのに対して、フーコーの仕事は、近代的な「知」すなわち哲学や社会思想の総体と、それと密接に関係している近代的な社会秩序の編成の仕方とを対象にしている。フーコーもまた、近代社会や近代の「知」が自明のものとして無意識下においている暗黙の構造を明るみに出すことを目指していた。とくに『狂気の歴史』(1961) や『臨床医学の誕生』(1963) は、まさにベッカーが同時代のアメリカ社会の「逸脱」概念について行なったように、「狂気」や「病気」という「逸脱」が社会的に構築されたものであると主張したのである。

　フーコーは一時期みずからの方法を「言説分析」と称したことがあるが、これはエスノメソドロジーにおける会話分析と同じように、社会を編成していると同時に、社会の編成を経験的なレヴェルで表わしている「言説」を分析することによって、社会の隠された編成・秩序づけのしかたを掘り出して明らかにすることを意味している。エスノメソドロジーと同じように、フーコーもまた

みずからの「言説分析」や「考古学」を、対象の外部に位置して対象に対して客観的にアプローチしうるものだと考えた。フーコーの場合、これは「近代知」と「近代社会」から距離をとり、ひいてはそれらに対して「批判的」ないし「懐疑的」なスタンスをとることと結びついている。それは近代の哲学や社会思想に対する文献学者ニーチェのスタンスに類似している。そして、その批判の延長上でニーチェが知識の社会的意味を「権力 Macht」に位置づけたように、フーコーもまた「知／力 savoir / pouvoir」という表現で言説や知識の「権力性」を強調するのである（盛山 [2000]）。

　膨大な文献資料と該博な知識を駆使したフーコーの諸著作は、とくに次の点において社会学にも非常に大きなインパクトを与えた。(1) 近代社会を批判的に捉えたり、明示的に批判したりするための方法を（マルクス主義の衰退のあとで、あらたに）提示しているように思われた。(2) 社会を秩序づけて諸制度を構築している主要なエージェントとして「知識」に焦点を向けた。(3) この「知識」はとりわけ専門的な哲学や社会理論やさらには科学的知識であり、それらは「真か偽か」という性質においてではなく、その政治性や権力性において精査される。(4) そして、そうした「社会を構成する知識」を対象とし、それとは切り離された「客観的」な社会分析だとして、みずからを提示した。

　正確に言えば、フーコーは自分の社会分析が「客観的だ」というような言い方をしているわけではない。しかしフーコーに限らず、どんな記述であれ地の文はみずからを「客観的に妥当する」ものとして提示するものなのだ。いずれにしても、フーコーもまた「対象から切り離された」社会分析として研究者たちの大きな関心を集めたのである。

構築主義の隘路とポストモダニズム

　フーコーと並ぶフランス現代思想の双璧の一人はJ・デリダであり、その「脱構築」の思想も、J・バトラーの『ジェンダー・トラブル』などを通して、フェミニズムやクイアー理論を中心に社会学の「構築主義」の形成に影響を与えた。ここで「脱構築」を詳細に論じる余裕はないが、単純化していえば、プラトン以来の西洋哲学を特徴づけてきた真／偽、正／悪、生／死、内部／外部、などの階層的な二分法的思考秩序を「形而上学的」で「暴力的」で「根拠のないもの」だとして批判し、近代思想の「行き詰まり」（と見なされている現状）を総体として乗り越えようとする運動である。この運動を通じて、本当

は「構築されたもの」をあたかも自然か何か人間の外部に根拠があるかのように考えたり、そういう根拠を確立しようとすることを「本質主義」や「基礎づけ主義」と呼ぶ。

もともと哲学畑において「本質主義 essentialism」という言葉は、用語にはそれ固有の実体が対応しているという考え方のことを意味しており、現代的用法は、脱構築とはきわめて縁遠いはずの K・ポパーに帰せられている。『開かれた社会とその敵』(Popper [1945 = 1980]) でプラトンを全体主義の淵源とみなして徹底的に批判したときに用いたものである。その後、本質主義に対立する概念として「constructionism」という言葉が確立し、「構成主義」ないし「構築主義」と訳されてきた。哲学畑では、知識の社会的構成を説くブルア (Bloor) などのエジンバラ学派がよく知られている。

このほかスペクターとキッセの「社会問題の構築主義」などの影響もあって、社会的世界が結局のところ主観的あるいは共同主観的な意味世界を基盤にして構成されたものだという広義の「構築主義」は、現在の社会学ではほとんど常識化している。こうした構築主義の基本認識はまったく正しい。しかし、この構築主義によって社会学が難しい問題に直面していることも事実である。

第一に、レイベリング論について述べたように、これまで社会学の対象としてきた「逸脱」や「社会問題」のような現象が、固有の指示対象を失ってしまう。これはとくに「社会問題」をめぐる厳格派とコンテクスト派の論争として有名になった問題であるが、実はこれにとどまらず、構築主義的アプローチが盛んな「ジェンダー」や「同性愛」や「セクシュアリティ」や「差別」に関してもつきまとわざるをえない問題なのである。たとえば、もしも「ジェンダー」や「差別」が構築されたものだとすれば、社会学者は一体何を「ジェンダー差別」として同定することができるか、という問題に直面するのである。

第二に、構築主義が「何かが構築されたもの」であることを示そうとするならば、その説明には、必ず何か「構築される前のもの」と「構築されるしかた」とが含まれていなければならない。なぜなら、構築主義的説明そのものは「客観的」であるはずであり、そのための基盤が必要だからである。つまりどこかで「構築されたものではない」ものに依拠せざるをえない。それはいかにして可能だろうか。実際には、構築主義系の議論はここでさまざまな「自明視」をあてにしている。たとえば、「生きられた体験」とか「身体」とか、あるいは伝統的左翼の「支配」とか「階級」とかがそうである。これらが本当に

はあてにならないものであることは、いうまでもない。

　第三に、構築主義はしばしば「作られたもの」であることを暴くことで、現行の社会のあり方に対する規範的な批判に志向していることが多いけれども、暴いたあとどうするつもりか不明だ。

　以上のような構築主義の問題の原因がその基本的な「客観主義」への志向にあることは明らかだ。そしてこのことから、むしろ「客観主義」という制約を除去してしまおうという戦略が生まれるのは自然なことである。それが一般に「ポストモダニズム」と呼ばれるものだ。これも一義的には語り難いものだが、基本的には、近代思想や近代社会が前提にしてきた物事の「構築性」を指摘しつつ、みずからは決して本質主義や基礎づけ主義には陥らないことを信条とする理論的態度だといえるだろう。したがって、ポストモダニズムはしばしば「相対主義」や「懐疑論」と結びついている。

　現代の社会学のなかには、このポストモダニズムの立場から社会学をそれなりに再構築しようとする理論的試みも現われている。たとえばS・サイドマンは、社会学は本来的に対象社会の外部に位置することはできないので、客観主義的に一般理論を構築しようとしても結局のところ文化拘束的で自文化中心主義をまぬがれることができないとし、社会学が行なうべきことは、「系譜学的社会分析」と「局所的ナラティブ」だと主張している。系譜学的社会分析は「自然なものと見なされているアイデンティティと制度的秩序［が］社会的に生産された」ものであることを説明することによって「人びとを拘束している本質主義やアイデンティティから解放すること」を目指すものである。そして局所的ナラティブは、ホームレスやアンダークラスやエイズや離婚のような出来事をそれぞれ個別的な社会的文脈において分析することによって、異質で多様な意味を人びとに提示するものだ、とされている（Seidman [1992 : 70]）。

　たしかに、人びとを拘束から解放したり、異質で多様なものに気づかせることは大切なことだ。しかし、同時に、それだけでは単に人びとからすべての生の基盤を剥ぎ取ってしまうだけに終わったり、異質なものの敵対的並存にとどまってしまうことも明らかだ。

　ポストモダニズムは思想や社会におけるあらゆる擬制的なものは解体されるべきだと考えるのだが、真実をいえば、どこかで「根拠のないもの」に依拠することなしには、思想や社会というものは存立しえないものである（デリダでさえも、「正義は脱構築できない」と根拠もなしに主張している（Derrida

[1994 = 1999]))。なぜなら、思想や社会は「意味」からなっており、「意味」は最終的には（「神」や「民族」や「家族」がそうであるように）どこにも「根拠」などないからである。

明らかに、脱構築やポストモダニズムはみずからを徹底させることはできない。それは常に構築されざる自明視された「根拠」を伴っている。しかしその自明視は結局は論考の主観に依拠しているので、すべては相互の無理解の孤立へと導かれざるをえないだろう。

ルーマンの「システム論」的戦略

ポストモダニズムを視野に収めつつ、なおかつ共有しうる社会理論の構築をめざしてきたのがルーマンである。ルーマンについては、最も素朴には、一般システム論の社会学的応用を試みたものだとか、社会をオートポエーシス的なある種の究極のシステムだとしてその理論を展開したものだとかのように誤解する人もいる。馬場（2001）は、それとは異なって、パラドックスとしてしか存立しえない社会のなかで社会学もまた徹底的にパラドクシカルであることを貫徹しようとする社会学的実践であるという見方を示している。これは「内部性」に徹底することを意味している。

本稿の理解はそれらとは異なる。簡単にいえば、ルーマンはむしろ徹底的に経験主義的な外部観察としての社会学を定立しようとしたのだと考えている。たとえばルーマンの初期の仕事に『法社会学』があり、「複雑性の縮減」といった情報理論家アシュビーの概念を借用した理論概念がみられるが、それは、法について徹底的に経験主義的であろうとしたケルゼンらの法実証主義の問題関心を引き受けてさらにそれを乗り越えようとした試みだと理解することができる。

法実証主義が当時の方法論的個人主義のならいとして経験性の基盤を個人の「行為」においていたのに対して、初期ルーマンは「システム」の概念を武器にして法実証主義を乗り越えることを企図していた。ただしルーマンの「システム」はいわゆる「実体としてのシステム」ではなくて、社会の成員たちによって抱かれている意味世界としてのシステムである。人びとがみずからの社会的世界をそれなりに秩序づけられた有意味なものとしてとらえているその有様を、すなわちまさに「構築されたもの」を直接に「システム」として取り出したものなのである。その「システム」に対して、ルーマン社会学そのものは、

外側に立って性能を探求することができる。それが、システム論的社会学者ルーマンのとった戦略であった。

この戦略はかなりの程度まで成功が期待できるものであった。ルーマンは、「システム」を内的に閉じられたものと概念化する。内的に閉じられているとは、外部がないこと、環境という外部との相互作用が（システムの視点からみると）存在しないことを意味している。いわば独我論的な世界、それがルーマンにとってのシステムだ。こうすることで、対象をその内部から思念する（＝言及する）ことに伴うアポリア（それはフッサール以来の主観主義的な現代哲学が陥った問題なのだが）を、対象である「システム」の性能に帰することができる。これは、機能分化の概念を用いた社会分析や、いわゆる「環境問題」における本来的な「人間中心主義」を明確にする上でも、有効な道具立てである。また、コードやメディアの概念は、共有された了解図式を通じて、システムの構成要素であるコミュニケーションが成立することを的確に表わしている（Luhmann［1984 = 1993］）。

しかし、ルーマン理論のもっともらしさは、ある決定的な二つの犠牲の上に成り立っている。それは、第一にその論理展開の事実上のアドホック性である。つまり、誰もルーマンを真似ることができない。第二に、経験的レファラントの曖昧さである。つまり、誰もルーマンの「正しさ」あるいは「間違い」を経験的に確かめることができない。

これは奇妙なことだ。ルーマンの企図は、法実証主義の隘路を越えて経験主義的に「客観的」と思える社会理論を構築することにあった。にもかかわらず、それは他の学徒が共通に利用できるという意味での客観性の第一次的な条件を満たしていない。そのことは、「ルーマン理論とは何か」をめぐって、あまりにも異なる解釈が並立していることからも明らかである。

こうなってしまったのは、ルーマンの「システム論」が、本当は経験的でも客観的でもないからである。ここでは紙幅の関係で詳細に述べることはできないが、社会的意味世界や社会が「内的に閉じられたシステム」だというのは、「合理的人間」や「需給均衡」と同じく、フィクションである。たしかに学問はこうした架空の近似モデルを用いて経験的現実を考察する。モデルは、対象世界を探求から独立なものとして設定するうえで有効である。しかしその際の基本条件は、そのモデルが誰にとっても利用可能な形で構成されていることであり、さらにそれによって誰でもがそのモデルと経験的現実との一致や差異を

論じることができることである。では、ルーマンはなぜ「システム論」をそのようなモデルとして提示しえなかったのか。それは、モノのではないものをあたかもモノの作動であるかのように記述するという戦略をとったからである。実際には社会的意味世界は閉じられておらず、開かれていて創発的である。それを無理矢理にモノの用語系である「システム」の概念で記述しようとするとき、その無理の部分に必ずアドホック性が生じる。ルーマンの企図はこの綻びとともに頓挫するのである。

5.　規範的探求としての理論社会学

社会的世界の規範性

　社会学は、社会的世界の構築性と社会認識の内部性に直面して立ち往生している。ここにさらに、社会的世界が本来的に規範的なものだなどと言えば、その困難は一層厳しいものになる。しかし明らかに、社会的事実とは、権利、義務、役割、責任、規範、手続、資格、価値あるいは、理念や信仰によって構成されているのであり、本来的に「規範的」なのだ。この規範性（理念性といってもいいが）を前提にすると、社会的事実の「客観的認識」はますます難しくなる。なぜなら、社会的事実を記述するためには、人びとによって思念された信仰や理念を記述しなければならないからであり、信仰や理念についての「客観的認識」がいかにして可能であるかの問題に突き当たるからである。

　たとえばイスラム社会を記述しようとすればその「神」について語ることが欠かせない。その「神」を人格神、超越神、創造主、あるいは全能性、絶対性などで特徴づけることは、ある種の普遍化的記述をめざしたものであるが、そういう言葉で本当にその「神」を記述したことになるのか、それはあくまで外側から表面的に記述しただけのものではないかという疑問が残る。その疑問を徹底的に解消しようと思ったら、おそらく最終的には信仰の立場から記述することにならざるをえないだろう。この問題は、神だけではなく、家族や法や民族などについてもあてはまるはずだ。

　社会は信仰から成り立っており、社会を認識するためには信仰の理解が不可欠なのだが、外在的なままでは不完全な理解にとどまる。ヴェーバーの理解社会学やシュッツは、人びとの思念や信仰をある意味で経験的なものとみなして、それを正しく認識することに「客観性」を見出していた。しかし、「真の

理解」という意味で客観的な認識に至ろうとすると、文化的に拘束されていないという意味での「客観性」からは逸脱せざるをえない。この解釈学的ジレンマはすべての意味理解につきまとっている。

　構築性、内部性、規範性、これらは社会学と社会的世界との関係に複雑に絡んできて、社会学を独立した一個の客観的な学問であることを困難にしている。この困難は永遠に抜け出せないものであるかのように見える。

規範的構想の学として

　しかし、一つだけ道がある。ただし、そのためには社会学を純粋な経験主義からはみ出させなければならない。つまり、経験的データに忠実であることを制約条件としながらも、その中核において規範的であらざるをえない。いかなる意味世界が規範的に妥当するかの判断や、規範的に妥当するような新たな意味世界を構築することに内的に関わるということである。すなわち、社会を構築していくことに内部からコミットすることである。

　こう述べただけでは、かつてのパーソンズや進化論的社会学やマルクス主義などに回帰するように聞こえるかもしれない。しかし、1960年代までの社会学の自覚されざる自文化中心主義を反省し、異なる文化、異なる意味世界に対してなんらかの意味で「客観的に妥当する」ようなものとしての社会学に志向することを前提にすれば、そうはならない。

　ここで重要なポイントは、「客観的妥当性」の概念を「いまここに在る」ものとしてではなく「理念的」で「目指されるべきもの」として捉えることである。すなわち、異文化を社会学的に探求し理解するということは、異文化とそれを探求している自文化とを前にして、両者にとってともになんらかの意味で「妥当」するような「新しい意味世界」を構築し提案することである。たとえば、ホモセクシュアルの社会学的探求が目指すべきことは、ホモセクシュアルとヘテロセクシュアルという異なる文化がともに他をより良く理解しうるような概念図式を創造し、できる限りともに同一の社会を構成しうるような共通の価値や社会のしくみを構想することである（むろん、すべての異文化と共存することが「妥当」な構想であるとは限らない）。

　構築主義やポストモダニズムに欠けているのは、多元的な社会をなおかつ共同の世界に繋ぎ止めうることができるような新たな社会構想への志向である。社会学が純粋に経験主義にとどまろうとする限り、多元的に相対立する異なる

文化や価値を超える地平を生み出すことはできない。それはますます意味を剥ぎ取られた虚空の中にわれわれを導いていくだけであり、そこに達成される「客観性」はむなしく、実際には敵対を残すだけだろう。

　内部性を自覚した社会学が共同的な営みとしてみずからを再構築していく道は、構築性と規範性を引き受けつつ、理念的な共同性によってみずからを引き上げていく以外にない。そのためには、理念的な共同性すなわち公共性の概念をはじめとするさまざまな規範的諸概念についての理論的探求が、社会学の主要な構成要素にならなければならない。こうした社会学の再生の道は遠く果てしないものであり、本稿はひとまずその方向を指し示して、具体的探求は別の機会にゆだねることにしよう。

文献

馬場靖雄、2001、『ルーマンの社会理論』東京：勁草書房。

Becker, Howard, 1963, *Outsiders*, New York: Free Press.（＝村上直之訳、1978、『アウトサイダーズ』東京：神泉社。）

Berger, Peter and Thomas Luckmann, 1967, *The Social Construction of Reality*, New York: Doubleday.（＝山口節郎訳、1977、『日常世界の構成』東京：新曜社：同訳、2003、『現実の社会的構成』東京：新曜社。）

Derrida, Jacques, 1994, *Force de loi*, Paris: Editions Galilee.（＝堅田研一訳、1999、『法の力』東京：法政大学出版局。）

Durkheim, Emile, 1895, *Les Règles de la méthode sociologique*, Paris: P. U. F.（＝宮島喬訳、1978、『社会学的方法の基準』東京：岩波書店。）

Garfinkel, Harold, 1967, *Studies in Ethnomethodology*, Cambridge, England: Polity Press.

Gouldner, Alvin, 1970, *The Coming Crisis of Western Sociology*, New York: Basic Books.（＝岡田直之ほか訳、1978、『社会学の再生を求めて』東京：新曜社。）

Luhmann, Niklas, 1984, *Soziale Systeme: Grundriss einer allgemeinen Theorie*, Frankfurt am Main: Suhrkamp.（＝佐藤勉監訳、1993、『社会システム論』上、東京：恒星社厚生閣。）

Parsons, Talcott, 1951, *The Social System*, New York: Free Press.（＝佐藤勉訳、1974、『社会体系論』東京：青木書店。）

───, 1966, *Societies: Evolutionary and Comparative Perspectives*, Englewood Cliffs, N.J.: Prentice-Hall.（＝矢澤修次郎訳、1971、『社会類型──進化と比較』東京：至誠堂。）

Popper, Karl, 1945, *The Open Society and its Enemies*, London: Routledge.（＝1980、内

田詔夫・小河原誠訳『開かれた社会とその敵』第1部・第2部、東京：未来社。）
Schütz, Alfred, 1973, *Collected Papers* Ⅰ: *The Problem of Social Reality*, Hague: Martinus Nijhoff.（＝渡部光・那須壽・西原和久訳、1985、『アルフレッド・シュッツ著作集第2巻――社会的現実の問題』Ⅱ、東京：マルジュ社。）
Seidman, Steven, 1992, "Postmodern Social Theory as Narrative with a Moral Intent", S. Seidman, and D. G. Wagner,（eds.）, *Postmodernism and Social Theory*, Oxford: Blackwell, pp.47-81.
盛山和夫、1995、『制度論の構図』東京：創文社。
――――、2000、『権力』東京：東京大学出版会。
――――、2004、「公共哲学としてのパーソンズ社会学」富永健一・徳安彰編『パーソンズ・ルネッサンスへの招待』東京：勁草書房、pp.3-16。
Spector, Malcom and John Kitsuse, 1977, *Constructing Social Problems*, Menlo Park, C. A.: Cummings.（村上直之ほか訳、1990、『社会問題の構築――ラベリング理論をこえて』東京：マルジュ社。）
Weber, Max, 1921, "Soziologische Grundbegriffe", *Wirtschaft und Gesellschaft*, Tübingen: J. C. B. Mohr, pp.1-30.（＝阿閉吉男・内藤莞爾訳、1968、『社会学の基礎概念』東京：角川書店；清水幾太郎訳、1972、『社会学の根本概念』東京：岩波書店。）
Winch, Peter, 1958, *The Idea of a Social Science and its Relation to Philosophy*, London: Routledge.（＝森川眞規雄訳、1977、『社会科学の理念――ヴィトゲンシュタイン哲学と社会研究』東京：新曜社。）

第Ⅱ部
社会システム理論

第3章　進化的変動論としてのパーソンズ社会学
第4章　社会システムの脱人間化と脱主観化
第5章　機能分化の社会理論

第3章

油井清光

進化的変動論としてのパーソンズ社会学
——不確定性と超越[1]

1. 不確定性から「抜け穴」へ

物語の軸の更新

社会学理論は何によって更新されるのか。

「反証可能性」を条件とした「経験的データ」とのつきあわせによってだろうか、それとも言語内在的なゲームの蕩尽によって、つまりあるパラダイム内在的なゲームのエントロピーの過剰によってだろうか。あるいは研究者共同体間の勢力争い、その力関係と勢力分布の変遷によってなのだろうか。

むしろ現在、われわれが抱いているのは次のような感覚ではないか。つまり、「経験的データ」と「理論枠組」とのやりとりといっても、この両者の区別はそれほど自明ではなく、さらに言語ゲームの「パラダイム」といわれるもの自体もじつはそれほど固定的とはいえず、研究者間の勢力争いと言語ゲームとは相互に織り込まれているであろう。そうならば、社会学理論の変遷の歴史、つまり社会学史も、社会学理論を素材とした物語の構築の企てということになる（厚東［1997］，Levine［1995］）。さらにもしそうならば、理論の更新とは、この物語る企ての関数であろう。本章は、社会学理論の更新ということを、このような角度からみることを基本前提としている。

この物語の構築において、「パーソンズ」は肯定／否定双方の側でいつも呼出されがちであったことは周知である。以下で問題にしたいことは、この呼び出されるべき「パーソンズ」の顔を変えること、それによって物語更新の軸を変えようとすることである。

不確定性

さすがに、パーソンズ像をめぐるいくつかのステレオタイプはここ十数年の

間に崩れつつある。しかし彼の理論に関する固定像は根強い。歴史的変動分析に関わりをもたない調和的社会の理論図式である、ということもその基本的な固定像の一つである。こうした事態の原因の一つは、パーソンズ理論のイメージが1950年代、60年代で停止しているからであろう。その後の「社会進化論」や「人間の条件パラダイム」に関する仕事は「パーソンズ」のイメージから抜け落ちている。とくに「社会進化論」は、通常の社会学者にとって奇妙に居心地の悪い、訳のわからない作品として漠然と遠ざけられている感がある。ところがじっさいには、こうした後期の作品からふりかえって見るとき、初期・中期の作品もその相貌を異なって見せはじめるということもあるのである。

　まず、不確定性（uncertainty）ということが、パーソンズ理論にとってキーワードの一つだった、という問題からはじめたい（ここでいう不確定性とは、調和的社会観とは相容れない事態、つまり静態的均衡を出発点および終着点とし基本的イメージとする社会観とは、正反対のものを指す。この意味で、未来状態の予測不能性を指す）。病や死を含めた、とくに近代社会における社会生活・人間生活における不確定性は、パーソンズ社会学にとっての根本主題であった。このことは、まず、彼の「国家社会主義」（ナチズム）論文集をみるときに明らかである。1930年代から40年代はじめにかけて書かれたこれらの小論文・エッセイ・時事評論は、社会学者パーソンズにとっての「社会」イメージを決したものといってよい。そこでの「社会」とは、まさに〝いつナチズムに転落しないとも限らない近代社会〟という社会像であった。近代社会に内在的な社会的緊張・構造的緊張がそこでの一貫したテーマであった。近代社会とは、そもそも内在的な不安定要素、不確定性をかかえこむ社会であった。ナチズムは、パーソンズにとって、ドイツという「特殊な」一社会のある特定の一時期だけの問題ではけっしてなく、近代社会一般がそれ自体としてもつ、根本的不安定性や社会的緊張の顕在化に他ならなかったのである。

　しかし問題は、こうした「不確定性」からパーソンズが出発しているとしても、それは結局は、あの「共通価値による統合」という調和的・安定的・機械的社会観へと至るのであり、そのきっかけにすぎないようなものなのであるから、しょせんなにも変わりはしないといわれるかもしれないことである。これに対して、本稿の主張は、この不確定性要素は、むしろつねに社会変動へと至る圧力として、パーソンズによって位置づけられていたとする点にある。

聖なる天蓋の抜け穴

「精神疾患と近代社会」"Mental Illness and Modern Society" と題された未公刊草稿（Parsons［1967］）がある。その内容はわれわれの注目に値する。少し長くなるが、引用する。

　社会システムの領域における、社会変動や革新へとむかう開放性と、個々のパーソナリティにおける、創造性へとむかう開放性との双方が、これまで論じてきた社会統制システムのある種の抜け穴（loopholes）に依存しているという点が、きわめて重要である。

　ここで扱われている関係性が、淘汰過程をとおした種のタイプの保存と、遺伝的突然変異の過程との間のそれと、パラレルなものだということは、おおいにありそうなことである。遺伝子におけるほとんどの突然変異がそうであるように、おそらくほとんどの逸脱行動のパタンは、社会システムの長期的な発展という観点からみて逆機能的であろうし、たしかにそれらのほとんどは、自然淘汰のプロセスと何ほどか似通ったプロセスによって排除される。

　と同時に、われわれが、進歩的な、革新的変化の胚種であるような、変異の創造的プロセスを見出すのはまさにこの領域なのである。

　もしも、選択肢が、完全に確立し制度化された行動パタンへの同調を確実にするメカニズムか、あるいは相対的に統制されていない可変性かのいずれかであったとしたならば［このいずれかであって、それ以外にまったく他の選択の余地がなかったとしたならば］、その場合われわれの社会は、おそらく建設的な変化を制度化できる見とおしが損なわれることになるのであり、そこから、現にそうであるよりもおそらくもっと不安定になるであろう。なぜならそこには、統制された行動か、もしくは広く無政府的なパタンとでも呼べるようなものかという、そうした二者間の、まったく硬直した二律背反しかないからである。

　それゆえ、私は、精神疾患とは、それら疾患が定義され統制される制度的枠組の下では、秩序だった社会変動のプロセスにとってとくに重要な、一種の緩衝剤を成すものだということを提起することで、締めくくりとしたい。これは、私がすでに暗示してきたさまざまな種類の緊張、すなわちより危険で破壊的な結果をもたらす道かもしれないが、しかしまたそれは、もっと建

設的な諸要素をあまりにも禁圧するほどには厳格でも抑圧的でもない道、そうである必要のない道である。
　精神分析の専門家と、それ以外の人そうほうとの、一般的な見地において、精神疾患の意義についてのこの種の機能的視点を心にとどめておくことが、きわめて重要であると私には思われる。(ibid.：10-1、文中の〔　〕内引用者（以下同様）。本章の引用文は基本的に拙訳によるが、既訳のあるものについては参照させていただいた。）

　草稿のこの一節で、パーソンズは、「社会統制システムの抜け穴 (loopholes)」について、言ってみれば、「聖なる天蓋」（P・バーガー）の抜け穴について語っている（「聖なる天蓋」とは、バーガーによれば、カオスという基本的脅威から脱するため、人間が打ち立てた、コスモスと一体となった聖なるノモス＝規範を指す。それは本来、無謬＝無穴であるはずだが、パーソンズはここで、そこにも抜け穴があり得ることがむしろ規範の創造的革新の根拠だとしている）。それは、一方では「社会変動や革新」へと向かうルートであり、他方ではパーソナリティにおける「創造性」と連動した「抜け穴」である。こうして精神疾患という「逸脱」は、社会変動や革新、創造性との連関において語られている。「この領域」に彼は「革新的変化の胚種であるような、変異の創造的プロセスを見出す」というのである。
　つまり、ここにはあの「三題噺」とは異なるパーソンズの顔がある。文化（価値・規範）の、一方におけるパーソナリティへの内面化、他方における社会への制度化によって、社会システムは安定する、という文化―社会―パーソナリティ間の「三題噺」である。いいかえれば、不確定性や「二重の偶発性 double contingency」という議論は、パーソンズにおいては、ただちに、あの「共通価値による統合」という図式に引き継がれ「解決」されてしまうことになり、それによって社会システムは首尾よくまた厳格にその安定性が維持されることになる、という人口に膾炙した説とはズレたパーソンズの発想がある。たとえば、R・ダーレンドルフのよく知られたパーソンズ批判では次のように言われていた。「構造－機能主義理論もまた歴史的変動の欠如した社会を問題にして」(Dahrendorf [1968：57 = 1975]) おり、そこでは「価値についての一般的な合意」が「既存の状態を維持するのに貢献する」という社会モデルがある、と (ibid.：43)。

50年代はじめに定式化されたこの「三題噺」の枠組は、その基礎理論としての重要性とあいまって、広範に流布しているし有意義な展開もなされている。また私自身、こうした要素がパーソンズ理論に皆無だと考えているわけでもないことを断っておきたい。しかし、50年代をはさむその長い前後を全体としてみるならば、この三つの要素間に存在する「抜け穴」や、相互からの「圧力」による、社会変動の分析の方にこそ、じっさいにはより多くの議論が費やされていたのではないか、ということが見えてくるのである。

　以下において私は、パーソンズの初期から最晩年まで、おもに四つの文脈にわたって、より具体的にこのことを論証していきたい[2]。

2.「抜け穴」から超越へ[3]

M・ヴェーバーの支配概念に対するパーソンズの解釈

　第一の文脈は、M・ヴェーバーの支配の社会学理論に対するパーソンズの解釈に関連している。『社会的行為の構造』において、パーソンズは、ヴェーバーの支配の正当性に関する三つの根源的理念型に対する、有名な解釈をほどこしている。パーソンズによれば、これら三類型の基本的出発点は、いずれもカリスマによる正当化のそれに帰する、というのである。

　「カリスマは、直接に正当性に結びついており、じっさいそれはヴェーバーの体系においては正当性一般の源泉なのである」（Parsons [1937: 663]）。そして、まさにこの「源泉」から、カリスマの「日常化」というプロセスをとおして（ibid.: 664）、他の二つのタイプの正当性も生成するとされる。一つは、「伝統」による正当化への方向であり、もう一つは中世キリスト教会のようなハイアラーキカルな制度的組織の段階をへて、ついに合理的―法的権威による正当化へと至る方向であった。

　「本質的な点は、法の正当性の源泉をもとめていくと、つねにカリスマ的な要素にたちもどっていく、ということである」（ibid.: 665）。

　ここでの要点は、パーソンズが、こうしたヴェーバー解釈をとおして――その解釈そのものが正確かどうか、その評価はここではひとまずおくとして――、カリスマを、現状を超越し変革する力であり、すべての正当「化」への運動の基本的出発点として、いいかえれば歴史の駆動力として、したがって社会変動一般の「源泉」であるものとしてみるという観点を、すでに示していた

ことである。

マンハイムのユートピアとイデオロギー図式の再構成と拡張
　第二の文脈は、マンハイムのユートピアとイデオロギーに関する図式の、パーソンズによる再構成と拡張の問題に関連している。『知識社会学と精神史』（Parsons［1974-75］）において、パーソンズは、マンハイムによる歴史上のユートピア的諸運動に関する有名な図式の再検討と拡張を試み、マンハイムのそれよりもっと「包括的な」図式の導入を提起している（ibid.：96）。
　パーソンズは、まず「全体的イデオロギー」の一つの特殊類型としてのユートピアというマンハイムの考えを引き継ぎ、それを次のように定義する。ユートピアとは、「現実においてはいまだ出現していない、出来事の理想状態の概念であり、それに対してなんらかの人びとや社会集団が、それを具体的行為システムの現実において実現すべく関わりあうようになるものである。イデオロギーの方は、ユートピアとはちがって、非事実的な理想的パタンを実現しようとする試みのなかで現存の状態を描こうとはしないのであり、こうしてそのかぎりで、イデオロギーはユートピアと異なるのである」（ibid.：95）。
　端的にいえば、マンハイムにとってもパーソンズにとっても基本的には同様に、ユートピアとは、たんに幻想的な迷妄なのではなく、全体としての社会のうちに出現する現実の社会運動（しかし非事実的な理想的パタンを実現しようと試みる）を意味していた。この意味でのユートピア運動の歴史的形態として、パーソンズは本書で、マンハイムを継ぎながら、全体の見取り図として大きく二つのものの交代・相互連関を想定していた。「保守的ユートピアと、リベラルなユートピアとが交代して現われ、相互に拮抗しあうような」（ibid.：96）構図である。

　四つの革命論　しかし、『知識社会学』論稿のこの箇所をわかりにくくしている要因の一つは、パーソンズ自身が、この段階ではいまだ、近代社会における四つの「革命」という議論を、充分に発展させていなかったことにも拠る。四つの「革命」とは、近代初期における「民主的 democratic」と「産業的 industrial」革命という一組のペアと、現代社会における「教育的」と「表出的」革命というもう一組のペアのことである。パーソンズは、『知識社会学』論稿で、みずからの、より「包括的な」図式を整序するため、上述の最初の三

つにはふれている。しかし「表出革命」という用語は、それ自体としては、この論稿では使われていないのである。しかしそれでもなお、われわれとしては、この「表出革命」という用語——これは「教育革命」とペアを成すものとして彼自身が後に発展させた用語なのだが——を、この『知識社会学』論稿での彼自身の図式を読み解くために利用することができるし、またそうすることによって、より理解しやすくもなるのである。

　「民主革命」と「産業革命」との関係について、上掲書でパーソンズは次のように言う。「「リベラル」ユートピアの構造は、宗教的多元主義と市民から成り立つ国家というものを広く前提している」(ibid.：103)。こうした市民と市民権の生成プロセスにおいては、諸個人の「解放」ということもまた、そこで問題となってくる。このプロセスにとっては、「分化した職業体系の生成」ということ (ibid.：105, 下線引用者)、それはまた「産業革命」の不可欠の部分であるが、それも先行する、ないしは相伴う条件であった。このように「民主的」と「産業的」というこれら二つの革命は、互いにとって「緊密な関係性」を有するものなのである。

　しかし、パーソンズにとっては、ここでさらに重要な革命のペアがあった。それが、現代における「教育的」と「表出的」というペアで、これらは近代初期における「産業的」と「民主的」というペアに照応するものであった。注意されるべきなのは、並行するペアの関係として、それぞれの組のなかでの片側づつ、すなわち、一方で「産業的」と「教育的」という二つの革命、他方では、「民主的」と「表出的」という二つの革命とが、ある種の類似性を帯びたものとしても、時代ないし世代のずれはあるものの、扱われていることである。いいかえれば、「産業的」と「教育的」という二つの革命は、一方でマンハイムの意味での「保守的ユートピア」に相当し、他方、「民主的」と「表出的」という二つの革命は、マンハイムのいう「リベラル・ユートピア」にあたるという言い方ができる、ということである。

　豊かな社会の「教育革命」　パーソンズは、彼にとっての「現代」の社会をとらえるにあたって、次のような見方を披瀝(ひれき)する。「もう一つの重要な「保守主義」の様式——われわれがここで使っている意味での——が現われはじめているようにみえる。それは、「豊かな社会」の保守主義である」(ibid.：106)。この「「豊かな社会」の保守主義」こそは、彼自身の後の定式化でいえば、「教育

革命」と強い関連性をもつものであった。次の一節は、以上のような意味で、きわめて興味深い。

 われわれがこれまでに注目してきた、「解放」の他のプロセスとパラレルであるという意味において、このプロセス［「豊かな社会の保守主義」のそれ］は、<u>知性</u>の解放という道筋のうちにあるといえるであろう。それは、地位集団、階級やそれに類似のものへの、以前の個別主義的な埋め込みと比べるならば、社会プロセスにおける自由で流動的な要因である。高度な知性の獲得ということが、すべての人にとって接近可能な、ユートピア的原理のなかの資源となってきている。もっとも、もちろんそれだからといって、その達成や利用のレベルに関して、平等な成功の保証がともなっているというわけでは必ずしもないわけだが。(ibid.：109-10)

このような意味において、教育革命は、リベラル・ユートピアと「緊密な関係性」のうちにあり、またそれゆえに、民主革命ともそうした関係にたつ。そして、この同一のプロセスがまた、次のような事態と表裏一体の関係にあることは見やすいであろう。つまり、「社会変動プロセスの結果」としての、「「専門職」的保守主義」とでも呼べるような、「職業領域における専門職複合の発展」という事態である (ibid.：111)。
 では、「表出革命」についてはどうか？　パーソンズは、「専門職複合の制度化」に対する「新たな対立的イデオロギー」に言及している (ibid.：113)。

 しかしながら、その［＝学生パワー革命の］ラディカルな陣営もあきらかに存在しており、それは他の「リベラルな」ユートピア運動のうちの対応する陣営とも一定の類似性をもっている。(ibid.：113-4)

すでに指摘したように、パーソンズはここでは「表出革命」という用語それ自体は使用していない。しかし、彼がここで実質上そのことを意味していることは明らかである。それではパーソンズはここでそれをどう評価しようとしているのか。彼の態度はアンビヴァレントである。その積極面に理解を示したかと思えば、熾烈に批判もする。こうしたアンビヴァレントな態度はおそらく彼の死の時までつづいたのである。

ユートピア的資源と教育革命・民主革命　ホルトンとターナーが述べたように、パーソンズはたしかにノスタルジスト、つまりノスタルジックな思考方法や枠組にとらわれた社会学者ではなかった（Holton and Turner [1986]）。むしろ彼は、ノスタルジックなタイプの社会学理論を批判し軽蔑さえしていた。それらを批判するのに、彼は、「ゲマインシャフト・ロマンティシズム」という用語を使った。それは、社会学というディシプリンの誕生それ自体にも深く関わる主題であることは、パーソンズ自身、「アメリカの社会的共同体」"American Societal Community"（Parsons [1979]）草稿においても記している。パーソンズは、こうして、「ゲマインシャフト・ロマンティシズム」を批判したからこそ、それと裏腹の関係にたつといってもよいユートピア的意識（ノスタルジーのように後ろ向きでなく、未来の理想状態を基準として現状の現実的変革へと志向する意識）の分析図式を提起する必要を感じたのである。それは、現状超越的な心性である。その分析図式の提示をとおして彼は、人間存在にとって不可避のこのような運動を「理性化」し、社会変動の理性的なルートへと水路づける道を模索したのだ、ということができる。この点で彼が、『近代社会の進化』において、「教育革命」を、[I]セクターと[L]セクターの分化のプロセスとして描いていることが重要となろう（Parsons [1977a：196]）。つまり、「教育革命」による高度な知性獲得の一般化は、ユートピア的な資源の獲得につながっているのだが、それは同時にその知性化・理性化の過程を伴うものでなければならない（IとLとの分離）というわけである。

　「ユートピアの終焉」が言われて久しいが、ここでのパーソンズの前提は、人びとがなんらかのユートピア的意識をつねに持っているし持たざるをえない存在だということである。したがって「ユートピアの終焉」とは、そのままでは、こうしたユートピア的意識の暗数化、倒錯した転移（宗教的原理主義の復活、いきすぎた「表出革命」の分派など）をもたらすだけだ、ということが彼の問題意識だった。こうした現状認識から、彼がやらねばならないと考えたことが、ユートピア意識の理性化、いわば現代の再魔術化に抗する、再「脱魔術化」の理論的企てだったということができる。

構造主義に呼応して——変動論的構造の枠組

　第三の文脈は、パーソンズ最晩年の理論枠組に関わる。「行為、シンボル、

そしてサイバネティック・コントロール」"Action, Symbols, and Cybernetic Control" (Parsons [1982]) で、彼は、C・レヴィ＝ストロースや、N・チョムスキー、R・ヤコブソン、そして DNA の二重螺旋構造の発見者である J・W・ワトソンといった生理学者の名にもふれながら、最晩年の理論的定式化を、広い意味での構造主義的発想との呼応関係において試みている。この論文で彼は、深層構造と表層構造、ないしは潜在構造と顕在構造との「節合 articulation」（パーソンズ自身の言葉）に焦点をあてながら、自己の理論を再提示している。

　この最晩年の定式化における「潜在構造」という領域については、その背景に二つの異なる理論的源泉があった。第一は、デュルケーム的伝統に由来する「構成的シンボリズム」のそれである。もう一つは、ヴェーバー的な宗教社会学のスタンスに由来する「テリック・システム」（究極価値）であった。しかし「潜在構造」として彼があげたものは、こうした伝統的な意味で「文化的なもの」だけではなかった。かれは生理学的領域から、遺伝型と表現型という対概念における遺伝型の意味するもの、情報、コードないしプログラムとしての DNA という要素を、この「潜在構造」にあたるものとしてあげているのである。こうした潜在構造すなわち深層構造から、顕在構造すなわち表層構造への変換プロセスを指して、社会学者たちは、それを制度化と名づけてきたのだ、というのである。

　しかしそこでは同時に、これとは反対の方向ないしヴェクトルからのプロセスも考慮されていた。つまり、表層・顕在構造から、深層・潜在構造へのヴェクトルである。これこそまさに、カリスマ、さらにはユートピア意識からする超越的志向の意味する事態であった。さらに重要な点は、こうした二重のヴェクトルのプロセスには、このプロセスに介入し媒介する「媒体 agencies」が存在するとされたことである。この媒体が「一般化されたシンボリック・メディア」であった。つまりここでパーソンズは、彼の「一般化されたメディア」の議論を、こうした構造主義的発想との呼応関係においても、提起しているのである。つまり、「一般化されたメディア」が、上述の、深層から表層構造への全体としての変換プロセスに介入して、創造、選択、結合や革新をともなうものとしての制度化のプロセスを構成する、とされているのである。

　以上のように、初期から最晩年まで、パーソンズ社会学のより広い理論的文脈を考慮していくならば、冒頭にふれた精神疾患と社会変動についての彼の議

論は、じつは社会変動や社会進化論一般と関連した、人びとの「超越的志向性」そのものに関わる領域への彼の基本的探究のほんの一部であったにすぎないことが理解される。

さらに言えば、かつてのデニス・ロングによるよく知られたパーソンズ批判——「過度に社会化された人間像」——は、あらためて奇妙な誤解だといわねばならない。パーソンズの「人間像」はむしろ、上に見たように、「現状超越の精神運動」を基軸とするものだったからである。パーソンズによれば、もしも人が、充分に「社会化」されたならば、そうした人間は、現状に「適応」するだけではなくユートピア的な文化資源を援用する潜在能力をも活性化させる、したがって現状を超越しようとする存在として、つねに描かれていたからである。

3. スピン・オフから変動へ

「三題噺」のパーソンズ

しかし一般に社会学理論は、たとえ「不確定性・不安定性」の前提から出発しようとも、最終的には、きわめて静的で硬直した「過社会化」された世界になお到達しうるであろう。これまでの議論を整理するために、まずパーソンズに対する「三題噺」的な解釈をあらためて図示してみると、以下のようになる（図3-1）。

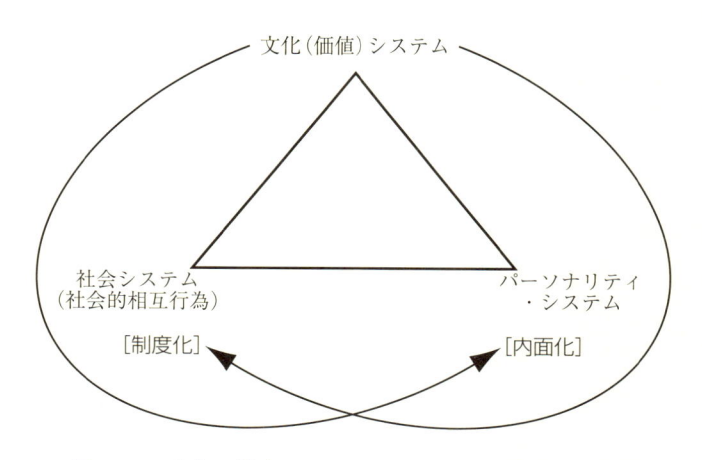

図3-1 文化・社会・パーソナリティ間の閉鎖的ループ

この図で表現されていることは、文化あるいは価値のシステムが、相互行為、たとえば家族員間のそれなどをとおして、人びとのパーソナリティへと内面化され、同時に、文化的なものはまた、パーソナリティ・システムの諸側面（役割）のかみ合いをとおして、社会システムへと制度化される、という「メカニズム」である。

　これは、ある種の硬直し閉ざされたループ（回路）を描いているものにみえる。また、こうしたループがひとたび打ち立てられたならば、社会は、永久に調和し安定するものであると告げているかのようでもある。ここで人びとの「社会化」とは、この価値システムの内面化のプロセスを意味するとされているから、そこからこの理論は、フロイトのいう「超自我」のそれに類似したものである——ということもまた、ふつうの解釈である。しかしながら、もしもほんとうにそれだけならば、そこには社会変動へのいかなる余地も存在しないことになる。そうだろうか？

「抜け穴」からスピン・オフ

　われわれが先ほど見たように、「精神疾患」草稿において、パーソンズ自身は、「抜け穴 loopholes」、いわばP・バーガーの意味での「聖なる天蓋」の抜け穴の存在とその「意義」を指摘していたのではなかったろうか。じっさい、パーソンズはいたるところで、社会変動と社会進化について語っているのである。

　ここで、私が主張したいのは、こうした「抜け穴」をとおした、「スピン・オフ（振い出しによる産出）」とでも呼ぶべき運動ないしプロセスが存在し、パーソンズ自身それに気づいており、またその理論化にも携わっていたということである（spin off は、字義的には遠心力で振り落とすこと、付随的に生み出すことだが、ここでは現状の反復としてのループから飛び出して、新たな軌道を創出しはじめる運動を指す）。図示すれば図3-2のようになる。論理的には、この「スピン・オフ」運動の方向には、文化の側へ、社会の側へ、パーソナリティの側へ、という三方向が考えられるであろう（三点それぞれの側へ、どちらからやってきたかということも加味すれば、六つの角度、ということになるが）。

　ごく大略的にではあるが、いくつかの簡単な例で、こうした「スピン・オフ」運動の説明を試みることができる。たとえば、出発点にパーソナリティ・システムを据えて考えるならば、次のような例がありうる。あるカリスマ的な

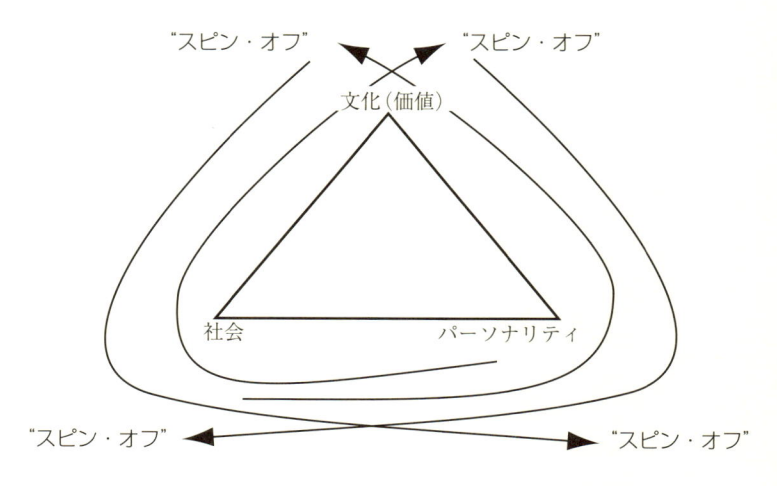

図3-2　文化・社会・パーソナリティから変動の軌道へ

　パーソナリティをもった一人の宗教的指導者が、その追随者たちとともに、社会的相互行為をとおして、社会システムのうちに小さなセクトを生み出し、それが最終的には、既存の価値システムを超えた、新たな価値への志向性を創造するという場合である。そこでは、パーソナリティ・システムからはじまり、社会システムを経由して、文化システムの側（方向）へと運動がスピンしていき、ついに既存の軌道から「抜け穴」をとおってスピン・オフしながら、何かを「産出」していくという流れがある。
　あるいは、社会システムを出発点としてすえる例で考えるならば、まさにある種のユートピア的運動がそこに展開していったことから、それに巻きこまれている人びとのなかに新たなタイプのパーソナリティが生じ、それがついには、文化（価値）システムのレヴェルでの新たな志向性を生み出す、ということがありうるだろう。
　さらには、パーソンズがその社会進化論で提起した、社会進化の駆動力としての「価値圧力」という議論を例にとるならば、主な焦点は、価値システムから出発して、パーソナリティ・システムを経由し、社会システムにいたって、そこから新たな社会制度の生成や再構成というかたちで「スピン・オフ」と「産出」がおこるというヴェクトルの例となる。

スピン・オフから社会進化へ

さらに、私がここで主張しようとしていることの次の段階での焦点は、以下のことにある。すなわち、これらの「スピン・オフ」諸運動のさまざまなヴェクトルを、たがいに繋いでいくときに、そこにわれわれは、ある「らせん状運動」が形成されるのを見出すにいたるのであり、その「らせん状運動」は、いわば進化の段階を次つぎにアップ・グレイドしていくような「らせん」だということである。

そしてパーソンズはまさにこのような「らせん状」構造の全体としての運動を指して、「社会進化」と呼んでいたのだろうということである。しかし私はここで、パーソンズが『諸社会の進化』(Parsons [1977a]) で発展させたのとまったく同一の意味で、この「社会進化」という用語を正確に使っているわけではない。むしろ、より一般的に、パーソンズ理論に存在する変動理論の面をとらえていく際の、基本的視点として、提起していることをことわっておかねばならない。

社会進化論の諸文献では、パーソンズは、「「進歩的」変動相のパラダイム」と彼が呼んだ特定のパラダイムを導入している。その「概念上のルーツは、四機能パラダイムにあるが、[ここではそれを]「静的な均衡」にあてはめるためではなく、とくに社会変動プロセスの分析に援用するため」に導入する、とされていたものである (Parsons [1977b : 274])。この「進歩的変動相のパラダイム」は、「分化」「適応的上昇」「再統合ないし包摂」「価値の一般化」、といった概念化によって構成されていた。

しかしながら、こうして発展させられた一群の関連する諸概念のなかでも、本稿にとってもっとも興味深いアイディアは、「価値圧力」のそれである。

> 第一の要点は、私が「価値圧力」と呼んできているものに関わっている。ある価値パタンが、事実として、かなりの程度に内面化されまた制度化されているものと仮定してみよう。その際、価値づけられている「理想状態」と現実状態との間の亀裂 (discrepancy) は、緊張の源泉となる。そこでは、理想的なものへのコミットメントは、その規範的規準にしたがう方向へと現実の状態を変化させていくような圧力を行使する、一連の要因を成すことになる。[中略] 私が提起してきたのは、分化とは、部分的には、価値圧力の帰結であるということだ。(ibid. : 310-1) [4]

引用文中、「「理想状態」と現実状態との間の亀裂（discrepancy）」ということが、まさに彼のユートピア論の主題であったことが想起されよう。

価値と自然からの「圧力」、「出口」そして「分離」

しかしここで注意されねばならないのは、パーソンズのこうした主張が、全体として、価値から社会へという一方向的な変動なのではなく、双方向からの相互的な変動プロセスであるという点である。つまり「「利害」という要因」が、反対方向から現われてくるのである。「価値パタンの「完全無欠性」とそう私の呼んでいるものの維持が、経験的には問題をはらむものであることの、主要な理由の一つがこれである」（ibid.：310）。

むしろ現実にはこうした「問題をはらむ problematical」状況から、社会変動は生起する。

> これら［両方向からの］要因の組合わせである「圧力」が充分な場合には、変動傾向へのある種の「出口 outlet」を生起させることになろう。こうしたことが起こるためには、新たな構造や過程が必要である。……かくて、もっともありうべき帰結は、変動への動きが禁じられるということでないならば、既存の古い型の作動からの、新たにくっきり現われてきた機能をになう新たな諸構造の「分離 splitting-off」であるが、これは、部分的には、新たな構造のなかで古い構造がもつことになる機能なのである。（ibid.：275）

ここでパーソンズ自身は、「分離 splitting-off」という言葉を使っている。しかし私は、上述のようなパーソンズ理論全体の変動論としての性格をおっていくときに、制度化への、内面化への、また価値創造への、動きがあり、そうした運動の流れが通常の軌道をめぐりながらも、ときおり「ループホール」という「アウトレット」から飛び出していき、振り出され、変動が産出されるという意味合いをこめるために、むしろ「スピン・オフ spinning-off」という表現を使いたい。

上の引用で、パーソンズは、「出口 outlet」という言葉を、「精神疾患」草稿では「抜け穴 loopholes」と表現していたのと同様の意味合いで使用している。両者とも社会変動へと導くものと捉えられているのである。

不確定性と「一般化されたメディア」

　「価値圧力」の議論において、パーソンズは、コード的要素としての規範構造、つまり言語や法体系に変異や革新が生成し、それらが機能的柔軟性を担保しながら、進化への潜在力にとってのプールを提供するというアイディアを提起している。こうした「潜在力」や「柔軟性」の議論に関連して、パーソンズが後期に、社会変動を分析する新たな理論装置として導入した「一般化されたメディア交換」という考え方が、大きな効果をもつものとしてふたたび前面に現われてくる。こうした文脈で表現するならば、「一般化されたメディア」とは、行為者相互間の期待と予期を一般化し、長期的な相互信頼を創出し、フィードバック（再帰性）の機制をとおして、変動してやまない状況に柔軟に対応し相互調整をはかる大きな潜在力をあたえるものと考えられたものであった、ということになる。

　やはり1979年（死の年）に書かれた未公刊草稿「健康、不確定性そして行為状況」"Health, Uncertainty and the Action Situation"（Parsons [1979]）のなかに、次の一節がある。

　　私の基本的な主張は、不確定性（uncertainty）や、それにともなう、行為状況の予見不可能な変動という偶発性へと向き合うことは、表現型的な生物有機体の行動や行為過程に内在的な特性であり、それは生命システムの進化過程において、より進化するほどその重要性を増すということである。（ibid.: 6）

　この最晩年の草稿でも、不確定性 uncertainty という、根本的な人間の条件と彼が考えたものが出発点にあるが、ここではさらに「一般化されたメディア交換」へと議論が進められている。冒頭にみた1967年の「精神疾患」草稿と、本稿との大きな相違は、不確定性と社会変動との連関というこの主題を、「一般化されたメディア交換」という新たな理論装置によって展開していることにある。つまり私が主張したいのは、「ループホール」をとおした革新や創造的な社会変動という主題を、より具体的に発展させ理論化するためには、この「一般化されたメディア交換」というアイディアの開発が必要だったということである。

さらに、最晩年におけるこの「メディア」論の特徴は、それが「シンボリック」なメディアに限られなくなったことにある。メディア論の拡張である。彼にとって「健康」とは、「生物有機体的なものと、文化的ないし行為的な現象との間」(ibid.：22) を架橋する、そうしたもう一つの「一般化されたメディアム」であった。いいかえれば、広義の「行為システム」全体と、「人間有機体システム」という別の全体システム間とを繋ぐ、つまり二つの大きな全体「システム」間を繋ぐ、メディアムであり、それ自体は「行動有機体システム」に繋留(けいりゅう)されている、とされたものであった。したがってそれは、それ自体としては「シンボリック」なものとはいえない[5]。なぜなら、晩年の「人間の条件パラダイム」において、パーソンズは、「シンボル的意味理解 symbolic meaning」の世界を「行為システム」だけに限定したからである。したがって、それ以外の「システム」においては、それぞれの世界に繋留する「メディア」が想定されるが、それらは、必ずしも「シンボリック」ではない。しかしこうした発想も、第一には、最晩年の「人間の条件パラダイム」ではっきりしたものであり、また第二には、社会学にとってつねに焦点をなす「行為システム」にインプットされていくものとしては、「健康」はつねになんらかのシンボル的意味合いをおびるものとして扱われねばならない、とされていることも重要であり、同時に指摘されねばならないであろう。

　こうして「一般化されたメディア交換」という（正確には 1963 年頃から結晶化しはじめていた）考え方を、上述のパーソンズ社会変動論の全体にかさねあわせることによって、はじめて充分に、革新への進化的潜在力を前提した社会変動や社会の変容の分析という彼の理論構想の全容を理解しうるのである。

　さらに、社会変動への「圧力」としては、価値の側からだけではなく、「利害」の側、さらにはパーソンズの理論構想からいえば、行動有機体としての人間やひいては一般に「自然」の側からの影響力が考えられていた、という点があらためて指摘されねばならない。そうした定式化は、後期になるほど顕かになっていったものであった。これに対して、「価値」の側に関しては、パーソンズは、最晩年の定式としてはこれを全体としての「行為システム」の外側へと位置づけ、「究極価値 telic system」の世界としたことはよく知られている。こうした定式化の発想が、カント主義のそれであったこと（超越的・先験的な理念界と、経験界との峻別と節合）は、別稿で詳論する予定であるので、ここではふみこまない。進化的社会変動への「圧力」は、こうした両方向からやっ

てくるのである。

　先に、最晩年の"Action, Symbols……"という論稿で、パーソンズが、構造主義的な発想との関連において、自己の全理論システムを再提示していたことにふれた（p.60）。そこでは、「深層構造」として、究極価値（telic system）の世界と遺伝型の世界とが、ともに同時に扱われていることに注意した。それは、いまみた意味での「両方向」からの「圧力」の問題を、しかし「深層」ないし「潜在性」としては、同様のものと見たてての定式であったであろう。このようにして顕在化した社会システムの世界は、しかし、パーソンズの全理論システムのなかでは、進化的発展の大きな渦の流れのなかにふたたび位置づけられていくべきものでもあったのである。そこではすでに、1950年までの

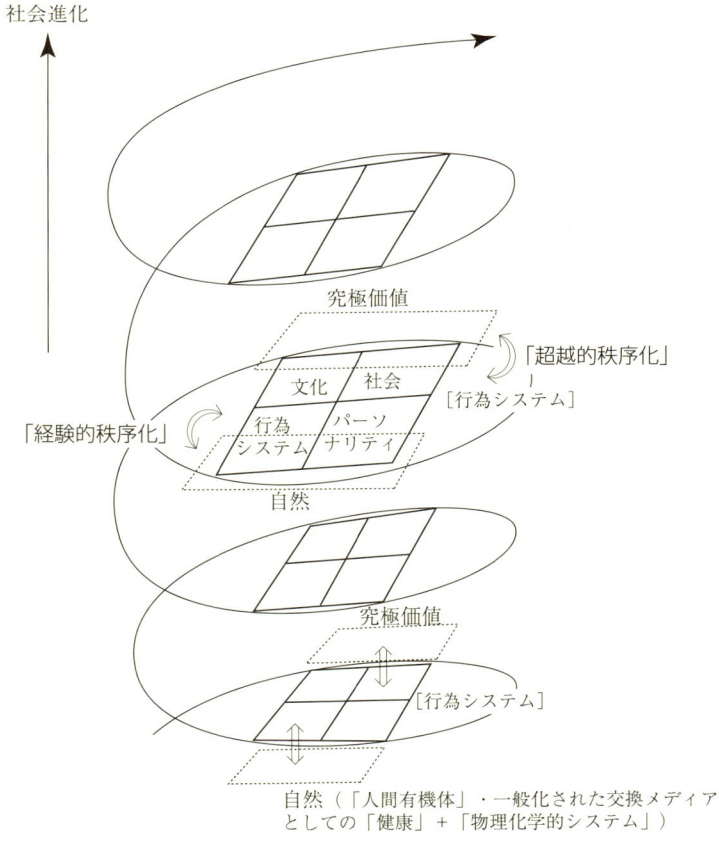

図3-3　スピン・オフから進化的変動論へ

「三題噺」（文化、社会、パーソナリティという三つの領域を焦点とした三角形）ではなく、四象限への展開がベースとなっていたことは言うまでもない[6]。

進化的変動論としてのパーソンズ社会学

以上のような、パーソンズ理論の社会進化的変動理論としての面を、その核心部分について図示しようとすれば、左の図3-3のようになるであろう。

ここで、まず、全体としての「行為システム」（そのなかの一つに「社会システム」が位置づけられる）は、一方では、究極価値（テリック・システム）からの秩序化への圧力、他方では、自然的な秩序からの秩序化への圧力にさらされている。そのダイナミズムのなかで、行為システム内の文化、社会、パーソナリティ、行動有機体（パーソンズ自身の最晩年の表現では「行動システム」）という四つの焦点から、それぞれに「スピン・オフ」していく諸運動のさまざまなヴェクトルがある。しかしこれらの諸ヴェクトルをつなぎ合わせていくならば、そこに「らせん状」の発展的運動が形成されていく。同じ次元を堂々めぐりしているわけではなく、上述の「圧力」が進化的変動（発展）へのうながしとなってアップ・グレイドしていく。こうした全体としてのらせん状の発展運動のことを、パーソンズは「社会進化」と呼んだのである。

4.「ノイラートの船」と物語の更新

現代社会学の袋小路

社会学理論は現状において、原理論のレヴェルである種の袋小路に陥っているといわれる。これを、原理的パラダイムとしての「構造主義」（ソシュールからレヴィ＝ストロースへ、という意味で）に由来するものと捉えることもできる。この「袋小路」は、次の三つないし二つに要約できよう。(1) 言説主義（構造主義の構造とは、言説の構造が「世界」の構造だということを含意する）と、それにともなう理論の普遍性および正当性請求の困難、(2) 歴史的変動論の困難、(3)「主体」理論の困難。

(1) の問題は、いちだん根源的なレヴェルにあるとみることができる。「社会構築主義」の袋小路をめぐる諸議論は、このレヴェルにある。またそれは「観察」（それ自体、自己準拠システムであるものとしての）および「観察の観察」（理論、社会学的観察）の主題（ルーマン）として展開されてきている。こうし

た現代理論の現状のなかで、パーソンズを再検討することにいかなる意味があるのか。パーソンズの AGIL 図式と、それらセクター間の相互交換の発想は、たとえそれが「一般化されたメディア交換」によって理論化された段階のものであろうと、また変動論として展開されているものであろうと、しょせんは個々の「観察」(個々のセクター)を超えた「外部」の視点を前提しているものとみえる。なぜならそれは、個々のセクターの間において交換される諸項目を知っている、という視点であるわけだから。より正確にいえば、世界全体を包摂した(あらゆる外部をうめつくした)図式を自称することで、自覚された外部のない、したがって外部と内部の区別と自己の内的個別性を弁(わきま)えない、あらゆる差異を抹消した「全体論」になっていくようにみえる。

　われわれとしては、この点でパーソンズを批判すればよいわけだが、同時にパーソンズ自身、みずからの図式を、ありうるさまざまな複数的諸図式の一つとして提示しようともしている。私はここではそれらに選択的に注目し、パーソンズ社会学が現代理論の諸困難と関連しうる地平を探りたい。

「ノイラートの船」の乗組員としてのパーソンズ

　「ノイラートの船」の比喩がある。O・ノイラートは、われわれが、港(目的地)もわからないまま、海上に浮かぶ船に乗り込んでいる船乗りのようなもので、その船にみずからが乗っているという状態のまま海原のただなかでなんとかその船を修理しつつ航行をつづけており、したがって、その状態では船はけっして一から作り直すことはできない、という比喩を提示した (Neurath [1921: 75-6])。つまりわれわれは、言語によって、言語のなかで生きている。その外側にたつこと、外部へ出ることはできない。その状態で、あらゆる科学的営為、社会科学はなおさらのこと、営まれている。そして論理実証主義の場合には、そこから、日常言語に対する科学言語の構成(「物理主義」)や、B・ラッセルらの論理階梯論の導入による「解決」などが試みられることになった。しかしポスト構造主義以後の、いわば現代化された「ノイラートの船」では、そのような「解決」さえまやかしで、認めがたいということになってきているのである。われわれの問題は、このような意味で現代化された「ノイラートの船」に乗りあわせていることにある。

　われわれは、われわれの文化＝言語のなかで、いいかえれば言説のなかで言説を紡いでいる。社会科学の理論も、例外でありえないから、われわれに可能

なことは、究極的にはこの文化のなかでのわれわれ自身の位置取りを示すこと、せいぜい新たな（ズラした）位置づけを請求することができるだけだということになろう。このような、現代の「ノイラートの船」からみたとき、パーソンズの最終的な理論図式は、どのようにみえるだろうか。

　パーソンズの図式も「ノイラートの船」の内部にあるのだから、理念界や自然界を指し示そうとするその指示それ自体も、「行為システム」の内にしかない。ここで最終的な問題は、この自覚／無自覚の区別が、理論内容に反照して、自分だけが「ノイラートの船」の外部に立っているものとして提示されているかどうか、であろう。いいかえれば問題は、理念界と自然界という、行為システム（「象徴システム」したがって言説界）の「外部」とされるものと、行為システムそのものとの関係様式である。パーソンズはここで、個々のシステムが、それぞれにとって全世界であるのだから、システムどうしは「衝突」や相互「棄却」しあうだけの関係にしか入りえないとは、みていない。システム間の相互依存関係、インプット・アウトプット関係によって、システムどうしが関係するということは、そうした関係様式をとおして、システム「全体」によって構成される統一的全体社会が想定されている、ということになる。

　システム「間」の関係様式を、「インプット・アウトプット」、「境界相互交換」によってやりとりされる諸項目の析出・提示として、それらを名づけていき埋めていくときに、そのことをとおしておそらく最終的に、「外部」はなくなっていくのである。個々の、相互に異なったシステム「間」の、関係様式を名づけることができる、それを知っているとはどういうことだろうか。それは、第三の、個々のシステムを超えた審級に立とうとしているということである。彼が、最終的に「人間の条件パラダイム」を提示したときに、人間界（行為システム）に対して、それを「超えた」世界として理念界と自然界を示し、それらの「間」の関係様式についてそれらを名づけていくとき、いくらその全体図式が、人間の目から見た、その意味で限局された視野からのものであると言われても、それは上述の意味で、この「人間の条件」を超えた第三の審級から語っていることになる。その意味で、理論形式として、そこにはいかなる「外部」も存在しないかのようなものとなる。その理論の提起者そのものの位置は、超越者の、神の位置にあるということになる。そこから「統一的全体」が語られていることになる。それは、個々のシステムにとっての不可知の領域、「外部」の存在を認めないことになる。そのとき、「外部」に照応して分節

されるはずの「内部」もなくなる。つまり「ノイラートの船」ではなくなる。したがって、自己の理論が内部観察にすぎないということも、意味を成さなくなる。あらゆる理論が、言説内部でみずからの位置取りを示したり、新たな位置づけを請求したりすることができるだけだということも意味を成さなくなる。

伝統の発明と言説の更新

　しかし同時にパーソンズ理論の根底には、以下のような性質もある。
　「生という贈り物とその返礼」という論文で彼が試みたことは、生と死をめぐる西欧の中心的言説を、その言説内部で再構成しようとすることであった。社会学的にいえば、それは「意味問題」とその更新という主題である。

　　意味問題は、制度的条件に変化が生じるたびに、さらには道徳体系の複合体のその他の部分で変化が生じるたびに、繰りかえし明確化しなおされるものなのである。かくて、……実践的レヴェルにおける倫理的秩序は、持続的に更新されながらつくりあげられていかねばならないのである。しかもそれは特に文化レヴェルにおいて、すなわち象徴、指示物、前提、原理、仮説などのあいだでの相互関係の抽象的で一般化された合理化をとおしてつくりあげられていなければならない。(Parsons [1978：282])

　パーソンズがこの論文でやろうとしたことはまさに、この意味での「更新」であり、強くいえば「伝統の発明」とさえいえそうな試みであった。それを、その文化の内部において「遂行する」ことであった。キリスト教文明を中心とした生と死の言説を、かれにとっての現代の課題であった、臓器移植、遺伝子治療、クオリティ・オブ・ライフ、安楽死などの生命倫理問題との関連性において再構築する企てであった。生と死という根源的意味問題・文化・言説の再構成をとおした更新、伝統の発明である[7]。文化（言説）内でのみずからの新たな位置どりの請求であり、言説自体によるその遂行である。それは文化のなかでそれ自体をズラし更新しようとすることであり、「ノイラートの船」を修理しつつ進ませようとすることでもあった。
　この試みが、いわば理念界と「行為システム」界との関係界面をめぐる、しかし文化内部からの「ノイラートの船」の修理の試みであったとすれば、自然

界と「行為システム」界との界面に、「健康メディア」という主題があった。それは、「行為システム」を、いわば自然の側（方向）へと超える二つのシステム、「有機体システム」と「物理・化学システム」との界面にあらわれるもので、前者に繋留されている。後者はさらにそれを条件づける基盤的位置にある「自然」であった。

航海の見取り図と寄港地あるいは目的地？

「人間の条件パラダイム」に次の一節がある。これを、「ノイラートの船」に乗りあわせている人の言説としてパーソンズを読む提案として最後に示したい。

　　われわれはむしろ、西欧文明の伝統のもとで二十世紀の人びとによって発展せられた科学的なパースペクティヴをきわめて意識的に用いてきたのである。行為のシステムは、われわれの見解では、このパースペクティヴが定式化される認知枠組みとしては最も洗練されたものである。われわれはこの枠組みの内部で人間行為者として書いたり話したりしているのであり、また人間の条件の他の側面にわれわれ自身を関係づけようとするのである。
　　（ibid.：383）

生命倫理の場合と同じく、これは、西欧文明という彼にとっての「ノイラートの船」の内部から、その更新のプロジェクトを言っているのだとみることができる。つまり私が本稿で主張しようとしたことは、パーソンズは、原理論のレヴェルでも、現代の「ノイラートの船」の乗組員として航海の見取り図を整序することに志向していたのであり（あるいは、われわれがそう読むことは可能であり）、そのなかで、社会変動論（「抜け穴」と「出口」の議論、精神疾患と創造的パーソナリティとの関連、カリスマ論、ユートピア的超越意識論、価値と自然からの圧力論など）を彫琢したことである。その際、「一般化されたシンボリック・メディア」による加工・変換という理論装置は、まさに言説による言説のズラしという人間社会の変動の戦略をすくいとるためのしかけであった。パーソンズ社会学が原理論レヴェルで現代思想と関連をもつ地平は、いわばR・ローティ的な「刺激的で実りある不一致」か、H・パトナム的な「内在的実在論」かという問いにつながっている。そこでパーソンズは必ずしもパトナムと同一ではないが、しかしパトナムとともに「形而上学という泥沼と、文化相対

主義や歴史主義という流砂の間に細い抜け道を見いだす」(野家 [1994：290], Putnam [1983 = 1992：226]) 試みにつらなっており、真理のなんらかの「収束」を期待していたといえるであろう。

注

1) 本稿は、2004年7月に開催された「第二回パーソンズ神戸セミナー」で発表した英文ペーパーを下敷きとしたものである。

　以下、「超越」をめぐる本稿の用語を整理しておく。「理念界」という言葉は、ここではカント的な「超越的」ないし「先験的」理念界を意味する。それに対し、フッサール的な意味での現象学的「超越」というテーマを、「超越論的」と表現する。それは、経験界のあくまで内部で、それを超えるものとの境界性をめぐる思考を限界までつきつめていくこと、である。ここで、パーソンズのいう「行為システム」の領域は、フッサールの「超越論的」プロジェクトが可能な領域ではあるが、カント的な「超越」界は、パーソンズにしたがうならば、その「外側」にあるとされ、外側を含む図式が端的に提示されてしまう。もちろんパーソンズ自身、これら「行為システム」を超えた諸システムについても、人間の目から見てどのように捉えられるのか、という問題なのだとつねにことわっている。しかし同時にその語り方は、人間にとって不可知だとされているそのものに、次つぎに触れ、不可知の領域を名づけていき、提示し、そのことで取り込んでいく。こうしたスタンスは、フッサール的な現象学の方法とはやはり異質である。

　こうして、パーソンズの「人間の条件パラダイム」での試みは、「行為システム」＝象徴的システム界を焦点とし、そこから見た場合の、先験的な理念界と自然界との配置を理論化しようとするものだったということになる。

2) ところで、『社会変動の理論』(富永 [1965]) において富永は、パーソンズ理論との対話を、富永自身の理論構築へと結実させた。そこで真に驚くべき点は、本稿で指摘するパーソンズ自身のその後の発展を、富永が先取りしていたことである。しかし、富永の場合には、社会変動が経済セクター (A) を起点とした流れとして理論化されているが、その後のパーソンズの社会進化論では、価値圧力 (L) が強調され、さらにそれに加えて、「条件的要素」(A)、広い意味での「自然」の側からの圧力の双方が想定されるようになった。しかしこうした展開がまた、富永の『環境と情報の社会学』(1997) といった仕事とも響きあうようにみえるのである。

3) ここでいう「超越」とは、ある理想状態を準拠基準として、現状を批判し、その乗り越えを志向する運動を指す。

4) これらパーソンズの社会進化論について、またそこでの「価値圧力」の検討についても、松岡による非常に優れた業績がある。(松岡 [1998])。

5) この点については、上記の「神戸セミナー」において、他の英文草稿を発表したときに、大黒正伸氏からいただいた鋭い指摘に負っている。また、神戸大学大学院博士

課程の田村周一氏からの示唆にも依っている。「メディアとしての健康——パーソンズの医療社会学」(田村 [2005]) 参照。大黒による 1987 年という早い段階での労作も参照されたい (大黒 [1987])。
6) この点については、最初の英文ペーパーを発表したときに、Victor Lidz 氏からいただいたコメントに示唆を受け、英文では三焦点であったものを、四焦点の図式に修正している。
7) この点については、「パーソンズから「身体の社会学へ」」(油井 [2005]) に詳述したので参照されたい。

文献

Dahrendorf, Ralf, 1968, *Essays in the Theory of Society*, California: Stanford University Press.(＝橋本和幸・鈴木正仁・平松闊訳、1975、『ユートピアからの脱出』京都：ミネルヴァ書房。)

Gerhardt, Uta, 1993, *Talcott Parsons on National Socialism*, New York: Aldine de Gruyter.

Holton, Robert and Bryan Turner, 1986, *Talcott Parsons on Economy and Society*, London: Routledge and Kegan Paul.

厚東洋輔、1997、「社会学史と理論的構想力」『現代社会学の理論と方法』岩波講座現代社会学別巻、東京：岩波書店。

Levine, Donald, 1995, *Visions of the Sociological Tradition*, Chicago: The University of Chicago Press.

松岡雅裕、1998、『パーソンズの社会進化論』東京：恒星社厚生閣。

Neurath, von Otto, 1921, *Anti-Spengler*, München: G.D.W. Callwey, Verlagsbuch.

野家啓一、1994、「プラグマティズムの帰結——「ノイラートの船」の行方」『分析哲学とプラグマティズム』岩波講座現代思想 7、東京：岩波書店。

大黒正伸、1987、「社会システムと「身体」——パーソンズにおける「身体」の問題」『創価大学大学院紀要』9 号、pp.175-89。

Parsons, Talcott, 1937, *The Structure of Social Action*, New York: McGraw-Hill.(＝稲上毅・厚東洋輔・溝部明男訳、1976-89、『社会的行為の構造』全 5 分冊、東京：木鐸社。)

———, 1967, "Mental Illness and Modern Society", unpublished, Parsons Papers, Harvard Archives.

———, 1974-75, "The Sociology of Knowledge and the History of Ideas", unpublished in English, Parsons Papers, Harvard Archives.(＝土屋淳二・杉本昌昭訳、2003、『知識社会学と精神史』東京：学文社。)

———, Jackson Toby (ed.), 1977a, *The Evolution of Societies*, Englewood Cliff, N.J.: Prentice-Hall.

———, 1977b, *Social Systems and the Evolution of Action Theory*, New York: Free

Press.（＝田野崎昭夫監訳、1992、『社会体系と行動理論の展開』東京：誠信書房。）
―――, 1978, *Action Theory and the Human Condition*, New York: Free Press.
―――, 1979, "American Societal Community", unpublished, Parsons Papers, Harvard Archives.
―――, 1979, "Health, Uncertainty and the Action Situation", unpublished, Parsons Papers, Harvard Archives.
―――, 1982, "Action, Symbols, and Cybernetic Control", I. Rossi (ed.), *Structural Sociology*, New York: Columbia University Press, pp.49–65.
Putnam, Hilary, 1983, *Realism and Reason*, Philosophical Papers, Vol. 3, New York: Cambridge University Press.（＝飯田隆ほか訳、1992、『実在論と理性』東京：勁草書房。）
田村周一、2005、「メディアとしての健康―――パーソンズの医療社会学」『身体の社会学―――フロンティアと応用』京都：世界思想社。
富永健一、1965、『社会変動の理論』東京：岩波書店。
―――、1997、『環境と情報の社会学』東京：日科技連出版社。
Yui, Kiyomitsu, 2004a, "Uncertainty, Transcendental Orientation, and Social Change: Parsons' Theory as a Theory of Social Change", paper presented to the Second Parsons Seminar in Kobe.
―――, 2004b, "Health as a Generalized Medium Interchanging Between Body and Social System", paper presented to the COE International Conference in Kobe.
油井清光、2005、「パーソンズから「身体の社会学へ」」『身体の社会学―――フロンティアと応用』京都：世界思想社。

第4章　社会システムの脱人間化と脱主観化
――社会システムはいかにして世界を認識するか

徳安　彰

1. 問題設定

　「社会システムが世界を認識する」というテーゼの理論的意義について考えてみたい。このテーゼは、ニクラス・ルーマンの社会システム理論に由来するものである。「世界を認識する」という部分は、「世界を観察する」「世界を有意味に構成する」などと言いかえてもいいだろう。だが、主語は断然「社会システム」でなければならず、「人間」「主体／主観」「個人」などとははっきりと区別されなければならない。

　ルーマンが、世界を有意味に構成するシステムとして心理システムと社会システムの二つを措定(そてい)していること、また二つのシステムを自己言及的に閉鎖したシステムと定義していること、心理システムは意識における思考の再帰的再生産を行なうシステムであり、社会システムはコミュニケーションの再帰的再生産を行なうシステムであると定義していること、さらには両者の関係を構造的カップリングと規定していること。こうした理論構成の枠組そのものは、すでにある程度知られている[1]。だが、なぜルーマンは社会システムを独自の世界認識の主体とみなしているのか、逆にいえば、なぜルーマンは社会システムの認識様式の「脱人間化」「脱主観化」に固執するのか。その理論的、思想史的な意義や背景、認識論的な帰結については、これまで必ずしも明確に指摘されてこなかった。

　本稿では、この問題に焦点をあわせる。そのために、まず理論史における「社会システムが世界を認識する」というテーゼの「異常さ」を確認し、次に社会システムの存立様式と認識様式を素描し、しかるのちに社会システムの脱人間化、脱主観化の意義や背景について考察する。最後に、超越論的な基礎づけを破棄した自己言及システムの認識論における相対主義の問題と社会学の役

割について、二次の観察という観点から論じる。

2. 世界認識の主体

一般に想定される認識主体

まず常識的な観点からすると、「社会システムが世界を認識する」というテーゼは奇異である。なぜなら、認識、観察、有意味な構成などといった、いわゆる「意味」処理の主体となりうるのは、日常的な常識では一般に個々の人間だけである、と考えられるからである。きっと人は、自分がそうするように、他の人間も認識や観察を行なうにちがいないと思うだろうが、人間でないものがあたかも人間のように認識や観察を行なうとは思えないだろう。その背景には、心や精神や知能といったものがなければ認識や観察といった意味処理を行なうことはできず、そのような心や精神や知能が個々の人間の中に存在することは経験的に確かである、という漠とした信念がある。

このような考え方はあまりにナイーブかもしれない。だが、より科学的な観点から考えても、上述のテーゼはそう自明のものとは思われない。たとえば、意味処理の概念を感覚器官による「知覚」に引き寄せて、人間のみならず他の生物も意味処理の主体となりうる、と考えることができよう。生物がそれぞれの種に固有のモードで自己の環境世界を認識・観察するという考え方は、ユクスキュル以来広く認められている（Uexküll and Kriszat ［1934 = 1973］）。だが、生物による世界の「認識」や「観察」という言い方が認められるのは、生物の感覚器官と神経システムに基礎をおいた知覚が、経験的な実在性をもつとみなされているからである。

集合的な意味構成物

意味処理の主体ではなく、意味処理の帰結としての構成物、あるいは個々の人間が意味処理を行なう際の前提条件や構造的条件としてならば、個々の人間を超えた集合的なものを経験的な実在性をもつものとして認める考え方は、かなり広範に見られる。最も一般的なものとして文化、さらには言語、知識、科学、宗教、芸術などがそうである。たとえばシュッツやバーガーとルックマンといった現象学的社会学者たちも、知識がすべて個々の人間に帰属するものではなく、むしろ個々の人間に外在する客観的な存在であると考えている

(Schütz [1962 = 1983], Berger and Luckmann [1967 = 1977 : 2003])。また、しばしば方法論的個人主義の典型的論者のようにいわれる科学哲学者のポパーでさえ、事物の世界である世界1、思考過程のような主観的経験の世界である世界2とならんで、科学的な言明ないし理論の世界として世界3の存在を認めている（Popper [1976 = 2004]）。このような意味でならば、デュルケームが集合表象を独自の実在として物のように扱うべきだと主張するからといって、非難するには当たらないだろう（Durkheim [1895 = 1978]）。また、より分析的な概念ではあるが、パーソンズが文化システムという概念を用いることも、十分に許容できることであろう（Parsons [1961 = 1991]）。

認識主体としての社会システム

だがルーマンの主張は異なる。社会システムが世界を認識する、言いかえれば社会システムが意味処理の主体だというのである。しかも、社会システムは理論的な仮構や分析的な構成概念ではなく、経験的な実在性をもつというのである。ルーマンによれば、社会システムは、コミュニケーションを要素とし、コミュニケーションを再帰的に再生産する閉鎖的なシステムである。たしかにコミュニケーションという現象そのものは、経験的な実在性をもつものとして、広く認められるだろう。人は、自分と同じように意味処理を行なうと思われる他の人間と、相互に言葉を交わし、身振り手振りを交え、あるいは文字やその他の記号に託して、自分の考えを伝えたり相手の考えを理解したりする、ということは経験的事実として疑う余地はあるまい。そのかぎりで、人間と人間がコミュニケーションを行なうことは、人間が世界を認識することと同じくらい確かなことに思われる。

たとえば、認識論的な考え方についてルーマンと近い「構成主義」といわれる立場の論者たちも、個体（生物一般であれ、人間であれ、「機械」であれ）の認識について語り、個体間のコミュニケーションやそこで用いられる言語についても語る（Foerster [1981], Maturana and Varela [1984 = 1987], Varela [1979]）。だが、個体間の関係を社会システムとみなすことには同意しても、その社会システム自体が認識するという主張には同意しないだろう。また、世界3の存在を措定したポパーは、世界3の構成要素として、理論のみならず理論に関する討議をも認めるのだが、討議の主体は当然のことながら個人である。さらに、科学社会学における社会構成主義やエスノメソドロジー、あるいはメルッチな

どの集合行為論も、個的主体の相互行為ないしコミュニケーションから社会的に意味が形成されると考えるのであって、集合的主体が存在して意味を形成すると主張するのではない。

　だがルーマンの主張によれば、コミュニケーションの再帰的再生産の閉鎖的システムである社会システムが、意味処理の主体として存在する。つまり、社会システムの意味処理は、社会システムに関与する個々の人間や主観／主体の意味処理に還元されるのではなく、あくまで独自の意味処理様式としてのコミュニケーションから成り立っているというのであり、そのかぎりにおいて、社会システムは徹底的に脱人間化した意味処理の主体として経験的な実在性をもって存在しているというのである。だが当然のことながら、ルーマンは、社会システムにも個々の人間と同様に「感覚器官」や「神経系」があって世界を認識しているなどという、擬人的、アナロジー的な主張をしているのではない。それでは、社会システムが世界を認識するとは、どういうことであろうか。

3. 社会システムの存立様式

システム／環境の区別

　ルーマンは、『社会システム理論』の第1章を「システムが存在する、というところから出発する」という言明で始めている（Luhmann [1984：30 = 1993]）。また「構成としての認識」という論文では、「われわれは、認識するシステムはすべて、実在の環境のなかにある実在のシステムである、というところから出発する」とも述べている（Luhmann [1988：13 = 1996]）。まずは「システムが存在する」ということの意味を明らかにしなければならない。なぜなら、ここで言うシステム概念は、理論的仮構や分析的概念ではなく、あくまで実在のシステムであるものを指示している、と主張されるからである。

　まず、「システムが存在する」という出発点のテーゼは、「システム／環境」の区別から出発するというテーゼに読みかえることができる。そうなると、誰が（何が）システムと環境を区別するのかという問題が出てくる。すなわち、区別する主体についての問いである。この問いに対して、人間や個人といった存在が区別すると答えないのであれば、また超越論哲学がいうような主体／主観が区別すると答えないのであれば、さらに社会システムの理論家としてのルーマン個人が恣意的に区別しているにすぎないとも答えないのであれば、誰が

(何が)区別するのであろうか。

自己言及システム

　ルーマンは、出発点となった「システムが存在する」という言明を、すぐあとで「自己言及システムが存在する」と言いかえる。誰が（何が）区別するのかという問いは、どうしても区別する主体が自己とは異なる存在である客体を、「システム／環境」の区別を用いてシステムとして同定するという、主体／客体-図式にそくした他者言及的な考え方になりがちである。だがルーマンは、この問いに対して、あくまで自己言及的な答え方をしようとする。つまり、システム自体が自己の作動によって自己と環境を区別する、というのである。この答えは、文字通りに受けとれば、システムがシステム／環境の区別を用いて自己自身と環境を区別することによって、はじめてシステムがシステムとして存在し、またシステムはみずからがシステムとして存在することをみずから認識する、という循環論的でパラドキシカルな事態を意味する。「システム」と「システム／環境の区別（の作動）」が、互いを前提にして成立するかたちになるからである（Luhmann［1984 : 31 = 1993］）。
　このように「システムが存在する」というテーゼから出発するシステム理論は、自己自身もまた世界のなかに存在するシステムの一つとして、したがって自己自身もまた自己言及的に認識と考察の対象にすることによって、はじめて普遍的な理論となりうる[2]。システム理論のありかとなる科学が、科学以外の（その意味で科学の環境のなかにある）他のシステムだけを認識するのであれば、システムが存在するとか、システム／環境の区別から出発するということは、科学の分析的な出発点にすぎないものと考えることもできるかもしれない。だがそれでは、超越論哲学の主体／主観にかわって、科学に超越論的な認識上の特権性を付与することになってしまうだろう。そのような特権性を付与することなく、科学がみずからもまた社会システムの一つであり、システム理論が（自己）適用される対象となりうると考えたとたんに、このようなテーゼや区別は自己言及的にならざるをえない。

原初的パラドックス

　「システムが存在する」という出発点のテーゼは、「自己言及システムが存在する」というテーゼへと厳密化される。このテーゼは、たしかに理論構築の出

発点であるが、理論の基礎づけにはなっていない。システム／環境の区別は、外在的、超越的な認識主体によって設定されたものではなく、あくまでシステムそのものが自己の存立の契機として自己言及的に用いるものである。認識される客体から区別され、それ自体は客体とならない主体が規定されているのではなく、環境からみずからを区別しつつ、その区別のあり方を自己の内部に再導入することによって、みずからがみずからの認識の客体にもなりうる主体が規定されているのである。

　自己言及と循環を回避して確固たる基礎づけを求めるのではなく、自己言及と循環から出発することによって、原初的パラドックスを脱パラドックス化していくというのが、ルーマンの基本的な論法である。システム理論は、自己の普遍性を追求するがゆえに、理論の自己適用という自己言及的な契機から出発するのだが、この出発点のみが唯一正しい必然的なものだという排他性を主張するのではない。むしろ、自己言及という性質をもつことによって、自己自身の誤謬の修正をも自己適用する可能性があるという意味で、非排他的で偶然的（非必然的）な理論にならざるをえない（ibid.：34）。

4. 社会システムの認識様式

認識の構成

　システム／環境の区別によって存立する自己言及システムから出発すると、いかにしてシステムは認識を行なうのかという問いに対しても、区別を出発点にすることができる。なんらかの対象を認識するということは、世界に適用したなんらかの区別の中で、これであってあれでない何かとして対象を指示することである。自他分節としてのシステム／環境の区別によって存立するシステムは、さらなる区別によって世界を分節化することによって、対象を観察、記述することができる。それがシステムの世界認識の基本的な様式である。いかなるシステムも、なんの区別もないまま、世界をまるごと認識することはできない。なんの区別もないということは、最終的にはシステム／環境の区別もないということだから、システムそのものの存立が解消されて、世界は主客合一状態として、完全な混沌あるいは完全な統一態に帰してしまうからである（Luhmann［1988：16 = 1996］）。

　システムの認識に関するもう一つの重要な論点は、認識がシステム内部の自

己言及的作動によって、いわばシステムの内部モデルとして構成されるということである。「認識されるのは、環境以外の何かである。なぜなら環境は、何の区別も含まず、あるがままの姿で存在するだけだからである」とか、「環境の中には、認識に対応するものは存在しない。なぜなら、認識に対応するものはすべて区別に依存しており、区別の中でこれであってあれでない何かとして指示されるからである」という一見奇異に思われる言明は、いずれも認識がシステムの内部構成によるものであることを意味している（ibid.: 16）。システムは、環境からの刺激に対する因果的反応として、なんらかの認識を構成するのではない。環境からの刺激そのものが否定されるわけではないが、システムの認識の作動はあくまでシステム内部で閉じた自己言及的な連鎖を形成するのである[3]。

個的主体間のコミュニケーションという見方

社会システムが世界を認識するというテーゼは、容易に受けいれることが難しい。その理由の一つには、自然言語としての認識する、観察する、記述する、説明する、予期するといった語が、意識をもった担い手による作動を意味するものとして、日常的に了解されていることが挙げられる（Luhmann [1984: 595 = 1995]）。上述したような、認識の内部構成という考え方も、自己の内部に意識をもって思考する個々の人間についてならば、比較的納得のいくものかもしれないが、社会システムに関してはにわかに了解しがたいものであろう。

この事態は、コミュニケーションという現象が、その経験的な存在は幅広く受けいれられているにもかかわらず、ほとんどの場合に個々の人間のあいだの相互作用として捉えられている点にも現われている。しかし、個々の人間のあいだの相互作用としてのコミュニケーション、という考え方をすると、意味の社会性とは、しばしば意味の共有と同義に受けとめられる。この意味の共有（さらには価値の共有）を強調したのは、たとえばパーソンズである。パーソンズの場合には、ルーマンと異なり、この共有性はシステムの存続のために不可欠な条件だった。ハーバーマスにおけるコミュニケーション的行為による合意形成という考え方も、パーソンズと同様である。さらに、現象学、シンボリック相互作用論、エスノメソドロジーなどのいわゆるミクロ相互作用論は、比較的小規模の集まり（組織、小集団）における意味の共有あるいは意味の共同

生成を対象としているといえるだろう。

　この考え方は、社会学の諸理論にかぎったものではない。たとえば、ルーマンがしばしば引きあいに出す自然化された認識論の提唱者である哲学者のクワインは、同一の同時的刺激を与えられた場合に、ある言語を語る人すべてが同一の判断を下すような文を、観察文として定義する。つまり、言語を共有することによって、斉一的な刺激のもとでの間主観的な合意が成立するような共同体が形成される、というのである（Quine [1969]）。同じくルーマンがしばしば引きあいに出す構成主義の論者たちも、同様の考え方をしている。たとえばフェルスターは、「語られることはすべて、観察者によって語られる」と同時に「語られることはすべて、観察者に対して語られる」から、構成される現実はつねに社会的なものであると主張する（Foerster [1981]）。ヴァレラは、認知過程は有機体個体のみにおいて作動するのではなく、複数の有機体個体が関与する、より高次のレヴェルにおいても作動するから、より高次の集合的で自律的な単位に対しても、精神の概念を適用することができるとしている（Varela [1979]）。マトゥラナは、認知における言語と共同性を強調し、生物学的現象としての言語は、回帰的な共感的相互作用のもとでの共‐個体発生的な構造的ドリフトの結果として生じる、生命システムの共‐存在の様式であるとしている（Maturana [1990]）。

コミュニケーション・システムという見方

　ルーマンの場合には、コミュニケーションは情報、伝達、理解という三つの選択の契機をもつ構成要素から成る現象であり、コミュニケーションを生産するのは、同一の社会システムにおいて先行するコミュニケーションである、と考えられている（Luhmann [1995: 113-5]）。このことを強調するために、ルーマンはしばしば、人間ではなくコミュニケーションだけがコミュニケーションを行なうことができる、という脱人間化した言い方をする（ibid.: [37, 113]）。社会システムにおけるコミュニケーションは、個々の人間に帰属される心理システムにおける意識や思考とは区別され、両者は同時的に自己言及的に自己再生産を継続しつつ、構造的カップリングによって一時的には相互に刺激しあうという意味での（しかし作動が接続して因果的に影響を与えあうのではない）関係をもつことがありうる。コミュニケーションは、当然のことながら理解されることもあれば誤解されることもあり、受容されることもあれば拒絶されること

もある。しかし、いずれの場合にも、社会システムにおいて生起しているコミュニケーションであるかぎり、それによって構成される（処理される）意味は、いわば本来的に社会的なものである。また、理解や受容がシステムの存続にとってプラスで、誤解や拒絶はシステムの存続を危うくするとも限らず、システムは存続するかぎりは存続する。

　さらに言えば、ルーマンのシステム理論における意味の社会性は、とくに近代社会では、第一義的に機能的に分出した部分システム、すなわち経済、政治、法、宗教、科学、教育、芸術などの諸領域における、固有のコードやメディアによって体現されている。個々の人間の心理システムが、そのつどの状況のなかでどのような意識の連鎖を形成しようと、それとは異なるレヴェルで、さまざまな機能システムが固有のコードによるコミュニケーションの連鎖を形成し、そのような機能システムそのものが世界の認識を構成する。個々の人間の心理システムにおける意識による意味処理は、無限に多様なものでありうるだろう。そのような心理システムが社会システムと構造的にカップリングされているかぎり、社会システムにおけるコミュニケーションによる意味処理は、個々人の意識と無関係ではありえないが、それとは異なる集合的な形式の意味処理を行なうのである[4]。個々人の差異や共通性は、心理システムにおける意識の差異や共通性のなかにとどまるあいだはなんら社会的なものではなく、社会システムのレヴェルにおけるコミュニケーションのテーマとなってはじめて、社会的な差異や共通性として（さらにはそれにもとづく対立、闘争、対話、連帯などとして）現前する。

5. 脱人間化

　それにしても、なぜルーマンは執拗なまでに社会システム理論の脱人間化、脱主観化をはかろうとするのだろうか。この点について、ルーマンは、一方で知識社会学的（あるいは科学社会学的）な観点から、もう一方で人間論、主体／主観論をめぐる思想史の観点から、説明を加えている。どちらの観点も、歴史的な変遷から現在における社会システム理論の位置を導出しようとするものである。

科学の「分解－再結合能力」の向上

　知識社会学的な観点からみた基本的な論点は、全体社会のなかでの科学システムの分出と、認識対象についての分解－再結合能力の向上とのあいだには連関がある、というものである（Luhmann［1990：326f., 1995：267］）。つまり、科学システムが全体社会のなかで自律性をもった部分システムとして機能的に分化するにつれて、科学は認識対象を日常的経験のなかでナイーブに捉えられるかたちで扱うのではなく、より分析的で抽象的なものに「分解」し、それを「再結合」するようなかたちで扱うようになる、ということである。

　ルーマンは、物理学における自由落下の法則をあげて、この法則が自然界で見られる現象に反しているにもかかわらず（あるいは反しているからこそ）、物理学の分解－再結合能力の向上を示すものであるとしている（Luhmann［1995：267］）。この法則は、ガリレオがピサの斜塔から重さの違う二つの鉄球を落下させて、二つが同時に着地することを実証したというエピソードで有名である。われわれの住んでいる現実の自然界には空気があり、その空気抵抗を受けるために、たとえば鉄球と羽根のように質量も形状も異なる二つの物体を、同じ高さから同時に落下させても、一般にはけっして同時に着地しない。だが、空気抵抗という要因を捨象すれば、いかなる質量や形状の物体も同じ速度で（加速度で）落下する。日常的な経験からすれば反現実的でさえある、分析的で抽象的な分解－再結合能力によって、物理学の基本法則の一つが確立されたのである。

　およそ科学としての地位を共有するならば、社会科学、そしてその一分野としての社会学もまた、この分解－再結合能力の向上によって新たな理論展開を行なうのが、歴史的な趨勢にそくした流れであろう。じっさいルーマンは、社会学における展開として、社会は人間から成り立っており、なんらかの関係にある人間の集合であるという想定が、役割や制度についてしか語らない考え方にますます取って代わられ、さらには役割や制度の概念が行動の予期の概念によって分解され、社会構造は最終的に行動の予期として捉えられるようになっている、と述べている。つまり、人間という概念規定はあまりにコンパクトであり、素朴である。人間は、統一態あるいは見通すことのできない複雑性を表わすための枠組にすぎず、もはや直接命題化することのできる対象ではない、というのである（ibid.：268-9）。

人間の分解と再結合

そこで、科学の発展の現状から出発すれば、むしろ人間を切り刻むような、現実の秩序構成のさまざまな創発レヴェルから出発しなければならない。一個の人間は、すくなくとも生命システムと心理システムに区別される（Luhmann [1984：296-7 = 1993]）。さらに、生命の再帰的再生産を行なう生命システムや意識の再帰的再生産を行なう心理システムとならんで、コミュニケーションの再帰的再生産を行なう社会システムも、同じオートポイエーシスの論理が適用されるオートポイエティック・システムであると主張される（Luhmann [1995：270-1]）。生命システムはさておくとしても、心理システムと社会システムは二つとも意味処理にかかわるシステムであり、その構成要素は意識とコミュニケーションであって、けっして人間そのものではない。その意味で、ルーマンの社会システム理論は徹底して脱人間化されている[5]。

だが、このような理論の脱人間化は、ハーバーマスの批判に典型的に見られるように、しばしば社会の現実の「非人間化」を隠蔽したり正当化したりするものと考えられている。そこで社会学は、テクノロジーや資本主義や危機といったものに焦点を合わせ、われわれの社会では人間がいかにひどい状態にあるかを裏づけるようなスローガンを生み出す。だがルーマンによれば、それは理論的欠陥を、心の暖かさや人間に対する思いやりによって相殺しようとする試みにすぎない。専用に開発された装置を備えた、社会の科学的分析の課題と、意味を付与したり意味喪失を嘆いたりする装置としての、日常生活のために指針を示す自己記述の課題は、ますます乖離してきている。達成可能な理論水準の助けを借りて、同時に説得力のあるスローガンや、ましてや政治的な方向づけを提供することは、ますます困難になってきている。それにもかかわらず両者を仲介しようというのは、ますます不遜な行為になる。かくしてルーマンは、われわれが自分は人間であると言う場合には、またわれわれが人間でありたいと欲する場合にはなおさら、それはディレッタント的にならざるをえない、と結論づけるのである（ibid.：273-4）。

6. 脱主観化

主体／主観概念の問題

もう一つの観点は思想史的なものである。この観点から見た基本的な論点

は、人間に関する人文主義的な先入観が、まさに自然に、伝統によって保証されるかたちで現われてくるために、近代社会の十分に複雑な記述への理論的アプローチを妨げる認識論上の障害となっている、というものである（Luhmann [1995：168]）。ルーマンによれば、ヨーロッパの伝統的な人文主義的人間学は、存在論的形而上学と結びつき、つねに人間の本質（自然）についての問いを立てて、その問いにさまざまな答えを与えるかたちで展開してきた。近代にいたって、最重要な答えとして与えられたのが、主体／主観という概念である。人間は、諸主体を所与とする自己の客体性を失い、人間自身が自己自身と他のすべてのものの基礎をなす主体となる。人間は、物の実在性から引き離されて形而上学化するのである（ibid.：155-7）。

　カントにはじまるとされるこの主体概念は、意識の理論のなかで説得力を得る。意識の理論は、意識が自己自身と関係をもち、自己自身の統一態を自己のすべての作動（表象、行為、判断）の条件としてイメージすることができることを示し、それを議論のなかで徹底的に利用する。この理論の背後には、18世紀の新しい自由主義があって、自己の関心や感情や目的などの妥当性を自分で認める「個人」という意味論上の姿を用いて、古い秩序をかいくぐろうとした。主体の形而上学は、その後の思想史上の紆余曲折をへて、こんにちでは陳腐化し、人間個人を主体と呼び、社会に対する一種の反逆のなかで個人を主体の名のもとに擁護する習慣だけが残った。人間のように振る舞い、人間として取り入るそのやり方を、ルーマンはヘーゲルの「理性の狡知」をもじって「主体の狡知」とまで呼ぶ（ibid.：157）。

間主観性の問題

　主体の意味論がつまずくのは、他の主体を認めることができない点であり、言い方をかえれば、世界観察者の複数性を考慮に入れることを許さない二値論理的な図式主義である。ルーマンは、このつまずきの一つの典型を、フッサールの『デカルト的省察』の第五省察に見ている。フッサールは、この第五省察において、超越論的現象学が独我論であるとの批判に答えるべく、モナド的な人間存在の共同性という考え方をもちだし、超越論的間主観性というほとんど形容矛盾のように思われる概念を提示する（Husserl [1950：158 = 2001]）。このアクロバティックな論法に対して、ルーマンは、モナドの共同体への逃げ道はきわめて不十分なので、フッサールはあまりまじめな思想家ではなかったの

ではないかと、皮肉の一つも言いたいくらいだと、痛烈に批判する (Luhmann [1995 : 158])。もうすこし穏当な言い方で、フッサールはきわめて厳密な思想家だったから、自分が超越論的主観主義の立場とともに手にした困難を見ずにすますことはできなかった、とも指摘している。どうしても「間 Inter」と「主観／主体 Subjekt」が矛盾をきたすのである (ibid. : 170)。そして、主体の概念をまじめに考えるあらゆる分析は、社会を捨てるか主体を捨てるかという悲劇的選択の状況に陥る、と結論づけている (ibid. : 159)。

　フッサールの超越論的主観／主体は、意識が自己言及的な固有の作動のなかで現前すると措定している。問題は、そのような意識の作動様式が、自己自身と他のすべてのものの基礎となる唯一の主体として、超越論的に捉えられた点にある。だが、自己の要素を再帰的に再生産する閉鎖的な自己言及システムという観点から見ると、たとえばオートポイエーシス理論が明らかにしたような細胞、免疫系、神経系のような生命システム、あるいは意識システム、コミュニケーション・システムなど、いくつかの異なるレヴェルで経験的なシステムを見出すことができる。ルーマンの論法では、かつての超越論的主体／主観は、一方で自己言及という性質を保持されつつ、他方で存在論的特権性を奪われてしまう。意識は、自己言及的な性質を保持されるために、その作動が他の意識と直接的に結びつくことがなく、したがって社会的な作動となりえない。また超越論的、独我論的でない以上、意識を再生産する心理システムは複数存在する。ルーマンの好みのフレーズによれば、世界中の数十億の心理システムのどれに言及するのかが問題である。それにかわって、意識と同じように自己言及的でありながら、個々の人間を超えた「間」そのものの作動としてのコミュニケーションを要素とする、社会システムというシステム言及を選択するという可能性が生まれるのである。

　このように考えれば、意識（心理システム）が結びつけられる個々の人間が、けっして社会システムの構成要素とはなりえず、システムの環境に位置づけられざるをえないことは、論理的に明白である。そしてこのような論理構成が、社会学理論の「非人間化」、ひいては社会構成そのものの「非人間化」につながるとして批判されがちなことは、すでに述べたとおりである。

7. 機能的分化

　以上の議論から、認識主体の脱人間化、脱主観化は、一方で科学の分解－再結合能力の向上によって構成の可能性が拡大した結果として、他方で人文主義的伝統における超越論的主体／主観の概念が突きあたった独我論のアポリア、とりわけ間主観性の問題に対する解決として、歴史的な展開のなかに位置づけることができる、という見通しがえられた。

社会分化形態の変化

　このような出発点の成り立ちは、社会の分化形態の変容およびそれと相関する意味論の変容という歴史的過程のなかに（これまた自己言及的に）求めることができるだろう。すなわち、階層的分化から機能的分化への移行がそれである（Luhmann［1980:Kap.1］）。ルーマンがしばしば述べるように、階層的分化が優勢だった前近代社会においては、ハイアラーキー的、存在論的な認識モードが主流だったのに対して、機能的分化が優勢になった近代社会においては、ヘテラーキー的、脱存在論的な認識モードが主流になる。機能的に分化した社会における自己認識のモードとして成立してくるのが、自己言及的に閉じたかたちで意味構成するシステムという考え方である。これは、全体社会の自己認識というよりは、経済、政治、法、宗教、科学、教育、芸術といった、機能的に分出した個々の部分システムにおける自己認識として、より明確に現われてくるように思われる。別の言い方をすれば、歴史的過程のなかで、自己言及的な作動様式をもつ機能システムが分出することにより、それらの機能システムはシステム／環境の区別によって、自己を環境から区別しつつ、自己の同一性を規定することができるようになったのである。「自己言及システムが存在する」というテーゼを出発点とするシステム理論は、まさにそのような歴史的過程のなかで成立した科学システムにおける反省理論としての認識論的意義をもつ。

機能的分化と主体／主観概念

　だが、認識論の歴史をみると、じっさいにはシステム理論ではなく超越論的主体／主観の概念が先行した。しかし、これもまた機能的分化の進行がもたらした帰結として捉えることができよう。つまり、前近代社会においては、個々

の人間は部分システムである特定の階層に包摂され、そのかぎりにおいて社会に包摂されている社会内存在であったから、みずからを超越論的主体／主観とみなす契機はなく、超越神が世界のすべてを基礎づけているというところから出発するハイアラーキー的、存在論的な認識論を用いることができた。機能的分化が進行すると、個々の人間は前近代的な意味で特定の部分システムに包摂されることはない。さまざまな機能システムに関与はするが、どの機能システムにもまるごと包摂されることはなく、その意味で社会から排除されている社会外存在となる。だからこそ、個々の人間はユニークな個性をもった個人という存在であると同時に、超越論的主体／主観として外在的に社会を（そして自然を）認識する存在であると考えられるようになったと言えるだろう[6]。

　分出した機能システムと社会から排除された個人は、いわば機能的分化がもたらした双子である。そこでルーマンは、社会システムと心理システムという双子の意味構成システムを対応させ、超越論的な性格づけを剝奪しながら、他方で自己言及的な意味処理という性質を保存するかたちで、近代社会の構造にそくした意味論としてふさわしいシステム理論を展開しようとする。また、機能的分化によって社会システムの複数性を前提とし、個々人への帰属によって心理システムの複数性を前提とすることによって、どちらのレヴェルにおいても独我論的な含意を除去し、多数の多様なシステムにおける意味処理（あるいは認識）の差異は、経験的に研究するべきものとする。さらに言えば、そのようなかたちでシステム理論を位置づけることによって、ルーマンは社会学者としての自分自身の姿を、歴史的に成立して自己言及的に自己規定する社会システムとしての科学システムのコミュニケーションのなかに、完全に消し去ろうとする。みずからの主張を偶然的なものとして、他の可能性に開かれたものとして位置づけ、その妥当性を科学的コミュニケーションにおける真理／非真理の判定に委ねるのである。

8. 認識の相対性と社会学の責任

認識の相対性

　最後に、認識の相対性の問題について触れておこう。
　個人（個体）のあいだの相互作用としてのコミュニケーション、という考え方をすると、意味の共有としての意味の社会性は、社会の成員全員についてつ

ねに成り立つものではなく、むしろつねに程度の問題になる。社会学的には、意味の共有はしばしば、階層、階級、エスニシティ、ネーション、ジェンダー、年齢といった社会的な存在条件と相関的なものであると考えられる。マルクスのイデオロギー批判、ヴェーバーの社会階層と宗教的志向の親和性、マンハイムの知識の存在被拘束性などにはじまり、近年のカルチュラル・スタディーズにいたるまで、意味処理（意味構成）の集団的差異と多様性についての議論は枚挙にいとまがない。さらに個人的な差異を強調すれば、比較的同質的と思われる集団内においても、いくらでも差異を見出すことができるだろう。ヴェーバーの言い方を借りれば、集団内の共通性は「平均的近似的」なものであり、たとえば統計的尺度による測定と集団ごとの平均や分散の比較という分析技法は、こうした集団的差異と多様性を論証するための手段である。

　このような差異と多様性に関する社会学的言説そのものが、ある意味ではヘテラーキー的な近代社会のあり方を反映した意味論となっている、と解釈することもできよう。そのことはさておくとしても、差異と多様性を現実として受けいれるかぎり、そしてそれを認識する社会学者の視点もまた社会内在的なものとみなすかぎり（つまり超越論的で外在的な視点は存在しないと考えるかぎり）、認識に関する相対主義の問題が発生する。これは、自然化された認識論によって、認識の最終的基礎づけを失った科学論においても同様である（Quine [1969]）。基礎づけを排除してしまった以上、あらかじめ全体として共有される認識の基盤は存在しえないし、みずからを他に優越する審級として位置づけることのできる社会的な集団も存在しない。それでもなお、全体としての意味の社会性を実現しようとするならば、力ずくの闘争であれ、平和的な討議であれ、差異をもつ個人や集団のあいだの相互作用の帰結として、なんらかの一致が成立する可能性にかけるしかない。さもなければ、多様性の尊重という一点に合意の基礎をおいて、差異のある個人や集団同士が共存をはかるしかない。パーソンズの一般化された価値の共有やハーバーマスのコミュニケーション的行為による合意形成は、論理必然的に成立するものではなく、経験的なテストにかけられる予測もしくは提案にすぎない。

二次の観察と社会学の責任

　これに対して、徹底的に脱人間化、脱主観化したルーマンの社会システム理論において、相対主義は首尾よく回避されるのであろうか。結論から言えば、

ルーマンもまた絶対的な基礎づけを否定して、自己言及システムの認識論を展開するかぎりにおいて、相対主義をなんらかのかたちで受けいれざるをえないだろう。その形式は、「二次の観察」という考え方である。世界の端的な観察としての意味処理を一次の観察とすると、一次の観察とは異なる区別をもちいて一次の観察を対象とする観察、すなわち観察の観察は二次の観察と呼ばれる。意味処理（観察、認識）を行なう主体としてのシステムが複数存在するかぎり、それらのシステムは互いの意味処理を二次の観察というモードで観察することができる。しかし二次の観察は、認識論的により上位の優位な立場にあるメタレヴェルの観察ではない。二次の観察は、観察対象となる観察（一次の観察）において用いられている区別を対象化し、その盲点を解消するが、自己自身も観察である以上、なんらかの区別を用いており、今度はその区別が盲点となる点で、一次の観察となんら変わりがないからである（Luhmann [1990 : 97ff.]）。

　二次の観察が、さしあたり機能システム同士の相互観察として行なわれるならば、その総体としての全体社会は、多次元的な意味空間を構成することになるだろう。しかし、この多次元性は統合を保証するものではないから、全体社会は包括的なコミュニケーションのシステムではあっても、統合されたシステムであることは保証されない。むしろ、機能システムの分出が進んで自律性が増大するほど、全体社会における統合という考え方には意味がなくなる。しかしそれは、機能システムが恣意的に機能し、その結果として全体社会はなんでもありになる、ということではない。これまで、システムの存立の条件、システム理論の成立の条件そのものについて論じてきたように、システムの作動は、つねに過去の履歴（歴史）に依存しており、そのことを自己言及的に反省するかたちでしか、現在の作動を遂行することができないからである。

　したがって、社会システム理論は相対主義を回避したり解決したりすることはできないが、二次の観察というモードによって、どのような主体が、どのような状況のもとで、どのような区別や基準にもとづいて意味処理を行なっているかを記述すると同時に、そのような意味処理の諸条件を明確にすることによって、構成された意味が唯一絶対のものではなく、他の可能性に開かれたという意味で偶然的なものであることを明らかにする。社会システム理論、そして社会学は、科学システムの一部として、全体社会のなかで行なわれるさまざまな一次の観察としての意味処理現象を（科学システムのなかで行なわれる意味処

理現象を含めて)、二次の観察というモードによって観察し、それをとおして全体社会の自己観察に寄与することによって、いわば社会的責任を果たすのである (Luhmann [1992：126ff.])。

注

1) 本稿の目的は、こうした理論的枠組の概説を詳細に展開することではない。概説としては、すでに定評のあるクニールとナセヒのもの (Kneer and Nassehi [1993 = 1995]) を参照せよ。
2) フッサールも、認識主体と世界との関係の原初的パラドックスについて、論理的に同型の定式化をしている。

> 世界の部分的要素である人間的主観性が、いかにして全世界を構成することになるのか。すなわち、みずからの志向的形成体としての全世界を構成することになるのか。世界は、志向的に能作しつつある主観性の普遍的結合の、すでに生成し終え、またたえず生成しつつある形成体なのであるが、そのさい、相互に能作しつつある主観そのものが、単に全体的能作の部分的形成体であってよいものであろうか。
> そうなれば、世界の構成分である主観が、いわば全世界を呑み込むことになろうし、それとともに自己自身をも呑み込むことになってしまおう。なんという背理であろうか。(Husserl [1956：183 = 1995])

だが、フッサールはルーマンとは異なり、自己言及の積極的な適用によってこの原初的パラドックスを解決するのではなく、むしろ徹底的に自己言及を排して、あくまで超越論的な立場から解決しようとする (ibid.：185-93)。

3) その意味で、ルーマンのシステム理論的な認識論は、真理論でいえば、対応説よりも整合説の系譜に属するといえるだろう。きわめておおざっぱな区別をすれば、対応説とは、認識対象と認識内容の対応、一致を真理とする考え方であり、整合説は、認識内容の内的な整合性、一貫性を真理とする考え方である。
4) このような事情は、科学そして社会学そのものについてもあてはまる。この論文を書いている私の意識システムにおける思考は、基本的に言語を用いて展開されているにもかかわらず、この論文において言語表現された論理展開とまったく同じではない。論文を書いているまさにそのときに発生した思考は、たちまち消え去ってしまい、それ自体がコミュニケートされるわけではない。コミュニケートされるのは、あくまで文章化されたこの論文だけである。
5) さらにルーマンは「身体」の問題にも言及している。人間の身体と社会システムとの関係を考える場合、その生理的、化学的、有機的なシステムや過程のすべてが (その意味で統一態としての身体が) 問題になるのではなく、特定の側面だけが重要であ

る。そのようなとらえ方をするためには、やはり分解 – 再結合能力の向上が必要になり、その点でルーマンは、パーソンズが生命システムから区別された行動システム（行動有機体）という概念をたてて、これを行為システムの下位システムの一つに加えたことを、高く評価している（Luhmann ［1984：331ff. = 1993］）。
6) クニールとナセヒも、個人という概念について、心理システムの個体性という意味と、個人の自己記述の近代固有の範型としての個体性という意味とを区別している（Kneer and Nassehi ［1993：156］）。

文献

Berger, Peter and Thomas Luckmann, 1967, *The Social Construction of Reality*, New York: Doubleday. （＝山口節郎訳、1977、『日常世界の構成』東京：新曜社；同訳、2003、『現実の社会的構成』東京：新曜社。）

Durkheim, Emile, 1895, *Les Règles de la méthode sociologique*, Paris: F. Alcan. （＝宮島喬訳、1978、『社会学的方法の基準』東京：岩波文庫。）

Foerster, Heinz von, 1981, *Observing Systems*, California: Intersystem Publications.

Husserl, Edmund, 1950, *Cartesianische Meditationen: Eine Einleitung in die Phänomenologie*, Husserliana Bd. I, Hague: Martinus Nijhoff. （＝浜渦辰二訳、2001、『デカルト的省察』、東京：岩波文庫。）

――――, 1956, *Die Krisis der europäischen Wissenschaften und die transzendentale Phänomenologie: Ein Einleitung in die phänomenologische Philosophie*, Husserliana Bd. VI, Hague: Martinus Nijhoff. （＝細谷恒夫・木田元訳、1995、『ヨーロッパ諸学の危機と超越論的現象学』東京：中公文庫。）

Kneer, Georg and Armin Nassehi, 1993, *Niklas Luhmanns Theorie sozialer Systeme: Eine Einführung*, München: Wilhelm Fink. （＝舘野受男・池田貞夫・野崎和義訳、1995、『ルーマン社会システム理論』、東京：新泉社。）

Luhmann, Niklas, 1980, *Gesellschaftsstruktur und Semantik: Studien zur Wissenssoziologie der modernen Gesellschaft*, Bd. I, Frankfurt am Main: Suhrkamp.

――――, 1984, *Soziale Systeme: Grundriß einer allgemeinen Theorie*, Frankfurt am Main: Suhrkamp. （＝佐藤勉監訳、1993-95、『社会システム理論』上・下、東京：恒星社厚生閣。）

――――, 1988, *Erkenntnis als Konstruktion*, Bern: Benteli Verlag. （＝土方透・松戸行雄訳、1996、『ルーマン、学問と自身を語る』東京：新泉社。）

――――, 1990, *Die Wissenschaft der Gesellschaft*, Frankfurt am Main: Suhrkamp.

――――; von André Kieserling (Hrsg.), 1992, *Universität als Mileau: Klein Schriften*, Bielefeld: Haux.

――――, 1995, *Soziologische Aufklärung 6: Die Soziologie und der Mensch*, Opladen: Westdeutscher Verlag.

Maturana, Humberto, 1990, "Ontology of Observing: The Biological Foundations of

Self-Consciousness and the Physical Domain of Existence", N. Luhmann *et al.*, 1990, *Beobachter*, München: Wilhelm Fink.

―――― and Francisco Varela, 1984, *El Arbol del Conocimiento: Las Bases Biologicas del Conocer Humano*, Santiago（Chile）: Editorial Universitaria.（＝菅啓次郎訳、1987、『知恵の樹――生きている世界はどのようにして生まれるのか』東京：朝日出版社；同訳、1997、『知恵の樹』東京：ちくま学芸文庫。）

Parsons, Talcott, 1961, "Introduction to Part Four", T. Parsons *et al.*（eds.）, *Theories of Society: Foundations of Modern Sociological Theory*, New York: Free Press.（＝丸山哲央訳、1991、『文化システム論』京都：ミネルヴァ書房。）

Popper, Karl, 1976, *Unended Quest: An Intellectual Autobiography*, London: Fontana.（＝森博訳、2004、『果てしなき探求』上・下、東京：岩波現代文庫。）

Quine, Willard von Orman, 1969, *Ontological Relativity and Other Essays*, New York: Columbia University Press.

Schütz, Alfred, 1962, *Collected Papers* 1: *The Problem of Social Reality*, Hague: Martinus Nijhoff.（＝渡部光・那須壽・西原和久訳、1983、『アルフレッド・シュッツ著作集第1巻――社会的現実の問題』Ⅰ、東京：マルジュ社。）

Uexküll, Jakob von and Georg Kriszat, 1934, *Streifzüge durch die Umwelten von Tieren und Menschen: Ein Bilderbuch unsichtbarer Welten*, Berlin: Julius Springer.（＝日高敏隆・野田保之訳、1973、『生物から見た世界』東京：思索社。）

Varela, Francisco, 1979, *Principles of Biological Autonomy*, New York: North Holland.

第5章　　　　　　　　　　　　　　　　　　　　　馬場靖雄

機能分化の社会理論
——ルーマンにおける「分化／統合」から「観察／作動」へ

1. 分化と統合

社会分化の諸理論

　近代社会を特徴づけるのは、社会分化の著しい度合いである。これは社会学の歴史を通じて維持されてきた数少ないテーゼのうちの一つであると、ニクラス・ルーマンは主張する（Luhmann [1995a：215 = 2004：221]）。ルーマンもまた近代社会を、経済・法・科学・芸術などの機能分化し閉じられた諸システムより成るものと見なすことで、この伝統に連なろうとしているのである。本稿の目的は、通常の伝統的な社会分化論と比較しつつ、ルーマンの機能分化社会論の特徴と射程を明らかにすることにある。

　長い歴史のなかで社会は均質で単純な存在から、多くの異質な部分へと分かれた複雑な組成をもつものへと変化してきた。この点に関してはほぼ異論の余地がないだろう。そしてこの論点をめぐって社会学は多様で実り多い議論を蓄積してきた。分化の原因は何か、分化はいかなるパターンに従って生じるのか、分化によってどんな利得と問題が生じてくるのかなどについてである。

　にもかかわらず社会分化に関する議論の大半は、ある一つの範型に従っているように思われる。すなわちそこで問われているのは常に、「分化した諸部分の統合はいかにして可能か」という問題なのである。なるほど社会は多様な諸部分に分化してはいるが、にもかかわらずなんらかの道筋で統合されているはずである。さもなければ全体としての社会秩序は成り立たなくなり、社会は分裂して無秩序状態に陥るはずではないか、と。たとえばデュルケームにおいては最初から分業（division of labor）は道徳的連帯との相関において考えられていた。連帯から逸脱する事例、たとえば職業的犯罪者は分業を構成する要素ではないとされていたのである（Luhmann [1982：7]）。この意味で伝統的な社会

分化の理論とは、分化と統合の理論、あるいは分化における統合の理論だったのである。

統合を求めて

統合をめぐってもまた、多様な議論が可能である。統合は宗教（市民宗教）によって、公共的コミュニケーションによって、メディアによって、各人ないし各集団が試行錯誤のなかで自身の長期的利得を計算することによって可能になる。いや、統合は各システムが自身の挙動を他のシステムとの関係のなかで反省することによってもたらされるのであり、その枠組を整えるのは「応答的法」（ein responsives Recht）の役割なのである（Teubner and Willke［1984：30］）。さらに「社会統合／システム統合」の区別を用いて、統合に関する議論を今一度「分化」させることもできる（Lockwood［1964］）。

しかしここでも見かけ上の多様性にもかかわらず、議論は一定のパターンに収斂していかざるをえない。「分化／統合」という形式[1]において議論が進められている以上、その都度の対象領域に即して、あるいは現今の社会状況を背景として、さらには先行業績と対峙するために、一方か他方かを強調するしかないはずである。一方で、社会を過度に統合しようとすれば分化の利点である複雑性・多様性を、また諸活動の自由を抑圧することになる（現にそうなっている）との主張がなされる。他方では、分化が過度に進展して多様性が混乱に、自由が放恣に転化してしまっている現在においては、普遍的な準拠枠によって社会を再統合することこそが緊急の課題となっているとの声があげられるのである。かつてのパーソンズ理論に対する「意味学派」の異議申し立てと、昨今の「パーソンズ・ルネッサンス」の動向は、それぞれに対応するものであろう[2]。さらに、近代社会は欲望の自由な発露を抑圧する斉一性の圧力を行使しているとのポストモダニズムによる近代批判と（今田［2005：153-62］）、モダニズムの側から、個人の自由と社会の統合とを同時に可能にする普遍的な法の必要性を強調しつつなされる、ポストモダニズムに対する逆襲（Ferry and Renaut［1987 = 2000］）に関しても事は同様である。

ルーマンの試み

ルーマンの「機能分化社会としての近代社会」という議論に対しても、この形式に基づく批判が寄せられている。ルーマンは近代においては社会は各機能

領域(経済・科学・法・芸術・政治・宗教・教育など[3])へと分化し、各領域が閉じられ自律化するに至っていると考える。法はあくまで法的コミュニケーションの閉じられたネットワークによって生産され再生産されていくのであって、たとえば社会全体において妥当する倫理や「生活者の視点」などによって法を外から規制しようと試みても無駄であるとされる。ルーマンのこの議論は、分化した各領域の自律性・閉鎖性を強調するのみで、いかにすればそれらが相互に対して開かれた柔軟な関係をとり結ぶことによって、全体社会レヴェルでの統合された調和ある秩序を形成しうるかを考慮していない。そのような態度は各領域を当該分野の専門家たるテクノクラートの手に委ねることになり、結果として各領域は社会全体のあるべき調和を顧慮することなく暴走し、「生活世界の植民地化」を引き起こしてしまいかねないのである、と。ルーマン派と目されるヘルムート・ヴィルケも同様の論拠から、システム間の関係を調整するシステム的討議(systemische Diskurs)の必要性を主張しているのである(Willke [1994:24])。

　これらの議論は明らかに、ある種の状況下で特定の問題を解明するためには大きな意義をもっている。しかし逆に言えば、どんな問題に即して論じられようとも、「分化／統合」という形式の内部で議論が続けられる限り、二項のうちの一方から他方へと、また元の項へと、往復運動を続けるしかない。これでは多様なものへの分化について論じながら、その議論自体はあまりにも斉一的であると言わざるをえないだろう。別のかたちで分化について考察する可能性は存在しないのだろうか[4]。

　以下ではその可能性を、ルーマンの「機能分化社会としての近代社会」という議論のうちに求めてみたい。

2. 社会システムとその分化

コミュニケーションとしての社会

　ルーマンは社会システムを、コミュニケーションから成るシステムとして捉える。そしてコミュニケーションは情報と伝達の差異として定義される[5]。すなわちコミュニケーションにおいては、コミュニケートされたことがら(情報内容)だけでなく、それがどのような状況の下で、いかなる意図によって、どんな効果を伴いつつなされたか(伝達様式)も同時に考慮されねばならないの

である。逆に受け手の側でこの二つの相の差異において観察がなされる時（これが「理解」と呼ばれる）、そこには常にコミュニケーションが成立していることになる[6]。コミュニケーションに関するこの規定は、言語行為論によって提起された、言語行為はコンスタティヴ（事実確認的）な相とパフォーマティヴ（行為遂行的）な相の両面において捉えられなければならないとの論点に対応していることも指摘しておこう。

社会がコミュニケーションより成るとすれば、社会分化とはすなわち、コミュニケーションが複数のセクションへと編成されていく、その編成様式のことであるという話になる。ルーマンは歴史的経緯に従って、この編成様式＝分化様式を三種類に区別している。すなわち、(1) 同質な諸部分より成る環節分化社会、(2) 上下の位階に沿って配列された異質な諸部分より成る階層分化社会（多くの場合、中心／周辺の差異——都市／地方など——が併用される）、(3) それぞれ異なる機能に定位した、しかし特定の機能に定位しているという点では等しい諸部分より成る機能分化社会（同質／異質の総合）。西洋社会は17世紀から18世紀にかけて (2) から (3) への転換を遂げることによって近代社会の雛形となったというのが、ルーマンにおける歴史認識の枠組となる。

まず (1) (2) との比較における (3) の特徴を、先にあげたコミュニケーションの定義を念頭に置きつつ定式化しておこう。

機能分化の特性

(1) (2) においてはコミュニケーションは、情報内容ではなく伝達様式によって、コンスタティヴな相ではなくパフォーマティヴな相に従って秩序化される。環節分化社会ではコミュニケーションが信憑性をもち受け入れられるのはその内容によってというよりも、同じ共同体のメンバーによってなされたという事実によるのである。より正確に言えばそこではメンバーであるということと、内容・伝達様式の双方において当該の共同体の伝統に従ったコミュニケーションを行なうということとが、密接不可分なかたちで融合していた。またそこでは経済・政治・宗教などのコミュニケーション領域が分離することもなかった。それらはすべて、「生活世界で共有されている〈現実構成〉」(Luhmann [1975：6＝1986：8]) へと融合していたのである。

それに対して階層分化社会、いわゆる高文化 (Hochkultur) 社会では、コミュニケーション領域は一応相互に区別されるようになる。ただし各領域は宇宙

論的な秩序観念に裏付けられたハイアラーキーを形成しており（宗教＞政治＞法＞芸術＞学、というように[7]）、コミュニケーションはハイアラーキー上のどこに位置するかによって整序されていた。そしてこのハイアラーキーを規定するのはコミュニケーション内容そのものではなく、コミュニケーションの外に所与として存在していると想定された宇宙の本質だったのである。「階層分化社会では世界は、ハイアラーキーのかたちで思念されていたのである。しかしハイアラーキカルな秩序の必然性自体は、ドグマティックに設定されねばならなかった」(Luhmann [1993 : 21 = 2003 : 15])。

　近代への移行とともに、コミュニケーションの外に所与として位置するこの種の秩序への（コミュニケーションのパフォーマティヴな文脈への）信頼は揺らいでいく。もはやそれらに依拠してコミュニケーションを編成することはできなくなる。コミュニケーションはただコミュニケーションだけを手がかりに整序されるしかなくなる。かくして登場してくるのが、機能分化した社会なのである。機能分化社会においてはコミュニケーションは、パフォーマティヴな文脈をひとまず無視して、あくまでコミュニケーションの内容（コンスタティヴな情報）に即して整序される。法的コミュニケーションは、誰の口から発せられたものであろうと法の論理に即して扱われる。同様にすべての経済的コミュニケーションは経済の論理に、宗教的コミュニケーションは宗教固有の論理に服するのである。ルーマンによれば「論理に服する」とは、それぞれの領域特有の根本的二分法（コード）をコミュニケーションの前提とするということである。法的コミュニケーションは、「合法／不法」を、経済的コミュニケーションは「支払い／不支払い」を、学的コミュニケーションは「真／非真」をそれぞれ前提とする。法システムにおいて最終的に問題となるのは常に、「それは合法なのか、それとも不法なのか」という問いなのである。逆に言えばそれぞれのコードを踏まえたコミュニケーションは、何をテーマとしていようとも常に当該のシステムに属することになる。「それは法的判断にはなじまない」とのコミュニケーションもまた、合法／不法の区別を前提として、法システムの内部でなされるしかないのである。

　それゆえに各機能領域は、独自のコードという特殊な制限をフィルターとしつつ普遍化する。つまり、社会内で生じるあらゆる事象へとアプローチできるようになるのである。近代社会における機能分化した各コミュニケーション領域は、パーソンズのパターン変数で言えば〈普遍主義 universalism〉と〈限定

性 specifity〉の組み合わせによって性格づけられる。「したがってパーソンズがこの組み合わせを近代特有の布置であり、近代以前の社会においては達成されえなかったと見なしたのは、正当だったことになる」(Luhmann [1997：375])。

このようにルーマンの考える機能分化とは、注4)で述べたマルクス／スペンサー／デュルケームらの伝統にみられるような、あらかじめ存在している全体がケーキが切り分けられるように分割されていくことではなく[8]、パースペクティヴの多重化であり、それぞれのパースペクティヴが社会の全域に及ぶという点で同じ外延を有する円盤が積み重ねられていくこととして観念されるべきである。機能分化は全体の分割ではなく、普遍の多重化にほかならない。ルーマンが機能分化したシステムの完結した一覧表を示さない(示しえない)のも、部分を集計することによって到達しうる「全体」など存在しないというこの理由によっていると思われる。

3．閉鎖性と開放性

機能システムの自律性とその批判

ルーマンは近代社会への転換は機能分化とともに生じたのであり、18世紀に機能分化が完了して以降、基本的に近代社会は同一であり続けていると見ている。むろん19世紀から20世紀にかけて科学・政治・宗教をはじめとする社会の各領域は大きく変貌してきた。しかしそれらの変化は機能システムの内部において生じているのであり、機能分化という形式を超えるものは何も生起していない、と(Luhmann [2000b：197])。18世紀以来近代社会は一貫して機能ごとに分化し、それぞれ固有のコードに基づくコミュニケーションのみによって形成される、閉じられたシステムより成っているのである。

ルーマンがそう考えるのは一つにはすでに定義上からして、機能分化の次にくる体制、機能分化に取って代わりうる新たな社会構成原理を考えることが論理的に不可能だからである。そもそも機能とは、等価な代替物を探求するための抽象的観点(機能システムの場合、それはコードによって表わされる)を意味している(Luhmann [1977：120 = 1990：82])。したがって機能分化に対するオルターナティヴは存在しない。そもそもオルターナティヴ構成の原理は、機能的等価性でしかありえないからである(Luhmann [1996：76])[9]。しかし、近代

社会が一貫して同一原理のもとで動いているというのは単に定義から導かれる論理的な結論ではなく、ルーマンなりに社会の現状を経験的に観察・記述することから導き出された、彼独自の判断でもあるはずだ。

　ルーマンのこの近代社会観に対してはしばしば、後ろ向きであるとの、あるいは20世紀以降の重要な社会の変化を無視しているとの批判が寄せられてきた。ルーマンが考える機能システムの自律化の過程、すなわち作動が当のシステムの抽象的で普遍的な観点によってのみ編成され、複雑性と効率を高めていくという過程は、啓蒙思想による近代化のプロジェクトと軌を一にしている。複雑な事象を抽象的・形式的な観点によって効率よく統御していくというこの原理が、近代社会の発展を駆動してきたのはまちがいない。しかし通常の場合、近代社会の社会編成原理はその後もう一度転換を遂げたとされる。その転換が生じたのは長期的に見れば19世紀から20世紀にかけて、より限定的にいえば20世紀後半において（特に「68年革命」以降[10]）のことであった。それまでは抽象的な形式に従って営まれてきた各専門領域の活動スタイルの不十分さと逆機能が露呈し、単なる形式的普遍性を超える、実質的な考慮が必要になる。また各領域の活動を専門の論理にのみ委ねるのではなく、他の領域との複雑な相互連関のなかで反省的に捉え返す必要も生じてくる。

　その種の動向を称揚した議論の例として、ノネとセルズニックの法の三段階モデルをあげておこう（Nonet and Selznick [1978 = 1981]）。同書によれば法は、歴史的経緯に従って三つのタイプに区分される。前近代において支配者により恣意的に運用されてきた「抑圧的法」、近代社会を主導してきた自己完結的な「自律的法」、そしてその後の社会の変化に対応して現在登場しつつある「応答的法」である。

　　抑圧的法の特徴は、社会的、政治的環境に対して［例えば、支配者による政治的要請に対して］法の諸制度が受動的、機会主義的に適応することにある。自律的法は、この無弁別的な開放性に対する反動である。その最大の関心事は、制度的完潔性の維持である。この目的のために、法は自らを隔離し、自己の責任範囲を狭くし、完潔性の代償として盲目的な形式主義を受け入れるのである。……応答的な制度は、自己の完潔性にとって不可欠なものが何であるかを見失うことなく、同時に環境のなかに芽ばえてくる新たな諸力を考慮に入れる。そのために応答的法は、完潔性と開放性とが互いに衝突しなが

らもなお互いに支え合うような途を探り、それを足場にする。(ibid.: 118、文中の［　］内引用者（以下同様））

　形式的な自由権（消極的自由）から実質的な生存権・社会権（積極的自由）へという、基本的人権概念における周知の転換もまた、自律的法から応答的法へというこの流れに対応するものである。この流れに棹さす立場からみればルーマンの機能分化論は、自律的法（法実証主義）に対応する、各システムの形式的自律性のレヴェルに留まっていて、その後登場してきた応答的法に対応する変化をまったく考慮しえていないということになるだろう。ドゥルシラ・コーネルに言わせれば、ルーマンの法理論は外見的には「オートポイエーシス」などの新しい概念を取り入れてはいるが、そこで実行されている「法実証主義の究極のプロジェクトは同一のまま」なのである（Cornell [1995b : 234]）[11]。

　第一節でも述べておいたように、ルーマンの機能分化論へのこの批判を、次のように定式化することもできるだろう。ルーマンは機能分化を遂げたシステムの閉鎖性ないし内側のみを見ているにすぎない。内側を見ている限り、あたかもシステムの作動は当のシステムのコードにのみ従って、自己完結的に流れていくように見えるかもしれない。しかし複雑化し流動化した現代社会においては、システムの内的論理がより広い社会的文脈のなかでいかなる制限を被り、いかなる「意図せざる結果」を引き起こすかを考慮しなければならない。つまり、当該機能システムの外に位置する他の機能システムとの、また機能分化を受けつけない（機能分化によっては「植民地化」されてしまう）生活世界との、開かれた調和ある関係をいかにしてとり結びうるのかが考慮されねばならないのである云々。かくしてシステムの閉鎖性と開放性、内と外をめぐる論争が、あの「分化と統合」という範型に従って続けられていくことになる。

開放性を求めて

　「閉じられていたシステムを開くべきだ」というこの動向は、たしかに20世紀の当初から、また特に近年において、各機能システムのなかで並行して生じているように見える。たとえば法システムに関しては、棚瀬（1986）の少額訴訟（本人訴訟）を普及・活用させるための制度整備の試みや、田中（1993）における「議論フォーラムとしての法」との発想、すなわち法は強制的命令のシステムとしてではなく、それぞれ善き生き方を追求する市民が共通の公的理由

と公正な手続きに準拠した自主的交渉と理性的議論によって行動を調整しあうフォーラムとして捉えられるべきであるとの議論を、またさらにはわが国の司法制度改革の一環としての裁判員制度導入などを考えてみればよい。これらはいずれも、従来は専門家のみによって、法固有のルールと知識に基づいて営まれてきた裁判を、多様な関心を有する非専門家による日常的活動へと開こうとする試みとして捉えられる。

経済システムに関しては、投資を収益の観点からのみでなく、投資先企業が果たしている社会的貢献をも考慮しつつ行なおうとする「社会的責任投資」(SRI = Socially Responsible Investment、谷本［2003］) や、市場の暴走（「純粋自己準拠」）に対する歯止めとして、人格的紐帯を前提とする地域通貨を創設しようとする試み（春日［2003：24-7］）をあげておこう。さらには「経済を倫理と全く無関係な［自己完結的に閉じられた］ものとみなすような経済学や社会観」を克服することをめざす、あらたな公共哲学の一環としての経済倫理学の構想（山脇［2002：150］）に関しても、事は同様である。

さらに政治の領域では、グローバル化し拡散したリスクに対処するために、従来の政党や官僚機構などの職業的政治組織の枠に、また国民国家の枠にも収まらない、カント的な意味での世界市民社会における「サブ政治」を活性化すべきだとの提案がなされている（Beck［1996：120］）。芸術においても難解になりすぎた芸術を日常生活者の手へと取り戻そうとの試みが、あるいは自足し特権化された対象としての芸術作品を「脱構築」しようとする動向（コンセプチュアル・アートなど）が、常に生じているではないか[12]。

ルーマンの「機能分化し、閉じられ自律化した諸システムより成る近代社会」という構想は、このような動向を追尾できない、時代遅れで後ろ向きの発想に基づくものにすぎないのだろうか。

4. 機能分化の意味

閉鎖性の観点から

この批判に対するルーマンの立場からの反論はこうである。前節であげられた動向はいずれも、機能分化を後退させ打ち消すという意味での「脱分化 Entdifferenzierung」を示すものではない。むしろそれらこそが機能分化によって可能になったのであり、あるいは機能分化そのものを示す事態に他ならない

のである。
　われわれはすでに機能分化を、領域の分割ではなく普遍的視点の多重化として定義しておいた。複雑化し流動化した現代社会においては、一つの問題が複数の領域にまたがって、複雑なかたちで交差しつつ登場してくるのが普通である。たとえば次のように。

> 資源が稀少になることから生じてくるのは経済的問題（価格の高騰など）のみならず、政治的問題でもあるかもしれないし、特定の学術研究が他の研究を犠牲にして強化されるということもあるかもしれない。あるいは政治が環境問題に対して高度に敏感になれば、経済にそれまで以上のコストを押しつける結果になるかもしれない。雇用が失われて、それが政治において再び問題と化すかもしれないのである。政治がそのように［環境問題に対する］共振［すなわち、システム外の出来事にシステム内で反応する］能力をもてば、〈規範の高まり〉が新たなレヴェルに達して、法の問題を特殊法的な流儀で扱うことに対して過剰な要求が課せられるかもしれない。そしてその波は再び政治システムのほうへ打ち寄せていき、そこにおいて分裂的に作用し始めることになる。すなわち、脱法化［環境問題に対して、法で定められた以上の措置を講じること］と法化［環境問題を扱うより多くの法を制定すること］とを生ぜしめるのである。(Luhmann [1986a : 98])

　しかし問題は単に、一つの事態から生じる連関がこのように多方面に及んでいるのだから、それら諸側面を漏れなく総合的に考慮しなければならないということだけではない。そのような総合を行なう視点もまた分化しているのである。経済システムから見ればこれらの問題はすべて、その問題を解決するために特定の財・サービスに対して特定の価格で支払うか、支払わないかというところに収斂していく。経済はあらゆる問題を扱いうるが（普遍主義）、それはあくまでこの観点においてのみのことなのである（限定性）。同様に政治にとって最終的に問題になるのは、ある決定から帰結するのは権力の保持なのか不保持なのか（与党／野党）にほかならない。経済と政治は、それぞれ別の観点から政治と経済の関係を把握し、調停を試みることになる。もちろん第三のシステム（たとえば、学）が両者の関係について観察し記述することはありうる。しかしそれもまた「真／非真」の区別を前提にした、特殊な機能システム

によるコミュニケーションにほかならず、前二者における把握よりも優位に立つわけではないのである[13]。

　先にも述べたように、ある機能システムに属するコミュニケーションが扱いうる範囲は、社会の全域に及ぶ。したがって当のシステムとその環境（外部）との関係もまた、システムの内部において把握されうるのである。内部と外部の区別が、内部においてなされる。ルーマンはこの事態を、スペンサー＝ブラウンの用語を借用して「再参入 re-entry」と呼んでいる（Spencer-Brown [1969 = 1987 : 65]）。再参入によってシステムは、自己と外部との関係を扱いうるようになる。しかし別のシステムから見ればそれはあくまで当のシステムの内部において生じている作動なのであり、自身の視角・関心とは無関係なのである。これは現にわれわれが日々経験していることがらではないだろうか。たとえば先にあげたような司法改革の試みは、法が外部（素人である日常生活者）に対して開かれた柔軟な関係をとり結ぶことを目標としている。しかし「法は専門家の間で自閉してはならず、日常生活者に対して開かれねばならない」と述べているのは、ほかならぬ法の専門家ではないか。司法改革の試みは内容以前に、この事実によって当の日常生活者の関心から除外されてしまう。ことさら否定（Negation）されるのではなく、棄却（Rejektion）される。すなわち別の視角と関心によって相対化され、時に無視されるのである[14]。また注12)でも述べたように、芸術を芸術ならざるものへと開こうとするもっともラディカルな試みは、デュシャンやケージによってなされてきた。しかし、「4分33秒」において沈黙が音楽として受け入れられるためには「何らかの認可が、例えばジョン・ケージによる認可が必要となる。その認可があってこそ、これは音楽なのだと知ることができるのだから」（Luhmann [1995a : 479 = 2004 : 485]）。したがってこの沈黙はやはり、クラシック音楽の「名曲」の一つとして分類されざるをえないのである。

社会学の開放性／閉鎖性

　そしてわれわれ社会学者の営みについても同じことが言える。社会学者もまた、それまであたかも自己完結しているかのように見なしてきた領域を、より複雑で流動的な背景と関係づけて、その「開かれた」関係のなかで対象をよりよく理解しようと常に試みている。たとえば次のようにである。従来の社会学は、もっぱら国民国家を社会の自明な枠組と見なし、その枠組の内部でのみ議

論を展開してきた。しかし今や国民国家の枠組が揺らぎはじめているがゆえに、より複雑でグローバルな諸要因を考慮に入れうるような、新たな理論が求められている（Beck［1996：131］）。あるいは、従来の社会学はもっぱら社会を自足した存在として捉えてきたが、今や環境問題の深刻化とともに、自然を単なる社会の「環境」「外部」としてだけ考えるのではなく、社会そのものに内在する問題として考慮しなければならなくなっている（挟本［2004］）。またいわく、現在の社会学理論は既存の相互行為や制度の事実性から出発して、その根拠を問うことなくいかに精密に記述を行なっていくかのみを追求している。しかしそれでは「ズブズブの現状維持的言説に埋没しかねない」。今やわれわれは、「制度とは何であり、それはいかに形成（発生・生成）されるのか」を扱う発生論的な問いへと立ち戻らねばならない（西原［1999］）[15]。さらに、社会学はディシプリンとして確立されるにしたがって、実証的手続きによって直接は捉えられない社会そのものに対する関心を失いつつある。今やわれわれは想像力を介して、社会そのものへの眼差しを再確立する必要がある云々（厚東［1991］）。

　これらの試みは、司法改革やアヴァンギャルド芸術の場合と同様に、それ自体としては大きな意義をもっている。しかしグローバリゼーションに、社会を囲繞（いじょう）する自然環境に、制度発生の現場に、社会そのものに迫ろうとする普遍的で壮大な試みもまた、限定性を前提とする限られた領域において生じざるをえない。今日の大学が社会において有している影響力を考えてみれば（あるいは、ほかならぬ社会分化論の立場から、社会学的に分析してみれば）、内容の如何にかかわらずその種のコミュニケーションが流通しうるのはきわめて狭い範囲でしかないことが明らかになるはずである。ただしこの社会学による自己診断を、必ずしも悲観的に受け取る必要はない。自己言及的な観察によって、「社会学は何もできないだろう」という、一見すると展望のない結論を希望へと変換することができる。というのは、「何もできない」というこの結論をもう一度社会的な文脈のなかで観察してみれば、その判断自体もまた学システム（あるいは、社会）のなかのトリヴィアルな一部からの発言にすぎないのであって、そう言ってみたところで何も起きはしないということがわかるからである（Luhmann［1988：344］）。

5.「統合」の位置

観察と作動

 しかしわれわれの議論はここで振り出しに戻ってしまったように見える。機能分化したシステムをより広い社会的文脈のなかへと統合しようとする試みが、やはり機能分化したシステムごとに、それぞれ異なるかたちで生じるしかないというのであれば、それらの統合の試みはいかにして統合されるのだろうか。やはり統合の統合のための共通の枠組が必要なのではないか。
 ここでルーマンは「分化／統合」とは別の、もう一つの区別をもち出す。それはすなわち、観察と作動の区別である。これまで触れてきたような、機能分化したシステムどうしの、あるいはシステムと全体社会との統合はいかにして可能になるかといった議論は、特定のシステムにおいて特定の区別（コード）を前提として事態を指し示すという意味で、観察（Beobachtung）として生じている。それらの観察（ファースト・オーダーの観察）を観察してみれば（セカンド・オーダーの観察）、前者がそれぞれ他でもありうる（偶発的な）区別に基づいており、複雑性の縮減による限られた視野しか有していないことがわかるはずである。セカンド・オーダーの観察は、「観察されている観察者の観察を制御するための区別を、拒絶したり受け入れたりできる。セカンド・オーダーの観察のレヴェルでは、すべてのものが（セカンド・オーダーの観察そのものを含めて）偶発的になるのである」（Luhmann [1995b : 18]）。システムを開こうとするどんな真摯な試みも、ファースト・オーダーの観察として生じる以上常に偶発的であるがゆえに、他のシステムによる棄却に出会わざるをえないのである。
 しかしその一方でファースト・オーダーの観察は単なる空理空論ではなく、現に事実としてコミュニケートされているという意味で、現実的な作動（Operation）でもある。作動は他の諸作動と同時に、それらとの関係のなかで生じる以上は一定の制限を被らざるをえず、決して恣意的ではありえない。「あらゆるシステムはその作動を［ある時点において］現時的に（aktuell）実行する（さもなければ、実行しない）。したがって恣意性が解き放たれることなどありえないのである」（Luhmann [1991 : 26]）。さらに作動の時間性からも、つまりある作動に続いて（続くかたちでのみ）別の作動が生じてくることから

も、恣意性の制限が生じてくる。いかなる作動も自身の直前の作動を、あるいは自身に続いてどんな作動が生じてくるかを、無視することはできないからである。この意味で作動＝コミュニケーションの秩序は、観察によって確定されるなんらかの規則やメカニズムによって媒介されることなく、作動の連なりそのものから直接に生じてくるのである[16]。

作動＝事実としての統合

　ルーマンが提案しているのは、統合をこの作動のレヴェルにおいて「直接に」成立するものと見なそう、ということである。ルーマンにとって統合とは、事実としての作動が相互に制限しあうことによって生じる、下位システムの自由度の縮減にほかならない（Luhmann［1977：603, 2000b：220］）。すなわち統合は、「統合はいかにして可能になるか」についてのコミュニケーションも含めて、あらゆるコミュニケーションが事実的な作動として生じさせる相互的な制限によって、常に可能になる（常に－すでに immer-schon 可能になっている）のである。この作動レヴェルでの統合を、どれかのシステムの内部において適切に把握し、コントロールすることはできない。そのような試みもまたシステム独自の区別を踏まえねばならず、縮減を、したがって他のシステムによる棄却を免れえないからである。社会学者が社会学の言説が広く社会的な反響を引き起こしえていない（棄却されている）という事態を反省し、いかにすれば棄却されずにすむかを考察したとする。しかしそれもまた社会学の「業績」として登場せざるをえず、やはり棄却に晒されてしまう。棄却について考察（観察）することによって、棄却そのものと出会うことはできないのである。これは機能分化によってシステムが普遍化し全域化したことの代償にほかならない。コミュニケーションがパフォーマティヴな相を無視して、コンスタティヴな情報内容のみによって結びついてシステムを形成しうるようになったまさにその分だけ、この結びつきは他のシステムによってパフォーマティヴな相に関して観察されてしまう。はたして学によるその言明はいかなる政治的効果をもつのか、というようにである。

　ではそれらの相互的な棄却はいかにして全体社会という一つの秩序へと統合されうるのか、とここで問うてはならない。棄却も含めた作動相互の関係、すなわち作動の連なりから直接生じてくる制限こそ、統合そのものにほかならない。そして相互に制限しあいながら生じてくるコミュニケーションの総体が、

「全体社会 Gesellschaft」と呼ばれる。この全体社会の統合は、統合についてのコミュニケーション（統合について観察すること）によっても、その種のコミュニケーションを棄却すること（観察を観察すること）によっても、いわば自動的に再生産されていくのである。統合のこの定義をふまえるならば、古典的な統合概念から見るのとは逆に、近代の全体社会は過度に統合されており、そこから危機が生じているのだということになる。近代社会では複雑に分化した下位システム間の構造的および作動的なカップリングによって、つまりは事実的に再生産されていく統合によって相互の攪乱がもたらされており、全体社会はそれをもはや規制しえなくなっているからである（Luhmann［1997：618］）。

6．結語

　以上のように、ルーマンの「機能分化社会としての近代社会」という規定から導き出される論点の一つは、「分化／統合」という形式に代えて「観察／作動」という形式を用いて分化について論じることである。すでに述べておいたように、これは統合についての観察＝コミュニケーションは「単なるイデオロギー」にすぎず、作動こそが現実であるということを意味しない。ほかならぬこの区別もまた、一つの観察として生じているからである。しかし少なくとも、全体社会の学としての社会学、特定の機能システムのパースペクティヴに同化するのではなく、それら諸パースペクティヴ相互の関係をも考察しようとする社会学は、作動レヴェルにおける連関をこそ重視しなければならない。

　社会の自己記述に対する社会学の貢献の際立った……特性は、それが社会の再生産の、作動的レヴェルおよび構造的レヴェルを無視しえない、という点にあるように思われる。別の、より馴染み深い言い方をすれば、社会学は経験科学でなければならないのである。（Luhmann［1995c：178］）

注

1) ここでの「形式」(form) はルーマンがスペンサー＝ブラウン (Spencer-Brown [1969 = 1987]) を援用しつつ用いている意味で、すなわち否定によって相互に移行しうる二つの項目から成る区別として想定されている。形式においては、一方でなければそれはすなわち他方であるということであり、第三ノモノハ存在シナイ

(tertium non datur) のである。
2) 後者については富永・徳安（2004）、特に油井論文 236 ページを参照。
3) このリストは、ルーマンが晩年に構想していた、各領域を主題とするモノグラフ・シリーズ（遺稿を含む）の出版順序に基づいている（Luhmann [1993 = 2003, 1995a = 2004] など）。なおこれは例示にすぎず、すべての機能システムを含む包括的リストではない。たとえばその他にも家族、歓談（Unterhaltung）、看護などがあげられている（Luhmann [1981a：366]）。
4) ジンメルの社会分化論は別の可能性を示唆しているように思われる。そこでは異なる社会圏がなんらかの普遍的枠組によって統合されるのではなく、社会圏の差異そのもの（交差）から直接に、個性的な人格規定という新たな秩序が立ち上がってくるものと想定されているからである（Simmel [1890 = 1998：114]）。だからこそルーマンも、ジンメルの議論は「最終審級として想定された〈全体社会〉という統一体を、位相ないし分化の理論を用いて分解する」という発想とはあまりに異質であるがゆえに、マルクス／スペンサー／デュルケームらとジンメルとを比較する可能性は排除されてしまうと指摘しているのである（Luhmann [1981b：253]）。しかしわれわれが以下でルーマンから抽出する構想とジンメルの議論との比較という課題は、別稿へと譲らねばならない。
5) コミュニケーションの正確な定義は、「情報、伝達、理解から成る総合」である（Luhmann [2000a：43]）。しかしすぐ後で述べるように、ここでの「理解」は情報／伝達の差異を捉えることだとされているから、中心をなすのは情報と伝達の差異であると考えてよい。
6) 受け手性（audience-ship）を重視したこのコミュニケーション概念の詳細と含意については、馬場（2001：47-66）および北田（2004：23-46）を参照。
7) 宗教の優位は揺るがないとしても、それ以外の個々の項目の関係に関しては異論の余地があった。たとえば 14 世紀末にミラノ大聖堂建造をめぐって交わされた、フランス人とイタリア人の間の論争に見られるように。前者は芸術に対する学術の優位（学術ナキ芸術ハ空虚デアル Ars sine scientia nihil est.）を、後者はその反対を主張したのである（Luhmann [1995a：404-5 = 2004：617]）。
8) むろん社会分化の場合、分割に伴って全体そのものの規模が増大していくと想定されているのだから、この比喩は正確ではない。
9) これは「近代的な進歩史観から脱却する」と称するあらゆる歴史理論が、それ自体進歩史観として（従来よりも優れた、新たな歴史認識として）登場してこざるをえないのと類比的な事態である。消費社会の成熟をめぐる星野（1985）の議論に対する松井（2001）の批判を参照。
10) 「68 年革命」を近代社会の転換点と見る議論の例としては、ダーレンドルフ（Dahrendorf [1992 = 2001]）、ウォーラーステイン（Wallerstein [1995 = 1997]）などがある。ルーマンは 68 年を転換点と見なしているわけではないが、社会を外から観察するための準拠点など存在しないとの事態をあらわにしたという点で、象徴的な意味をもっていたとは考えている（Luhmann [1992b：151-3]）。

11) フェミニズム法学の旗手の一人であるコーネルは当然のことながら、法実証主義の形式的平等概念では適切に扱いえないテーマの一つとして、性差の問題をあげている（Cornell［1995a：22］）。
12) 近代芸術は当初から他の領域にもまして自律化を遂げるとともに（「芸術のための芸術 l'art pour l'art」という理念）、その自律性をみずから否定しようと試みてきた。芸術システムにおいては「外」を求めるこの動向が昂じて、芸術作品が、自身が芸術であることを否定するにまで至っている（デュシャン、ケージ、ウォーホルなど）。少なくともこの点で芸術は社会学よりもはるかに徹底的に、近代がもたらした衝撃を受け止めてそれに反応しようとしてきたのである（Luhmann［1992a：16 = 2003：5］）。
13) 象徴的に一般化されたコミュニケーション・メディアとしての権力に関する、次のような論述を参照のこと。権力の流通に際して、現実にどんな権力格差が存在するかを測定することはほとんど不可能であり、実際になされるのは、当事者による格差の想定（思いこみ）だけである。この想定は現にコミュニケーションの前提となっているという点で現実的であり、有益である。もしも学が権力関係を精密に測定することに成功すれば、この想定が破壊されてしまう可能性がある。しかしむしろ、学による測定が学以外のシステムによって、学の内部でだけ通用する想定（「実際の」権力の様態とは無関係な、学による机上の空論）と見なされてしまうことのほうがありそうである（Luhmann［1975：10-1 = 1986：16］、ただし邦訳は本稿とはやや異なる解釈に基づいている）。
14) 「棄却」という語のこの用法は、ルーマンがゴットハルト・ギュンターの多値論理学から借用したものである（Luhmann［1986b：87 = 1991：72-3］を参照）。
15) 大黒（2005）は同様の観点からルーマンのメディア論を批判し、その「内破」を試みている。
16) ルーマンは、コミュニケーションの時間的継起そのものから秩序が生じてくるという発想の源流の一つとして、G・H・ミードの「社会行動主義」をあげている。

> ミードが何よりもまず重視しているのは永続的な対象の創出である。その対象こそが、出来事から出来事へと流れてゆく行動を安定させる装置として働くからである。そのような対象が、視角が一致していることを表わすシンボルとしても働きうるというのは、二次的な論点にすぎない。……つまり第一に重要なのは時間の理論なのであり、二次的にのみ、社会的なものの理論（Sozialtheorie）が登場してくる。（Luhmann［1997：29］）

文献

馬場靖雄、2001、『ルーマンの社会理論』東京：勁草書房。
Beck, Ulrich, 1996, "Weltgesellschaft, Weltöffentlichkeit und globale Subpolitik", *Kölner Zeitschrift für Soziologie und Sozialpsychologie*, Sonderheft36, Köln: VS

Verlag.
Cornell, Drucilla, 1995a, *The Imaginary Domain*, London: Routledge.
―――, 1995b "Time, Deconstruction, and the Challenge to Legal Positivism", J. Leonard (ed.), *Legal Studies as Cultural Studies*, New York: State University of New York Press.
Dahrendorf, Ralf, 1992, *Der moderne soziale Konflikt*, Stuttgart: Deutsche Verlags-Anstalt. (＝加藤秀治郎ほか訳、2001、『現代の社会紛争』京都：世界思想社。)
大黒岳彦、2005、「「身体メディア」論・序説」『思想』970、東京：岩波書店。
Ferry, Luc and Alain Renaut, 1987, *68-86: Itineraires de l'individu*, Paris: Gallimard. (＝小野潮訳、2000、『68年-86年　個人の道程』東京：法政大学出版局。)
挟本佳代、2004、「パーソンズと20世紀の生物学」富永健一・徳安彰編『パーソンズ・ルネッサンスへの招待』東京：勁草書房。
星野克美、1985、『消費の記号論』東京：講談社。
今田高俊、2005、『自己組織性と社会』東京：東京大学出版会。
春日淳一、2003、『貨幣論のルーマン』東京：勁草書房。
北田暁大、2004、『意味への抗い』東京：せりか書房。
厚東洋輔、1991、『社会認識と想像力』東京：ハーベスト社。
Lockwood, David, 1964, "Social Integration and System Integration", G. K. Zollschan and W. Hirsch (eds.), *Explorations in Social Change*, London: Routledge.
Luhmann, Niklas, 1975, *Macht*, Stuttgart: Enke. (＝長岡克己訳、1986、『権力』東京：勁草書房。)
―――, 1977, *Zweckbegriff und Systemrationalität*, Frankfurt am Main: Suhrkamp. (＝馬場靖雄・上村隆広訳、1990、『目的概念とシステム合理性』東京：勁草書房。)
―――, 1981a, *Ausdifferenzierung des Rechts*, Frankfurt am Main: Suhrkamp.
―――, 1981b, *Gesellschaftsstruktur und Semantik*, Bd. 2, Frankfurt am Main: Suhrkamp.
―――, 1982, *The Differentiation of Society*, New York: Columbia University Press.
―――, 1986a, *Ökologische Kommunikation*, Opladen: Westdeutscher.
―――, 1986b, *Die Wirtschaft der Gesellschaft*, Frankfurt am Main: Suhrkamp. (＝春日淳一訳、1991、『社会の経済』東京：文眞堂。)
―――, 1988, "Closure and Openness", G. Teubner (ed.), *Autopoietic Law*, Berlin: Walter de Gruyter.
―――, 1991, *Soziologie des Risikos*, Berlin: Walter de Gruyter.
―――, 1992a, *Beobachtungen der Moderne*, Opladen: Westdeutscher. (＝馬場靖雄訳、2003、『近代の観察』東京：法政大学出版局。)
―――, 1992b, "1968: und was nun?", *Universität als Milieu*, Bielefeld: Haux.
―――, 1993, *Das Recht der Gesellschaft*, Frankfurt am Main: Suhrkamp. (＝馬場靖雄ほか訳、2003、『社会の法』東京：法政大学出版局。)

―――, 1995a, *Die Kunst der Gesellschaft*, Frankfurt am Main: Suhrkamp.（＝馬場靖雄訳、2004、『社会の芸術』東京：法政大学出版局。）

―――, 1995b, "Dekonstruktion als Beobachtung zweiter Ordnung", H. Berg and M. Prangel（Hrsg.）, *Differenzen*, Tübingen: Francke Verlag.

―――, 1995c, "Why Does Society Describe Itself as Postmodern?", *Cultural Critique*, 1995 Spring, Minneapolis: University of Minnesota Press.

―――, 1996, *Protest*, Frankfurt am Main: Suhrkamp.

―――, 1997, *Die Gesellschaft der Gesellschaft*, Frankfurt am Main: Suhrkamp.

―――, 2000a, *Organisation und Entscheidung*, Opladen: Westdeutscher.

―――, 2000b, "Answering the Question: What is Modernity?"（interview）, W. Rasch, *Niklas Luhmann's Modernity*, California: Stanford University Press.

松井剛、2001、「消費論ブーム」『現代思想』vol.29-14、東京：青土社。

西原和久、1999、「制度論――序説」『情況』1999.12別冊、東京：情況出版。

Nonet, Philippe and Philip Selznick, 1978, *Law and Society in Transition*, New York: Harper and Row.（＝六本佳平訳、1981、『法と社会の変動理論』東京：岩波書店。）

Simmel, Georg, 1890, *Über soziale Differenzierung*, Berlin: Duncker und Humblot.（＝居安正訳、1998、『社会分化論――宗教社会学』東京：青木書店。）

Spencer-Brown, George, 1969, *Laws of Form*, London: George Allen and Unwin.（＝大澤真幸・宮台真司訳、1987、『形式の法則』東京：朝日出版社。）

田中成明、1993、『法的空間』東京：東京大学出版会。

棚瀬孝雄、1986、『本人訴訟の研究』東京：弘文堂。

谷本寛治、2003、『SRI――社会的責任投資入門』東京：日本経済新聞社。

Teubner, Gunther and Helmut Willke, 1984, "Kontext und Autonomie: Gesellschaftliche Selbststeuerung durch reflexives Recht", *Zeitschrift für Rechtssoziologie* 6, Heft 1, Stuttgart: Lucius und Lucius.

富永健一・徳安彰編、2004、『パーソンズ・ルネッサンスへの招待』東京：勁草書房。

Wallerstein, Immanuel, 1995, *After Liberalism*, New York: W. W. Norton.（＝松岡利道訳、1997、『アフター・リベラリズム』東京：藤原書店。）

Willke, Helmut, 1994, "Staat und Gesellschaft", K. Dammann, D. Grunow and K. Japp（Hrsg.）, *Die Verwaltung des politischen Systems*, Opladen: Westdeutscher.

山脇直司、2002、『経済の倫理学』東京：丸善。

第Ⅲ部
政治と社会

第6章　近代性をめぐるパーソンズとバウマン
第7章　国民国家の社会理論

第6章　　　　　　　　　　　　　　　　　　　　　　　　　　進藤雄三

近代性をめぐるパーソンズとバウマン
―― ナチズムと社会主義の解釈

問題の所在

　パーソンズとバウマン――この二人の理論家をとりあげることの意義がまず問われる必要がある。パーソンズを「古典的」と呼ぼうとあるいは「ポスト古典的」と呼ぼうと、彼が「近代性」の社会理論を代表する理論家であり、そしてまた共有された規範的秩序による社会統合を強調した理論家であることに異議を唱える者はないだろう。他方、バウマンは「ポスト近代性の預言者」として、「近代性」を超えた「ポスト近代性」の到来を告げた理論家であり、同時に個人に先立って存在する規範の拘束性をラディカルに批判する立場を堅持してきた理論家であるといっていいだろう。この両極に位置すると思われる理論家を、並列して論及することの意義はどこにあるといえるのだろうか。
　「近代性」の理解の深化のために、と答えておきたい。両者には、あるきわめて重要な点において、他の多くの社会理論家には見られない「近代性」に対する共通の視点が見出されるからであり、同時に、その共通性の上に明確な志向の乖離が指摘できるからだ。この二人の理論家の「近代性」解釈における収斂と分岐の比較を通して、現在われわれが位置している歴史的位相への視座を得ること、これが本稿のねらいである。

1. パーソンズの「近代性」理解
　　　――ヴェーバーを超えて

パーソンズ社会理論におけるヴェーバーの枢要性
　パーソンズの近代性論を総体としてとらえようとした場合、その中核に位置しているのがヴェーバーの近代性論であるとみることができる。ヴェーバーの近代性論を最大の準拠点として、パーソンズの近代性論が彫塑されてきたとい

っても過言ではない（高城［2003］）。その評価はパーソンズが影響を受けた、他のいずれの理論家にもまして高い。1964 年、ハイデルベルク大学において開催された「ヴェーバー生誕 100 年記念シンポジウム」の報告において、パーソンズはこう述べている。

> ヴェーバーは、当時の主だった社会思潮の構造によって提示されていた「トリレンマ」［歴史学派、功利主義、社会主義の思想潮流を指す］と私が呼んできたものを、明らかに突破した。そのトリレンマの解決は、新しい思考パターンへの道程を指し示すものであり、自律的な理論社会学はその不可欠の構成要素であった。ヴェーバーの貢献——私のみるところ最も決定的な意味を持つ唯一のものである——そして他の多くの理論家の貢献によって、19 世紀後期の最も重要なカテゴリー——その多くは今なお広く流通しているが——を根本的に古びたものにしてしまう、そのように全ての知的・社会的状況が再定義されてしまったのだということができる。(Parsons［1965：99 ＝ 1976］、文中の［　］内引用者（以下同様））

　世紀の転換点における思想史上の革新においても、ヴェーバーに与えられた評価は際立って高い。その貢献は「最も決定的な意味を持つ唯一のもの」と評されている。
　しかし、このヴェーバー継承には重要な保留がある。すでによく知られているように、パーソンズはハイデルベルク大学に提出された博士論文「最近のドイツ語文献における「資本主義」——ゾンバルトとヴェーバー」のなかで、当時のヨーロッパの思想状況を概括した上で、その論稿の最終部において、ヴェーバーのあの著名な＜カリスマ　対　官僚制化＞という時代診断に言及した直後に、こう問いかける。「しかし、ヴェーバーはこのペシミズムにおいて全面的に正しいのだろうか」(Parsons［1929：47］) と。
　この短い一文の問いかけは、きわめて印象的である。近代資本主義の理解、その方法論的立場について、ほぼ全面的にヴェーバーに対する賛同と評価を与えたパーソンズが、この論文のなかで初めて、そして唯一といっていいまでのきわめて率直な疑問をなげかけているからである。この論文の最後尾の部分、そして『社会的行為の構造』において、ヴェーバーの思想的立場に対する正面からの学問論的批判としては、「理念型」批判——理念型の実体化——が展開

第 6 章　近代性をめぐるパーソンズとバウマン（進藤）

されている（高城 [2003：57-68]）。しかし、見誤るべきでない点は、なぜ、いかなる意図に基づいて、パーソンズがこうした方法論的批判を展開したのか、そしてその批判の論理的帰結は何を物語るのかという点である。パーソンズは、ヴェーバーの時代診断のうち、「合理化」の趨勢、近代資本主義と合理的・官僚制的組織化の進展の不可避性を共有しつつ、なおその未来が人間の自由を不能化する「鉄の檻」以外になく、残されたかすかな突破の可能性はただ「カリスマ」にのみ見出しうる——この診断に対してのみ、アメリカからドイツに留学してきていた若きパーソンズは、控えめながら、しかし、断固とした疑問を突きつけたのだ。理念型批判という方法論上の批判は、こうした時代診断に対する実質的な懐疑の延長線上に理解さるべきものであり、この懐疑こそパーソンズがヴェーバーを超えた地平において独自の「近代性」解釈をくだすことを可能にした根源的な問いなのだ。

パーソンズの近代性論

パーソンズの「近代性」解釈の要諦は、ヴェーバーとの「差異化」によって理解することができる。この差異化を問題とする場合、次元の異なる二つの文脈が区別される必要がある。一つは、西欧社会の近代化における「宗教」の位置づけという理論的解釈の文脈であり、他の一つは、パーソンズが目撃しヴェーバーが目にすることのなかったナチズムという歴史的現実の文脈である。

ナチズムとファシズム　パーソンズの社会理論の根底に、国家社会主義——ナチズム——への対抗が刻みこまれていることは、高城、ゲルハルトの貴重な作業によって近年すでに明らかにされてきている（高城 [1988]、Gerhardt [1993, 2002]）。実際、パーソンズは『社会的行為の構造』（Parsons [1937 = 1976-89]）から『社会体系論』（Parsons [1951 = 1974]）にいたる大戦期において、十数本におよぶナチズム、ファシズム論を残している。

パーソンズは、ナチズムがドイツにおいて生起しえた社会構造の要素として「封建的−軍国主義的要素」と文官官僚制度の存在を指摘し、それが家父長制的権威主義と形式的法律尊重主義の結合によってもたらされる「プロシアの保守主義」によって統合されているとし、それが他の西洋の民主主義とドイツにおける民主主義を差異化する構造的基盤を形成していたとする。この構造に、近代化——産業化、都市化、移住、職業移動——、そして「合理化」という社

会変動が作用するところに、多様な社会的緊張と「不安」の社会心理的貯蔵庫が生まれ、ナチズムという非現実主義的－ロマンティックな反動的運動が生起する基盤が生まれる──こうパーソンズは説明する（Parsons [1942a = 1973]）。しかし、目下の目的にとって重要な点は、ナチズムが西洋文明全体に対する「脅威」であり、第二次世界大戦の帰趨は、西欧文明の命運にとって、ヴェーバーがペルシア戦争の帰趨に対して認めたのと同等の意義をもつと指摘しつつ（Parsons [1942c = 1973：169-70]）、同時にそれが「われわれ」、ドイツ以外の西欧近代社会にも通底する要素をもっていることを指摘している点にある。1940年に書かれた未公刊の「覚書」のなかで、パーソンズはこう明言している。

> 近代自由主義社会と国家社会主義のような革命的運動との間に進展してきた亀裂がどれほど深いものであろうとも、こうした運動は、発展しつつある伝統の只中において、突然、その運動がそこから成長してきた社会の伝統との連続性を欠いて姿を現わすことはない。こうした運動は、それが生育してきた社会にすでに存在していた一定の文化的要素における段階的な推移過程によって、そしてまたすでにそこに存在していた対立の強化によってもたらされたのだ。1920年代と30年代初頭においてドイツに存在していた事実上すべての主要な文化的要素と対立は、その組み合わせと比率に相違はあっても、現在のわれわれ自身の社会のなかに現存しているがゆえに、こうした点を理解しておくことが重要なのだ。実際、こうした諸要素、あるいはこれらと密接に関連した他の諸要素によってのみ、このような運動がわれわれの社会に重要な訴求力をもちうるのだ。陰謀活動と宣伝が重要な影響を与えうるのは、それらが作動しうる肥沃な土壌を持つかぎりにおいてのみなのだ。(Parsons [1940：113-4]、傍点引用者（以下同様））

たしかにドイツには「われわれ」とは異なる社会構造的基盤が存在し、それがナチズムの興隆を可能にしてきたのは事実だ。しかし、ナチズムは「ドイツ」だけに固有の問題ではなく、「われわれ」の社会にも生起しうる、生起しえた問題なのだ──パーソンズはこの点を、ドイツの固有性を際立たせる考察と平行して、繰返し強調している（Parsons [1942a, 1942b, 1942c＝ともに1973]）。
では、ナチズムが「われわれ」の社会にも起こりうるとして、その「共通」

の肥沃な土壌とは何か。パーソンズはこの「共通」の土壌の生起する文化的要素の複合体を、ほぼヴェーバーの近代化 - 合理化論に依拠する形で整理し、それを一方で「責任倫理」に対する「心情倫理」への傾斜として、合理化過程が必然的に引き起こす「意味」の空白化、その空白を埋めるための「ロマン主義的」、「非現実主義的」「非合理的」反動として把握する（Parsons［1942a = 1973：110-2, 1942c = 1973：172-5］）。合理化過程は、それ自体が社会解体、緊張、「不安」を引き起こす源泉なのであり、一方で社会の中に「合理化」された集群を生み出すと同時に、「伝統的」な集群をも同時に生み出し、そのそれぞれに対してたとえば多様な「合理主義的ユートピア」や「宗教的原理主義」といったイデオロギーが介入しうる社会心理的基盤を用意することになる（Parsons［1942b = 1973：131-4］）。このパーソンズの立論の基本的スタンスに、フロムの『自由からの逃走』の主題を読み取ることは容易だろう。パーソンズは「近代性」それ自体の中に、ナチズムを誘発する、あるいは少なくともそうした運動に好都合の文化的土壌が本来的に組み込まれているとみていることになるからだ。近代社会は、本質的に緊張を内在した不安定な社会であり、ナチズムを生み出す潜在的危険性を内包した社会なのだ（高城［2003：第三章］）。

「宗教」の位置づけをめぐる解釈　パーソンズがヴェーバーの「近代性」解釈から分岐してゆく、決定的な文脈は「近代性」における「宗教」の位置づけに関連している。

　パーソンズの宗教論が、ヴェーバーの「合理化」過程という西欧世界の世界史的展開との対比において初めて系統的に展開されるのは 1963 年の「キリスト教と近代社会」論文においてである（Parsons［1963］）。ソローキンに捧げられた論文集に収められたこの重要な興味深い論考において、パーソンズはキリスト教史において四つの局面——初期教会期、中世期、宗教改革期、デノミネーション期——を区別する。この史観の最大の特徴は、キリスト教の特質を「宗教的個人主義」と「キリスト教会」とに求めた上で、西欧文明の全歴史過程を一貫した持続的な「世俗社会の「キリスト教化」」（'Christianizing' of secular society）の過程であると把握する点にある（進藤［1999］）。

　ヴェーバーのいう「脱魔術化」過程は、宗教の衰退過程を意味するのではなく、「世俗社会の「キリスト教化」」のさらなる局面として過去からの断絶では

なく連続性を示すものであり、現代アメリカ社会に典型的にみられる「デノミネーション多元主義」は「中世的綜合と宗教改革の双方によって生み出された、キリスト教倫理の制度化と同一の系譜のさらなる拡張とみなしうる」のだ(Parsons [1963：412])。このデノミネーションは、一方において宗教的領域と世俗領域との「分化」という側面を「教会」と共有し、他方「自発的結社」としての特質を「セクト」と共有している。そして「自発的結社」としての側面を持つ限りにおいて「多元主義」の容認を含意するものであり、アメリカ社会にはデノミネーション間にそれを可能にする価値コミットメントが共有されている。デノミネーションが「教会」と差異化されるもう一つの点は、それが宗教改革によって達成された範囲を超えて、組織化された宗教的集合体による保護者的統制からさらに個人を解放する点にある。

> 個人は、既成権力化した教会の属性原理の枠組内部での信仰を通して神に対する自身の関係を司る責任を負う——これが宗教改革の立場である——だけでなく、その枠組それ自体を選択すること、そして成熟した個人として、何を信じ、その組織的表現において、また自らのコミットメントの組織的強化において、誰と社会的関係を取り結ぶのかを決定するということに対しても責任を負うのだ。こうした事態は、宗教的領域における個人に対する強制的統制の最後の痕跡を除去することを意味する。彼は十全な自律的責任を与えられることになる。(ibid.：414)

パーソンズはヴェーバーが西欧文化の普遍性に対して与えた一定の「保留」を、そのペシミズムとともに解除し、「神の死」という西欧においてなされた宣言を、アメリカ社会の現実とそれに対する解釈をもって否定し、ヴェーバーの診断のなかに確かに見出される「普遍史観」の側面を最大限に拡張してみせたといっていいだろう。

「近代性」への視座　このパーソンズの視点は「近代性」に対してどのような解釈を可能にしたのだろうか。この文脈において重要な意義をもつのが、マルクス主義、社会主義、共産主義に対する解釈である。

すでにパーソンズはヴェーバーを通して、近代性の決定的趨勢を官僚制的「合理化」と捉える点において、資本主義と社会主義を同一の地平において把

握する視点を獲得していた。この視点は、宗教の枢要性をめぐるヴェーバーからの乖離を通してさらに一般化され、社会主義－共産主義に対する独自の解釈を可能とする。パーソンズは西欧文化の「普遍性」を指摘した後こう述べる。

　文化的には、共産主義は西欧文明の産物である。つまるところ、マルクスはドイツ系ユダヤ人なのであり、彼はその生産的な人生の大半をイギリスにおいて過ごし、主にイギリス功利主義とドイツ観念論から導き出された諸要素を綜合したのだ。ロシアにおける共産主義の採用は、たしかにロシア——ルネッサンスから宗教改革にいたるヨーロッパの発展にほとんどさらされることのなかった、最も重要なキリスト教地域——の西欧化の一部だったのだ。(Parsons [1961a : 247])

　西欧近代社会には広範な価値合意が成立していたのであり、マルクス主義にもそれは共有されていた。マルクス主義は「伝統主義とヨーロッパ旧体制の「正統主義」からの解放の時代に西欧文化の中から生育してきた。その概念の過半は、特に経済領域においては功利主義的自由主義から由来するものであり、フランス革命の政治的遺産を内包していた」(Parsons [1961b : 254])。自由主義陣営とマルクス主義の最も重要な相違は、「人間社会における経済的要因と政治的要因との本来的融合——われわれ西洋社会の観点からすれば、経済の政治化という教義」を主張する点にある (ibid. : 255)。それだけではない。パーソンズはキリスト教とマルクス主義の構造的類似性を指摘する。楽園追放から最後の審判にいたる直線的歴史観と革命による救済史観、神であり人間であるという二重性を負ったキリストと、資本主義社会の成員でありつつ共産主義革命の担い手であるという二重性を負ったプロレタリアート、救われた者と呪われた者との先鋭な区別、キリスト教の「苦難」とマルクス主義の「労働」、そしてとりわけ禁欲主義的カルヴィニズムの「地上における神の国」の創設とマルクス主義のプロジェクトとの類似性 (Parsons [1979 : 89-94]) ——パーソンズはマルクス主義とキリスト教との類似性を指摘することを通して、マルクス主義が近代資本主義に対するオルターナティヴであるという解釈に抗して、それが西欧文明という母体を共有する二つの文化的・社会的運動であるという側面を強調する。19世紀後半期においてマルクス主義は「世俗宗教」となったのであり、「伝統的キリスト教会の本質的解体という状況を前提とす

れば、マルクス主義はアメリカにおける市民宗教 (civil religion) に対する最も重要なオルターナティヴ」となったのだ (Parsons [1974：310 = 2002])。

パーソンズは、ヴェーバーのペシミズムをアメリカにおける現実との対比の中で相対化し、克服していったといっていいだろう。パーソンズは、ヴェーバーとともに、ナチズムと社会主義という二つの鏡像を分析し、ヴェーバーを超えて、20世紀中葉における「近代性」の歴史的位相を提示してみせたということが可能だろう。

2．バウマンの近代性論
――ホロコースト、社会主義、余所者

ポスト近代性論者としてのバウマン

バウマンの著作が注目を浴びるようになってきたのは、いわゆる'trilogy'と呼ばれる三部作 (*Legislators and Interpreters* [1987]、*Modernity and the Holocaust* [1989]、*Modernity and Ambivalence* [1991]) 以降であるといって過言ではないだろう。ここでは、ポストモダニストとしてのバウマン理論の理解にとって決定的意義をもつこの三部作について簡単に概括しておきたい。

『立法者と解釈者』(Bauman [1987 = 1995]) は、その表題が示す通り、近代における知識人が「立法者」の役割をいかにして担うにいたり、そしてその役割の喪失過程において「解釈者」という新しい役割を担わざるをえなくなってきている、という命題を論証した著作であるということができる。16-17世紀において、近代社会は「主人なき人間」と「放浪者」の増大という目に見える秩序の崩壊を前に、国家の役割を次第に再編させ、フーコーのいう「権力／知症候群」を形成させてゆく。国家が「猟場番人から庭園師」へとその役割を変容させていくなかでこそ、その「設計」を担当する教師／監督者という専門家が必要とされてくる。監獄、救貧院、貧民院、病院、精神病棟、そして学校といった一望監視装置を通して、民衆の心身を規律化し陶冶してゆく。その過程において果たされる知識人の役割は「立法家」のそれであった。しかし、20世紀後半期に国家はもはやこうした権威の再生産を必要としなくなり、社会統合の役割はすでに市場による「消費」に吸収されてしまった――こうした物語の展開のなかで、目下の目的にとって重要な点は次の二点にある。第一の点は、「近代」という時代を総体として把握する地点を、バウマンが「庭園国家」

権力の成立、そしてこれに対応する「立法家」としての知識人の同時成立した過程としてとらえている点にある。なぜ知識人なのか？　この問いに対してバウマンはこう答えている。「近代社会のあらゆる階級と階層に共通する一つの特徴がある。その集合的な肖像画はいつも同じ芸術家、すなわち知識人によって描かれている」からなのだ (ibid.: 172 = 252)。そして第二の点は、この視点が同時に独自の「近代性」解釈――「近代性の出現とは、未開文化から庭園文化への変容過程であった。あるいは、庭園文化の構築が過去を再評価する過程、新たに建てられたフェンスの背後に広がる領域、そして庭園師が造園計画のなかで遭遇する障害物が「未開地」となった過程なのだ」(ibid.: 51 = 69)――を可能にしている点である。

　1989年にヨーロッパ・アマルフィ社会学・社会理論賞を受賞し、バウマンの著作のなかでも最もよく知られ、その名声を確立した『近代性とホロコースト』(Bauman [1989]) において、バウマンは近代性に関する最も透徹したといいうる批判の一つを提示する。この鮮烈な印象を残す著作の主題は、三つの問い――なぜホロコーストは可能だったのか？　なぜユダヤ人が主要な犠牲者となったのか？　なぜホロコーストは避けられなかったのか？――に導かれているとみることができる (Smith [1999:123])。最初の問いに対してバウマンは答える、人間が「前社会的」に持っている道徳性が近代社会によって体系的に抑圧されることによって、と。近代人は「上」からの命令、特に科学的権威と官僚制的権威をもった「上」からの命令に服従し、生まれながらの道徳的本性を無視するように訓練され、社会化されるのだ。バウマンは明言する、「近代文明はホロコーストの十分条件ではなかった。しかし、それは必要条件であったことはまず確かだ。それなくしてホロコーストは考えられなかっただろう。ホロコーストを考えうるものにしたのは、近代文明の合理的世界なのだ」と (Bauman [1989:13])。第二の問いに対して、バウマンはユダヤ人がキリスト教世界における「他我」(alter ego) であった背景を強調する (ibid.: 38)。中世期においてユダヤ人は西欧世界の生活において事実上受容されていた。ユダヤ人の曖昧さが顕在化してくるのは、徴税請負人、貸し金取立人、不動産業者といった「嫌悪」対象となる仕事を割り当てられ、「庭園国家」が普遍的カテゴリー化を推し進める近代化の過程のなかにおいてこそであった。「余所者」として析出されたユダヤ人は、ナチズムが唱えた人種主義のなかで反近代感情の象徴として除去の対象となり、そこに近代技術と官僚制という精神構造が結合

することによって比類なき大量虐殺が可能となった。では、なぜそれを阻止しえなかったのか。対抗勢力の無力化によって、とバウマンは答える。科学者は科学的中立性という規範に拘束され、ドイツ帝国の崩壊は旧秩序中の核を排斥し、かつての地方共同体は人びとを指導する力を失い、ナチの興隆とともに対抗勢力は政治的に無効化されていたのだ——こうした強力な議論を展開する過程で、バウマンの発するメッセージは鮮明である。ホロコーストは、近代における悲しむべき一時的な逸脱、一部の人間の扇動によって引き起こされたエピソードなどではなく、近代化それ自体の不可避的な産物なのだ、というメッセージである。

『近代性とアンビヴァレンス』（Bauman [1991a]）は、前二著作の綜合ともいいうる著作であり、近代性の特質をアンビヴァレンスの系統的排除の試みとして描き出し、その失敗が自覚される時代をポスト近代性と位置づけ、この世界に生きるということを先駆的に自覚し、体験していた意識の源流をドイツ系ユダヤ人——カフカ、フロイト、ジンメル——に探ろうとした著作であるといえるだろう。アンビヴァレンスはそれを排除しようとした近代国家において社会的に構築され、個人の意識の上においてそれは「余所者」の意識として立ち現われる。ドイツ系ユダヤ人の「同化」への過程は、どこまでいっても彼らの「余所者性」を抹消する過程とはなりえず、彼らは支配的国家に十全に受容されるのではなく、「ただ同化過程に同化する」人間として「同化する人間の共同体」に所属する自分を見出す (ibid.: 143)。こうした近代国家による試みが無効化するなかで、アンビヴァレンスは公共領域から私的領域へと移行する。かつてドイツ系ユダヤ人が最も先鋭な形で体験していた意識の有り様が、今やすべての人びとの体験となる。彼らはみな「余所者」となったのだ。バウマンは、こうした議論の延長線上に「ポスト近代性」に関する言説を先鋭化してゆく。ポスト近代性とは、

　成人を迎えた近代性、内側からではなく自らを距離を置いて見る近代性、その得失の完全な目録を作成し、自らを精神分析にかけ、自らが決して明確に言語化することのなかった意図を発見し、これらの意図が相互に打ち消しあい一致しないことを理解した近代性なのだ。(ibid.: 272)

バウマンの「近代性－ポスト近代性」論の骨格は、これらの「三部作」によ

ってほぼその主要な輪郭を与えられたといっていいだろう。その後の著作には、力点の相違、主題の相違は認められるものの、「近代性」とそして「ポスト近代性」に関する基本的視点には質的な変化は認められないといっていいように思われる。

バウマンの「近代性－ポスト近代性」論

バウマンの近代性－ポスト近代性論に決定的な視点を与えたのは、「ホロコースト」の位置づけであったといっていいだろう。庭園国家による造園作業、それを知的に補強し強化する「立法者」としての知識人、人間の生に不可避的に随伴するアンビヴァレンスの強迫的否定、そして効率を至上命題とする近代技術と官僚制度——ホロコーストは、こうした「近代性」が不可避的にもたらした帰結なのだ。バウマンのほぼすべての著作群には、原問題としての「ホロコースト」が通奏低音のように鳴り響いている（Bauman［1995：267］）。

しかし、バウマンの近代性－ポスト近代性論にはもう一つの原問題が指摘できる。社会主義－共産主義の位置づけである。バウマンが三部作を書く以前、ポーランド生まれの共産主義者として、マルクス主義への傾倒を三十年以上にもわたって保ち続けてきたことを前提とすれば（Smith［1999：33］）、「近代性」の問題は資本主義に対するオルターナティヴとして生まれた社会主義－共産主義の問題と切り離すことはできないことが容易に想像されるからだ。

社会主義・共産主義　バウマンが三部作を著した時期に、社会主義は現実世界において崩壊した。「歴史の終焉」が語られる文脈のなかで、バウマンは社会主義を近代性の「対抗文化」（counter-culture）と捉え、次のように語っている。

> 当初から、近代社会主義は近代性の対抗文化であったし、対抗文化であり続けた。
> すべての対抗文化がそうであるように、近代社会主義はそれが対抗し仕える社会との関係において三つの機能を果たしていた。すなわち、それは到達した社会状態を約束の実現として表象する欺瞞を暴露し、約束をよりよく実現する可能性の抑圧と秘匿に抵抗し、社会にその潜在力をよりよく実現させるように促したのだ。

すべての対抗文化がそうであるように、近代社会主義はそれが対抗する社会の置かれた歴史構成に属している。この共存性は、近代社会の動態と持続に与えた不可欠の貢献のなかに見て取ることができる。［中略］そしてこの共存性は、近代性が設定したプログラムへの社会主義の事実上完全な依存の中にも見て取ることができる。すなわち、社会主義自体のプログラムは近代性のプロジェクトの一形態なのであり、社会主義は近代社会の総体が遵守すると誓った約束を、先鋭化し、急進化したのだ。(Bauman [1991a：263])

　社会主義の独創性は近代性が発明した手段と目的にあるのではなく、社会の質はその最も弱い成員の福利によって測定さるべきだ、という考え方を促進した点にある。社会主義と資本主義との間に原則に関しての争いはなかった。ただ、近代性のプロジェクトを資本主義よりも、より効率的に、より速やかに、より徹底して達成することができる——これが社会主義の約束であった。実際社会主義の自然改造は徹底的であり、そして「計画の全体性はただ全体的な荒廃」をもたらし、平等も、いわんや自由もそれに随伴することはなかった。社会主義は近代性を最終的なテストにかけたのであり、その失敗はテストそれ自体と同じく最終的なものであった（ibid.：264-5）。
　社会主義は、そしてレーニンによってブルジョア革命の延長ではなく、これに対するオルターナティヴとして位置づけられた共産主義もまた、庭園国家による計画、合理的管理、産業化という近代社会の価値を共有していた。では、何が資本主義と共産主義を分岐させ、何が共産主義を最終的な失敗へと導いたのか。バウマンは答える、資本主義における市場中心化というポスト近代的挑戦に破れたがゆえにと。「共産主義のもとに強固に説かれ実践された「一人当たりの鉄」(steel-per-head) 哲学の陳腐さを最終的に暴露したのは、ポスト近代的な自己－増進、自己－享楽、即時的欲求充足、消費スタイルの観点から定義される生活、といったナルシスティックな文化だったのだ」(Bauman [1992：66])。ポスト近代における資本主義の様態が示してみせたのは、共産主義がその成員に対して「欲求に対する専制」(dictatorship over needs) を課し、「選択」を不能化してきていたという事実なのだ。
　バウマンの社会主義・共産主義に対する診断には辛辣なものがある。そして同時に、その敗北をもたらした資本主義社会の「魅力」に対しても、それに匹敵するほどの失望が感知される。共産主義の崩壊とバウマンにおけるポスト近

代性への傾斜は時期を同じくしている。しかし、バウマンのポスト近代性への視点は「共産主義」という単一の変数に到底還元できない多元性をもっている。その一つが「ホロコースト」であり、他の一つが「余所者性」である。

　余所者　バウマン自身の経歴は「余所者」、遊牧民としての性格を刻印されている。ポーランド生まれのユダヤ人として「反ユダヤ主義」から逃れるために青年期をソビエト連邦において過ごし、熱烈な共産主義者として有能な軍人であった「立法者」から、大学教授という「再帰性」を主とする「解釈者」へと移行し、そしてワルシャワ大学での教職を60年代末の「反シオニズム」の渦中において失い、イスラエル、カナダ、アメリカ、オーストラリア、そしてイギリスへと「東」から「西」への「移民」としての体験を重ねる（Smith [1999：38-41]）——これらの体験をマルクス主義、批判理論、ポストモダン論との知的格闘のなかで昇華してゆく過程にこそ、おそらくバウマンの類稀な個性が認められると思われる。

　バウマンがポスト近代性の社会を、「余所者」の意識が一般化する社会であるという時、そこには庭園国家によって「排除」され、「他者」化された社会的カテゴリーへの眼差しが含意されている。バウマンが「近代性」を庭園国家と「立法者」の世界として総括し、社会主義を近代社会の「対抗文化」として「近代性」の延長線上にとらえる時、「立法者」によって残余化された「解釈者」、「秩序」によって残余化された「アンビヴァレンス」、「欲求の専制」によって抑圧された「選択」——こうした「近代性」によって否定され、拒否され、排除された要素の復興としてポスト近代性を位置づけるとき、そこには常に中心から、あるいは安定した共同体から、否定され、拒否され、排除された「余所者」の視点が貫徹しているとみることができる。この視点は、バウマンがポスト近代性を明示的に定義した箇所において明確に読み取ることができる。

　ポスト近代性とは、十全に展開された近代性、自らがその歴史の全過程において生み出した、ただし偶然に、意図的にというより意図せずして生み出した結果を、予期せざる帰結として、往々にして廃棄物とみなされる予期せざる副産物として承認した近代性、その本性に自覚的である近代性——対自的近代性（*modernity for itself*）——であると解釈することができる。制度化された多元性、多様性、偶有性、アンビヴァレンスというポスト近代性の最も

顕著な特徴は、すべて近代社会によってその趨勢を絶えず増大させつつ生み出されてきた。しかし、こうした特徴は、近代的心性によって忠実に複製された近代性の諸制度が普遍性、同質性、単調性、明晰性を獲得しようとしていた時代においては、いわば「傍らで」生み出されたものであった。したがって、ポスト近代的状態とは、一方において虚偽意識から解放された近代性として、他方において、近代性が〔中略〕消去しようとし、それに失敗すると隠匿しようとした諸特性、そうした諸特性の明白な制度化によって特徴づけられる新しい種類の社会状態として記述されうるだろう。（Bauman [1991b：187-8]）

3. パーソンズとバウマン
―― 鏡像からみる「近代性」

パーソンズとバウマン――収斂と分岐

　パーソンズとバウマン――この二人の理論家の「近代性」への視座を整序してきた今、一見して対極に位置すると思われる両者の共通性に気づかされる。一つは、ナチズムへの視点であり、他の一つは社会主義‐共産主義への視点である。ナチズムは「近代」における悪夢であり、無条件の「悪」、文明化した社会における「野蛮」な暴力と感情の暴発である――両者はこの自明とされてきた「常識」に対して、それが「近代性」の外部に付着する不快な挟雑物ではなく、「近代性」のただなかに内在する出来事であるとみなした。他方、社会主義は資本主義のオルターナティヴであるという理解に対して、両者はそれが「近代性」の二つの顔にすぎず、社会主義と資本主義は近代社会の原理を共有していることを強調した。

　もちろんそこには明確な分岐がある。パーソンズがナチズムを論ずる時、それが「われわれ」の問題として「近代性」に内在的な問題として意識化されていたとしても、それは依然として「克服」さるべき課題であり、そして最終的には「克服」可能な課題として位置づけられていたといっていいだろう。他方、バウマンがナチズム、そして「ホロコースト」を論ずるとき、それは「近代性」の徹底化の果てに出現した不可避的な帰結なのであり、「近代性」のなかにあるかぎり除去も「克服」も不可能な何ものかとして描かれる。パーソンズがいわゆる資本主義と社会主義との類似性を強調する文脈は、近代西欧文明

の価値、とりわけキリスト教という宗教的価値基盤における共通性であるのに対し、バウマンの強調する共通性は「庭園国家」としての近代国家の暴力独占を背景とした「秩序」化への強力な志向性、合理的官僚制による人間的自然の系統的抑圧、技術と計画による自然の支配に求められている。このかぎりにおいて、バウマンの視点からすればパーソンズは「近代性」の範型を忠実に示した理論家であるということになる（Bauman［1992：62］）。

　パーソンズとバウマンのこうした収斂と分岐から、何が語られうるのだろうか。まず両者の「収斂」を可能にした側面を考察してみよう。パーソンズがナチズムの問題を「われわれ」の問題としてとらえることを可能にしたものは何であったのか。パーソンズが『社会的行為の構造』を著した時、それは社会進化論の影響を色濃く残し、シカゴ学派の隆盛をすでに経由していたアメリカ社会の思想潮流にとって「他者性」を帯びていた。アメリカン・スカラーとしてのパーソンズは、その他者性のゆえに相互に独自の思想潮流を築き上げていたドイツ、フランス、イギリス、イタリアの思想のなかに、ヴェーバーを通して「ヨーロッパ」あるいは西欧文明の共通性を見出すことが可能だった。そしてこの他者性のゆえにヴェーバーが西欧文明に下した同時代診断に対して、アメリカ社会という「異文化－社会」を基点に異議を唱え、ヴェーバー以降のドイツの現実となったナチズムとの対照において、ナチズムを「鏡像自我」（looking-glass self）として、ヨーロッパ「近代性」とは異なるアメリカ型「近代性」を彫塑することが可能だったということができるだろう。

　この「他者性」が社会主義に対する独自の視点をも可能にした。ロシア革命の到来と、第一次世界大戦のもたらした荒廃は、ヨーロッパ「内部」の国民国家の知識人に強烈なペシミズムをもたらしたであろうことは推測にかたくない。ただ、その「外部」に視点をもちえた場合にこそ、そのペシミズムが「西欧」の、「国民国家」内部に係留されたエスノセントリズムを反映していることを、そしてマルクス主義が「西欧」から、西欧近代の理念と思想のなかから、「異議申し立て」として誕生した経緯を、明確に読み取ることが可能となったといえるだろう。パーソンズの「近代性」理解における際立った個性を可能にしたのは、ヨーロッパ思想に内在化しつつ、ヨーロッパを対自化し相対化するアメリカン・スカラーとしての「他者性」――より正確にいえば、アメリカがアングロ・サクソン文化の系譜に連なるといいうるかぎり、「内部性」と「外部性」の同時存在として規定しうる「余所者性」――にあったということ

ができる。

　他方、その生い立ちから現在にいたるまで、常に「余所者」の刻印を帯び続けてきたバウマンからみた場合、ナチズム、そして社会主義に対する「余所者性」はその個人的経歴のなかに明確に刻印されている。それだけではない。この観点からみればパーソンズの「余所者性」には最初から「ヨーロッパ」に対する「アメリカ」という明確な境界線が引かれていたということになる。パーソンズの「ヨーロッパ」に対する「他者性」は、「アメリカ」における明確な「内部者性」によって稀薄化されている。パーソンズにとって「余所者性」は一過性をもった一時的な体験であり、アメリカという国民国家のなかにおいてパーソンズは明確な投錨点、帰属すべき共同体を担保されていたといっていいだろう。これに対して、「ヨーロッパ」のただなかで、ポーランド生まれのユダヤ人として、ソビエト連邦への亡命からワルシャワ大学時代にいたる社会主義者として、そして「東」から「西」への「移民」として、バウマンは「余所者性」が一時的な状態ではなく、恒常的な状態を「近代性」から強要され続けてきたといっていいだろう。バウマンの規定に従えば「アメリカ型」という形容がつくにせよ、近代のプロジェクトへの信念、近代的理念が将来において最終的には達成されるという信念へのコミットメントにおいて、パーソンズは依然として「近代性」に係留された理論家であり、不確定性、偶発性、アンビヴァレンスが恒常的な状態として制度化された「ポスト近代性」の理論家ではない、という結論が容易に想像される。

近代性──ポスト近代性考

　しかし、「ポストモダン」の観点からするとこうした整序には、慎重な留保が要請される。バウマンの「ポスト近代性」の特徴は、バウマン自身が幾度も明確に述べているように、「永遠に未完成の、衝動的、強迫的、連続的近代化」（Bauman［2000：37 ＝ 2001］）という19世紀型「近代性」との連続性をもっているのであり、「制度化された多元性、多様性、偶有性、アンビヴァレンス」という「ポスト近代性」の特徴は「近代社会によってその趨勢を絶えず増大させつつ生み出されてきた」（Bauman［1991b：187］）といいうるからだ。パーソンズの視点からみれば、「ポスト近代性」とは「近代性」に内在的なこうした属性が文化領域において、より可視性を高めた形で顕在化してきた新たな位相であるにすぎない、ということになるだろう。実際バウマンの視点には、強調

点の推移が認められる。三部作に代表される1990年代初頭において近代性との質的断絶を含意する「ポスト」近代性という用語が力強く宣言されていたのに対し、「近代性」の連続性を含意する「固体的近代」(solid modernity) から「流体的近代」(liquid modernity) への移行として20世紀末葉の社会的変容が語られるにいたっている (Bauman [2000 = 2001])。

　こうした経緯はバウマンの「ポスト近代性」規定が抱えていたと思われる弱点、すなわち「アメリカ」型近代性の系統的吟味の不在に由来していると思われる。80年代にいたるマルクス、グラムシ、ハーバーマスの影響から、90年代中葉にいたるフーコー、アドルノ、レヴィナスへのシフト (Smith [1999 : 27-32]) ——しかし、それは依然として「ホロコースト」と「社会主義」を「内的」問題として現実のなかに組み込んでいた「ヨーロッパ」の枠組の内部における知的格闘という側面を否定しがたく刻印されていたように思われる。アメリカにおいてホロコーストは起こりえたのか？　なぜアメリカにおいて社会主義は根を張りえなかったのか？——この問いかけは無意味とは思われない。実際、「市場中心」社会における消費者の選択、その選択によるアイデンティティ・ポリティクス、「個人化」、といったバウマンの「ポスト近代性」の構成要素は、すでにアメリカにおいてこそ最も先鋭に制度化されていた特性ではなかったのか。夜警国家、国家介入に対する反発、個人主義、「市場」に対する信頼——アメリカはバウマンが知的格闘の果てに到達した「ポスト近代性」の条件をすでに「生活様式」(way of life) として相当程度まで実現していた、という側面を否定することは困難だからだ。このかぎりにおいて、次のスミスの判断には首肯せざるをえない側面がある。

> 近代性の現代的位相における西欧文化の顕著な特性の一つは、知識人によるポスト近代性観念の幅広い使用である。ポスト近代性について語ることは近代性の終焉を意味するものではない。より正確に言うならば、20世紀最後の30年間に生起した近代性の「大きな画像」における四つの主要な大変動［国民国家の縮小、リスク意識の増大、グローバル資本主義の展開、ヨーロッパ帝国主義の終焉］の衝撃に対して、これに対処しようとする知識人によって採用された主要観念がポスト近代性なのだ。(Smith [1999 : 9])

「ポストモダンへの転換」(Seidman [1994] より) ——そのことを一定の留保

条件のもとで認めたうえで、再びこう主張しておきたい。パーソンズを「近代性」の理論家に限定しようとする解釈は、バウマンを「ポスト近代性」の理論家に限定するのと同質の過誤を犯す危険性をもつと。パーソンズを通してバウマンを読み解き、バウマンを通してパーソンズを読み解くという相互作用のなかで、「近代性」——ヨーロッパとアメリカを包括した——の全体的な見取り図が描かれる可能性が開かれるだろう。

文献

Bauman, Zygmunt, 1987, *Legistrators and Interpreters: On Modernity, Postmodernity and Intellectuals*, Cambridge, England: Polity Press.（向山恭一ほか訳、1995、『立法者と解釈者』京都：昭和堂。）

———, 1989, *Modernity and the Holocaust*, Cambridge, England: Polity Press.

———, 1991a, *Modernity and Ambivalence*, Cambridge, England: Polity Press.

———, 1991b, "A Sociological Theory of Postmodernity", Beilharz (ed.), 2001.

———, 1992, *Intimations of Postmodernity*, London; New York: Routledge.

———, 1995, "Century of Camps?", Beilharz (ed.), 2001.

———, 2000, *Liquid Modernity*, Cambridge, England: Polity Press.（＝森田典正訳、2001、『リキッド・モダニティ』東京：大月書店。）

Beilharz, Peter, 2000, *Zygmunt Bauman: Dialectic of Modernity*, London, Sage.

———, (ed.), 2001, *The Bauman Reader*, Mass.: Blackwell.

Gerhardt, Uta, 1993, *Talcott Parsons on National Socialism*, New York: Aldine de Gruyter.

———, 2002, *Talcott Parsons: An Intellectual Biography*, Cambridge, England: Cambridge University Press.

Parsons, Talcott, 1929, "'Capitalism' in Recent German Literature: Sombart and Weber, II", C. Camic (ed.), 1991, *Talcott Parsons: The Early Essays*, Chicago: University of Chicago Press.

———, 1937, *The Structure of Social Action*, New York; London : McGraw-Hill.（＝稲上毅・厚東洋輔訳、1976-89、『社会的行為の構造』東京：木鐸社。）

———, 1940, "Memorandom: The Development of Groups and Organizations Amenable to Use Against American Institutions and Foreign Policy and Possible Measures of Prevention", U. Gerhardt (ed.), 1993.

———, 1942a, "Democracy and Social Structure in Pre-Nazi Germany", U. Gerhardt, 1993.（＝「ナチ以前のドイツにおける民主主義と社会構造」新明正道監訳、1973、『政治と社会構造』上、東京：誠信書房。）

———, 1942b, "Some Sociological Aspects of the Fascist Movements", U. Gerhardt,

1993.（=「ファシズム運動の若干の社会学的側面」新明正道監訳、1973、『政治と社会構造』上、東京：誠信書房。）

―――, 1942c, "Max Weber and the Contemporary Political Crisis", U. Gerhardt, 1993.（=「マックス・ウェーバーと現代の政治的危機」新明正道監訳、1973、『政治と社会構造』上、東京：誠信書房。）

―――, 1951, *The Social System*, London: Routledge and Kegan Paul.（=佐藤勉訳、1974、『社会体系論』東京：青木書店。）

―――, 1961a, "Order and Community in the International Social System", B. S. Turner (ed.), 1999.

―――, 1961b, "Polarization of the World and International Order", B. S. Turner (ed.), 1999.

―――, 1963, "Christianity and Modern Industrial Society", *Sociological Theory and Modern Society*, New York: Free Press.

―――, 1965, "Evaluation and Objectivity in Social Science: An Interpretation of Max Weber's Contributions", *Sociological Theory and Modern Society*, New York: Free Press.（=筒井清忠訳、1976、「社会科学における価値拘束性と客観性」出口勇蔵監訳『ウェーバーと現代社会学』上、東京：木鐸社。）

―――, 1968, "Christianity", *Action Theory and Human Condition*, New York: Free Press.（=徳安彰訳、2002、「キリスト教」徳安彰ほか訳『宗教の社会学』東京：勁草書房。）

―――, 1974, "Religion in Postindustrial America: The Problem of Secularization", *Action Theory and Human Condition*, New York: Free Press.（=佐藤成基訳、2002、「脱工業化社会アメリカの宗教――世俗化の問題」徳安彰ほか訳『宗教の社会学』東京：勁草書房。）

―――, 1979, "The Symbolic Environment of Modern Economies", B. S. Turner (ed.), 1999.

Seidman, Steven (ed.), 1994, *The Postmodern Turn*, Cambridge, England: Cambridge University Press.

進藤雄三、1999、「パーソンズにおける「世俗化」の問題」『社会学史研究』第21号。

―――、2003、「社会学理論の現在――ポストモダン論とポスト・パーソンズ」『人文研究』第54巻第3分冊。

Smith, Dennis, 1999, *Zygmunt Bauman: Prophet of Postmodernity*, Cambridge, England: Polity Press.

高城和義、1988、『現代アメリカ社会とパーソンズ』東京：日本評論社。

―――、2003、『パーソンズとウェーバー』東京：岩波書店。

Turner, Bryan (ed.), 1999, *The Talcott Parsons Reader*, Mass.: Blackwell.

油井清光、2002、『パーソンズと社会学理論の現在』京都：世界思想社。

第7章　　　　　　　　　　　　　　　　　　　　　　　　　佐藤成基

国民国家の社会理論
―― 「国家」と「社会」の観点から

1. 社会学から見た国民国家
―― 一体型国民国家観への批判

　「国民国家の終焉」が言われるようになってからすでに久しい。たしかに国民国家はそれぞれの難問を抱え、グローバル化やEU拡大などの動きのなかで、その役割を相対的に低下させてはいる。しかし国民国家は依然、「グローバル」な世界を構成する主要な政治的アクターであり、軍事、立法、徴税などの旧来からの権限は現在でもそこに集中している。社会政策を通じた再分配や政治的参加の単位としても、やはり国民国家が他の諸制度を圧倒している（Brubaker [2004]）。そのようななかで、国民国家が統治下の住民に対し、また「グローバル」な世界にどのような作用を果たしてきたのか（果たしうるのか）を検討する必要性は高い。
　その問題に対し、社会学はいかに貢献できるのであろうか。社会学はこれまで国民国家をあまり扱ってはこなかったと言われることがある。たしかにそのような時期もあった。しかし1980年代以後、社会学でも国民国家がさかんに論じられるようになってきている。また、そこでの国民国家論がさかんに参照する社会学上の「古典」も存在する。本稿では、社会学における国民国家論の系譜をたどりながら、国民国家理解における社会学的な観点を復権させてみたい。
　社会学的な国民国家論の意義として本稿で特に強調したいのは、国民国家を「国家」と「社会」との相互連関関係から見るという視点である。それは「国家」と「社会」を一体のものとして捉える国民国家観を相対化し、より「リアル」な国民国家理解を可能にする。
　「国家」と「社会」とを一体のものとして捉える国民国家観は一般に広く受

け入れられているが、その典型的な一例として西川長夫のものが有名である。アルチュセールの「国家のイデオロギー装置」論を下敷きにした西川の国民国家論は、国家がその「イデオロギー装置」を通じて社会を「国民」として統合させるという議論を展開している（西川［1998］）。しかし、このような国民国家論は、西川が中心的に言及しているフランスや日本の国民国家形成には、ある程度は妥当するのかもしれない。だが、世界各地の国民国家形成の実態を詳細に見てみるならば、国民国家の形成がこの議論で想定されているようにスムーズに行なわれた例は、実のところフランスや日本を含めて見ても、ほとんどないのではなかろうか。「国家」と「社会」の間の緊張や対立、それと関連した「国家」と「ネーション」との間の不一致は広く見出され、それが国民国家形成の過程にさまざまな作用（しかも、しばしば国民国家形成を促進する作用）を及ぼしてきた。

　ここで提起する国民国家論は、こうした「国家」と「社会」の間の緊張や対立、「国家」と「ネーション」との間の不一致を、国民国家の「終焉」を示す兆候としてではなく、むしろ国民国家に独自のダイナミズムを与える要因と見なしている。実際、19世紀以来の国民国家の歴史は、このようなダイナミズムをはらんで展開してきた。それを比較・歴史分析的視点から把握することが、国民国家論には求められているのではないか。そのような国民国家の分析の枠組を、本稿は社会学の理論的観点から構想してみたいのである。

　社会学の国民国家論の系譜をたどると、「国家」からの分析と「社会」からの分析がそれぞれに展開され、その焦点が「国家」と「社会」の間を揺れ動いてきたことがわかる。しかし1980年代ころから、これらの諸系譜が国民国家論として組織化されはじめた。そして1990年代以後の議論（ここではマイケル・マンとアンドレアス・ウィマーをとりあげるが）では、国民国家を「国家」と「市民社会」との相互浸透として把握する枠組が論じられ、また「ネーション」概念の意味をあらためて問題にする議論も展開されていったのである。

　本稿では、まず前半でマックス・ヴェーバーやT・H・マーシャルに端を発する国民国家論の系譜を遡及的にたどり、後半では、最近の社会学における国民国家論を紹介し、その意義を検討する。

2. 国民国家論の系譜

マックス・ヴェーバー──国家論の古典

　社会学における国民国家論の源泉の一つはマックス・ヴェーバーにある。だがここでヴェーバー社会学の意義として強調したいのは、彼の展開した国家論（国民国家論ではなく）である。ヴェーバーは、中世から19世紀にかけて西欧で発展してきた「国家」という制度を抽出し、その制度それ自体の特質を明らかにした。そこで重要なのは次の二点である。第一に、国家を「暴力の正当な行使を独占する機関」と定義づけたこと。この規定は現在でも十分通用している。第二には、「官僚制」という概念で国家の近代的支配機構を特徴づけたこと。ヴェーバーは近代国家が官僚制の「合理・合法的」支配によって、特定の領土と住民をより集権的・平準的に統治できる点において、「伝統的」身分関係や支配者の「カリスマ」に依存した近代以前の国家との相違を明らかにした[1]。

　国民国家は、暴力の行使と支配という二つの機能において集権化・合理化した国家のもとで形成されるものである。国家の統治下の住民は、みずからを一つの「ネーション」と把握し、その集合的な要求や願望を表明するようになる。国民国家は、そのような「国民」あるいは「民族」としての「民」と、集権的統治制度としての国家との連関関係から構成される（佐藤［2001］）。だがヴェーバーは、それを十分に分析したとは言えない。彼は近代国家が「国民」の国家（国民国家）であることの意味を理論的に展開してみせたわけではない。そこには時代的制約があったとも考えられる。ヨーロッパにおいても、民主的政治参加、社会政策、経済介入などが制度化された国民国家が確立するのは、第一次世界大戦以後（大戦期を含めた）のことであろう。それはちょうどヴェーバーの死と前後する時期であり、これらの新たな展開を考察するには、彼の死は早すぎたのである。

　だがここで重要なことは、ヴェーバーが「国家」と「ネーション」とを混同しなかったということである。ヴェーバーには、「ネーション」についての断片的ながら示唆に富む論考が残されている（佐藤［1998］）。彼は「合理的」な「アンシュタルト」たる「国家 Staat」と、「記憶の共同体」であり、「権力への独特のパトス」を伴う政治共同体であり、「価値の領域に関わる」とされる

「ネーション Nation」とを明確に区別していた。このようなヴェーバーの認識は、両者をしばしば混同した戦後社会学の理解と大きく一線を画すものである。このヴェーバーの認識は、「ネーション」(民族)が既存の国家の枠組を超えた「民族自決」の運動をはじめた20世紀初期の中央・東ヨーロッパのナショナリズムの現状を反映したものといえるかもしれない[2]。

国民国家はヴェーバーの死後、二つの世界大戦を経て確立されていく。だがヴェーバーの国家論は、ノルベルト・エリアスの「文明化」の議論などに継承されはしたが、第二次大戦後の社会学においては一時期ほぼ忘れ去られることになる。

国家論の不在——第二次大戦後のアメリカ社会学

第二次大戦終結から1970年代ころまで、世界の社会学をリードしたのはアメリカ合衆国の社会学であった。しかしこの時期のアメリカ社会学は、国民国家の問題を自覚的に取り上げてきたわけではない。後にアンソニー・ギデンズも述べているように、戦後の社会学は「社会」の最大単位を国民国家と混同する傾向があった。「社会」という言葉で、しばしば「アメリカ社会」「日本社会」のことが意味され、その背後にその「社会」を枠づけている国民国家の存在が暗黙の前提となってきたのである。

しかし、なぜそうなってしまったのか。その原因の一つは、社会学が「国家」を独自の分析対象として捉えてこなかったことにあると考えられる。前述したヴェーバーの国家論の遺産は、この時代にはなぜか忘れ去られていたのである。

たしかにこの時期の社会学は「権力」については多くを論じた。1950年代に書かれたC・W・ミルズの『パワー・エリート』などは「権力論」の典型である(Mills [1956])。ミルズは、アメリカ社会における軍・官・産の権力構造を抉り出そうとした。この権力構造のなかで、少なくとも「軍」と「官」は国家を構成する諸機関の一部である。しかしミルズの分析では「国家」は独自の分析対象として抽出されず、「権力」という、より一般的な社会関係のなかに解消されてしまっていた。国家という制度それ自体が問題にされるのではなく、「軍・官・産」におけるアメリカの支配階層(ミルズは「権力エリート」と呼ぶ)が支配する権力の構造が問題になった。言い換えると、国家の問題は、権力エリートという「支配階層」対「大衆」というアメリカ社会の権力構造の

問題に還元されたのである。

　ミルズを批判し、あえて対抗的なアプローチをとったタルコット・パーソンズの権力論も、「国家」を分析対象として同定しないという点ではミルズと同じだった。パーソンズの AGIL 図式から言えば、理論的には「国家」が配置されてもいいはずの「G サブ・システム」を、パーソンズは「政体 polity」と名づけ、「社会の諸資源を動員する一般的能力」としての「権力」概念を、この「政体」を中心として作用する「象徴メディア」であると考えた（Parsons [1958, 1963]）。その権力は、社会の諸勢力をなんらかの政治的目標に向けて動員したり、また社会の諸団体（政党や利益団体）の側から政府に対してなんらかの利益要求をするために行使するものとされた。そして権力の行使は、社会（規範的に統合された「社会共同体」）において共有された規範によって正当化されるものとパーソンズは考えた。権力の概念も社会の概念も、パーソンズとミルズではまったく異なっているが、国家に関連する問題を「社会」の問題（「エリート」対「大衆」の階層構造か、規範的統合の問題か）として扱う点で、二人は共通している。後にスコッチポルが「社会中心的」と呼んだ国家へのアプローチ（Skocpol [1985]）を、ここに見出すことができる。

　ミルズとパーソンズという対照的な、しかしともに戦後社会学において大きな影響力をもった社会学者（ヴェーバーをアメリカに広めることに大きく貢献した点でも共通している）が、「国家」という制度それ自体を対象とした分析を試みなかったことの意味は大きい[3]。しかしまた、彼らの「社会中心的」アプローチが、国家（特に第二次大戦後アメリカの国家）に「社会」の諸々の作用が、いかに深く「浸透」しているのかを反映していることも確かである。

シティズンシップの理論
——T・H・マーシャルからタルコット・パーソンズへ

　ヴェーバー以来の国家論とは別に、国民国家論につながるもう一つの系譜として、イギリスの社会学者 T・H・マーシャルに端を発する「シティズンシップ」論がある。「シティズンシップ」とは、ある社会（共同体）の一員としての資格とそれに付着した権利・義務の総体のことをさす。マーシャルは社会学史上、ながらく傍流に位置づけられてきたかもしれないが、そのシティズンシップ論の重要性は現在にわかに高まっている。

　マーシャルは、シティズンシップが法の下の平等（財産権、出版・結社の自

由など）から参政権、そして福祉や教育を受けることのできる社会権というように内容を拡張させながら、社会のメンバーに広く平等に波及していく過程を、18世紀から20世紀にかけてのイギリス史を例にとりながら議論している（Marshall ［1950 = 1993］）。その過程で階級闘争の役割が重要視される。シティズンシップの拡張・普及には、階級間の闘争が大きな推進力となる。特にマーシャルは、19世紀以来、結社の自由、参政権、福祉・教育を受ける権利などのシティズンシップが広がってゆく過程における、労働組合や労働者政党の役割に注目している。

　このようなシティズンシップ論が国民国家と関係するのは、シティズンシップの拡張・波及が、相互に平等な「市民citizen」としての「国民」を形成する過程と理解されているからである。イギリスでは参政権が全般的に普及し（男子普通選挙は第一次大戦中に、男女普通選挙は両大戦間期に）、第二次大戦中に福祉国家への基礎が築かれていった。これがイギリスの国民国家の確立へとつながっていった。マーシャルのシティズンシップ論（1950年に初版が出版された）は、そのようなイギリスの社会的・政治的状況を背景にしている。またそれは、他の先進諸国における国民国家のモデルと考えられるようにもなっていく。

　マーシャルのシティズンシップ論は、戦後アメリカ社会学に受け継がれた。ドイツ出身の社会学者ラインハルト・ベンディックス、そして戦後アメリカを代表する社会学者パーソンズが、これを積極的に取り入れた。

　『国民建設とシティズンシップ』と題されたベンディックスの著作（Bendix ［1977］）は、ヴェーバーの支配の社会学、トクヴィルの議会体制論、そしてマーシャルのシティズンシップ論を適宜利用しながら、「国民建設」の比較分析を行なっている。またパーソンズはシティズンシップ概念をアメリカの国民形成分析に適用し、黒人などのマイノリティたちが、エスニック運動を通じて、みずからの「アメリカ国民」としての平等の権利を公的に認めさせたこと（これを日本では「公民権運動」と呼んでいる）が、彼らの「国民」への「包摂」を促進したと論じた（Parsons ［1971］）[4]。

　シティズンシップ論は、「国民」の形成が、互いに平等な地位、そして平等な権利と義務をもった人びとの社会的連帯の形成（パーソンズの言う「社会共同体」の形成）の問題であること、そしてその形成過程においてさまざまな社会的紛争（階級闘争やエスニック紛争）が積極的な役割を果たしているというこ

とを明らかにしている点で重要である。しかしながら、マーシャルからパーソンズへとつらなるシティズンシップ論の系譜では、なぜか国家の役割が見落とされている。シティズンシップは、たしかに国家の内部では「普遍主義的」ではあろうが、国家によって境界づけられた「特殊主義的」なものとして形成されたという面がある。シティズンシップの権利や義務は国家によって保証され、国家によって負荷され、また国家に対して要求され行使されたものだからである。国家がいかにシティズンシップを制度化してきたのか。この問題がマーシャルからパーソンズに至るシティズンシップ論では十分明確にテーマ化されてはこなかった。

3. 国家論の復権
―― チャールズ・ティリーとアンソニー・ギデンズ

1980年代のアメリカ社会学

戦後約30年間国家論不在の状況にあったアメリカ社会学に、1980年代に入って「国家論の復権」とも言うべき大きな潮流がおとずれた。『国家の復権』（*Bringing the State Back In*）と題された論文集（Evans, Rueschemeyer and Skocpol [1985]）は、その国家論復権（およびそれ以前の不在の状況）を象徴している。そこで「最近の研究における分析戦略」について論じているシーダ・スコッチポルは、これまでの社会学が、国家を階級や社会集団などの諸利害を表出する場として捉えてきたこと、つまり国家を「社会」に還元してきたことを批判し、国家それ自体を独自の活動領域をもった「制度」あるいは「組織」として論じるアプローチを提唱している。そして所収された諸論文では、国家がいかに経済発展に作用するか、国内の社会紛争をいかにパターン化するのかなどの問題を、具体的ケースを材料にして議論している。

また、ヨーロッパの社会学のなかでも、1970年代末から国家が積極的に議論されるようになっていた。フランスではバディとビルンボームの『国家の社会学』（Badie and Birnbaum [英訳1983; 原1979＝1990]）、イタリアの社会学者ジアンフランコ・ポッジによる『近代国家の発展』（Poggi [1978]）（この著作は英語で出版されている）などが代表的な業績であろう。ともにヨーロッパ史の文脈に即した国家の比較歴史社会学を展開している。

このような文脈のなかで、「国民国家」が分析の対象として注目されるよう

になったとしても不思議ではない。特に目立っているのは、ティリーとギデンズの国民国家論であろう。彼らは、ヴェーバーやマーシャルに由来するさまざまな議論の系譜を利用している。

国家中心的な国民国家論——ティリーとギデンズ

アメリカの社会学者であり、すでにフランス革命時のヴァンデにおける反革命運動の歴史社会学的研究で知られていたチャールズ・ティリーは、1975年に『西ヨーロッパにおける国民国家の形成』（*The Formation of National States in Western Europe*）と題された著作を編集している（Tilly [1975]）。これは近代初期（主として16、17世紀）の西ヨーロッパにおける国家集権化過程を、財政、軍事、行政、法律など部門ごとに分析した論文を集めたもので、戦後社会学の国民国家論の嚆矢ともいえる重要な業績である。

ティリーらが「国民国家 national state」と呼んだものは、絶対主義時代の国家のことであって、今日通常理解されるような「国民国家 nation state」と同じものではない。しかしティリーが、単に「国家」と呼ばずに「国民国家」と呼んだのには理由がある。それはティリーらが、国家の集権化にともなう国家と統治下の社会との関係の変容にも注目したからである。16世紀以来の継続的な戦争を通じて次第に国家統治機構が集権化され、国家が中間的権力集団を一掃し、住民をより直接的に統治していく過程、それに伴い地域や身分によって多元的であった社会構造が均質化されていく過程が、多面的に分析される。またティリーは、上述の『国家の復権』にも「組織的犯罪としての戦争創出と国家創出」という重要な論文を寄稿し、国民国家形成に果たした戦争の役割を強調している。戦争によって国家が集権的機構（特に財政、軍事面で）を整え、統治下の住民に対する、より「直接的」な統治を実現し、その結果「国民国家」が形成されていったというのである。

いまや世界的に有名になったイギリスの社会学者ギデンズの『国民国家と暴力』は、「史的唯物論の再構成」という副題をもち、ティリー以上に一般理論的志向を備えている（Giddens [1985 = 1995]）。ギデンズは、国家の発展史（封建制国家→絶対主義国家→近代的国民国家）を前提にしながら、国家が暴力と住民への監視能力の集権化（前者は軍隊・警察の形成、後者は統計的な住民把握）を強め、その結果として、外部と明確に境界づけられ、内部においては均質な「国民」（ネーション）が生み出された、と論じる。ギデンズはシテ

ィズンシップ概念も利用しているが、シティズンシップの拡大は国家の監視能力の上昇と関連させて理解されている。

このように、ティリーとギデンズの国民国家論は、戦争を媒介にした軍事力の集中とともに統治機構を集権化させていく近代国家の役割に着目し、その集権的国家の統治によって「国民」が形成されるという共通の論点を提起している[5]。彼らの議論が、単なる国家論ではなく、国民国家論となるのは、彼らが国家の統治が統治下の「社会」に及ぼす作用に着目しているからだ。しかしまた彼らは、国民国家形成において国家の果たす役割を強調しすぎている。たしかにティリーは、国民国家形成過程における、国家と地方的諸勢力の間の「交渉 bargaining」に注目したり、ギデンズはシティズンシップが「対抗手段」として利用される可能性を指摘したりしている。これらは国民国家形成における「社会」の側から対抗的な作用を示唆するものだ。しかし最終的には、「社会」は「国家」に対して従属的な位置におかれ、国家の統治能力の増大による「社会」の包摂・統合によって「国民」が形成されるという「上から」の過程が強調される[6]。マーシャルやベンディックス、パーソンズなどのシティズンシップ論においては、労働組合を主体とする階級闘争や政党による権力闘争、またエスニック集団間の紛争といった社会的諸集団（中間集団）の独自の役割が重要視された。しかし逆に国家の役割は軽視された。ティリーやギデンズのアプローチは、こうしたシティズンシップ論のアプローチを「転倒」した国家中心的なものになっている。

4.「国家」と「市民社会」の相互浸透
――マイケル・マンとアンドレアス・ウィマー

予定調和的国民国家論批判

ティリーとギデンズの国民国家論は、国民国家を「国家」と「社会」という観点から分析した点に意義があるが、「国家」が「社会」を統合することで国民国家が形成されるという国家の力を重視した発展図式（これは冒頭で紹介した西川の国民国家論が共有するものでもある）をとっていた。そこには、近代国家の形成が、必ず「国民国家」へと到達するという予定調和的想定があった[7]。そのような図式のもとでは、国民国家の形成が「社会」の側の状況から影響を受けるという可能性が十分には考慮されていなかった。また「国家」が

存在しながら国民国家へと発展しない例や、国民国家が内的に分裂して内乱に発展したり、民族的・地域的な「自治拡大 devolution」が起きて多元化するというシナリオ（実は、このような国家発展のケースも少なくない）は用意されていなかったばかりではなく、彼らがモデルにしていた西欧（特にフランス）の国民国家形成の例に関して、その過程が錯綜したジグザグ過程をたどっていたこともあまり考慮されていなかった。

　ティリーとギデンズの予定調和的国民国家論に対し、「国家」と「社会」のより錯綜した関係に着目した国民国家論を展開しているのが、マイケル・マンとアンドレアス・ウィマーである。マンは、『社会的力の諸源泉』（Mann [1986 = 2002, 1993 = 2005]）という、古代メソポタミアから現代に至るまでの「力（power）のネットワーク」の社会史を解明しようという壮大なプロジェクトの一部として、その最初の二巻をすでに上梓している。そのなかの第二巻は、18世紀末から第一次大戦までの欧米における国民国家形成の比較歴史分析になっている。他方ウィマーは、イラク、メキシコ、スイスなどの多民族的国民国家形成の例を中心にした比較・歴史分析として『ナショナリスト的排除とエスニック紛争』（Wimmer [2002]）を著している。ともに異なった対象を、異なった理論枠組によって分析しているのだが、共通点も見出される。それは「国家」と「市民社会」との相互浸透の過程に注目し、国民国家をその過程に連動して多用な形態をとる、一種の変数として理解するという点である[8]。ここでは、このような観点から二人の国民国家論のエッセンスを抽出してみたい。

「国家」と「市民社会」

　まず基本的概念として、「国家」と「社会」の解釈からはじめよう。マンとウィマーには、「国家」概念と「社会」概念の理解に関して、興味深い共通点が見られる。

　「国家」に関しては、それを単に「社会」を抑圧し・監視し・規制する否定的な機能だけから捉えるのではなく、「社会」に対して新たな能力を付与し、増幅させる積極的な機能を重視するという視点がとられている。マンはこの二つを、国家の「配分的権力」と「集合的権力」と呼び、後者の「集合的」な国家権力の側面に注目するのである。「国家」は、統治能力の集権化とともに、統治下の住民（特に「国民」）に対して地位や権利を承認・保証し、財やサー

ビスを給付するという機能をもつようになる。近代国家は、暴力の独占や集権的官僚機構を背景におきながら、法治的・社会政策的な機能を増殖させ、結果として「社会」にその権力が深く浸透していくことになるのである。

またマンとウィマーは、近代の「社会」を「市民社会」と捉え、「国家」からの「社会」の相対的な自律性、「国家」に対する能動的な働きかけを強調しようとしている。彼らが「市民社会」という用語で何を意味するのかは、必ずしも明確化されていないが、彼らが（明示的にも非明示的にも）想定している「市民社会」の特徴を挙げると、次のようになるであろう。

第一は、社会的関係性（そのネットワーク）の広域化と流動化である。これは特に資本主義的市場経済の発展と産業化により交易や労働力移動が広域化・流動化したことと、出版メディアと識字能力の発展により、コミュニケーションが広域化し、情報・知識の移動が流動化したことが大きい。第二は、諸資源の配分をめぐる対立や格差の発生である。この対立・格差の関係のなかから新たな集団カテゴリーが発生する。「階級」は、そのようにして形成された19世紀の重要な集団カテゴリーだが、その他にも部族、宗教、エスニシティ、地域などさまざまな集団カテゴリー（これをマンは「セグメント」と呼ぶ）も諸資源の配分をめぐって再形成される。第三に、自発的な団体や結社の組織化、あるいは水平的な社会的ネットワークや連帯の形成である。これらは「市民社会」の構成員のさまざまな意見や利害関心、時に理念や世界観を表明して人びとを動員し（これをマンは「イデオロギー的な力」と呼ぶ）、いわゆる「公共圏」を形成する。

マンとウィマーは、「国家」と「市民社会」とを（ヘーゲルやマルクスに連なる社会思想史的伝統とは異なり）カテゴリカルに対抗的なものと捉えてはいない。この二つの領野は、相互に矛盾・対立しあう場面もあるが、同時に相互に依存しあう関係でもある。国家の統治能力は「市民社会」の力を借りて発展し、「市民社会」の活動地平も国家の力を借りて拡大する。このような相互依存を契機にして、「国家」と「市民社会」とは相互に連関し、浸透しあう関係を形成していく。国民国家はこうした過程を通じて生み出されるのである。

国民国家——「国家」と「市民社会」の相互浸透過程

近代国家は、領土と住民への「直接的」な統治能力を高め、「市民社会」に深く浸透し、その活動に影響を与える。しかし同時に、「市民社会」（その住民

たる「国民」やその諸集団・諸団体）もまた、国家へのさまざまな要求を掲げ、さまざまな制度的回路を通じて国家をコントロールする能力を高めていく。マンとウィマーにおいては、国民国家はこうした二方向的な相互浸透の過程から成り立つものとして理解されている。

　このような国民国家において、国家の権力は、支配者の意志に基づき単に強制的に住民から資源や人力を徴収（集）する「専制的 despotic」な形態では、とうてい機能しえない。国家は「市民社会」からの同意や支持をとりつけるための手続きとして、さまざまな制度や慣習を用意する必要がある。このような「社会を通じ」て行使される近代国家の権力を、マンは「インフラストラクチャー的権力」と呼んでいる。国家はこの種の権力を通じて「市民社会」へと浸透するが、また市民社会はこれを通じて国家へと浸透する。国家はもはや伝統的権威や超越的権威によってではなく、「国民」ないし「人民」の名に、その正統性の源泉をおくようになる。「市民社会」が「国民」の社会へと境界づけられ、「収檻 cage」されていくのは、（ギデンズの論ずるような国家の「監視」や「規律」によるばかりではなく）このような国家と「市民社会」との、インフラストラクチャー的諸制度を媒介とした相互浸透の進展の結果でもある。また国民国家は、単に境界づけられた「国民」を統治するがゆえに「国民国家」なのではなく、「国民」の連帯感や利害を内外に表象・代表する国家であるがゆえに「国民国家」なのでもある。

　しかしながらすでに述べたように、「国家」と「市民社会」との相互浸透は、決して予定調和的に「国民国家」への発展を運命づけているわけではない。「国家」と「市民社会」との間には、インフラストラクチャー的諸制度を介して、国家の支配エリートと「市民社会」の諸集団・諸団体との間での、参加や承認、「法の下」での対等の処遇などをめぐる対立・交渉の過程が存在している。国民国家の形成過程は、そのような「国家」と「市民社会」との関係性に応じてさまざまな方向に展開する。対立・交渉の過程においてルールや慣習に関する合意（妥協）が形成されるかどうかが、国民国家として安定するかどうかの分かれ目になる。そのルールや慣習が共有されなかったり、異議が申し立てられるような場合、国家の支配エリートと「市民社会」との間に、また「市民社会」の諸集団の間に対立が発生し、国民国家は分裂し、時には解体する可能性もはらんでいる。しかし相対的に安定して発展してきたように見える国民国家においても、何が共有されるべきルールであるのかについては絶えず

論争を経てきた。マンとウィマーの分析は、このように論争に満ちた「国家」と「市民社会」との相互浸透の過程を解明することに注がれていると言える。

国民国家形成の多様なシナリオ
——シティズンシップと「集合財」をめぐる抗争

このような論争に満ちた国民国家形成過程を象徴的に示しているのはシティズンシップの歴史であろう。マンは、19世紀ヨーロッパにおけるシティズンシップの歴史を、国家が承認・保証する地位や権利をめぐる集団（特に階級）間の闘争と関連させて分析している。それは、マーシャルのシティズンシップ論の「進化主義」を批判したもので、誰のどのようなシティズンシップ（すなわち国家から享受する地位や権利など）がいかに求められているのかという問いから出発している。彼はこうした視点から、中間階級がシティズンシップの中心的享受者として国民国家のヘゲモニーを握っていく過程、そしてそれに対して労働者階級が新たなシティズンシップを要求していく過程を分析している。またこのシティズンシップをめぐる対立が地域や「民族」によって争われたオーストリアでは、他のヨーロッパ諸国のような集権化された国民国家への経路を歩むことができなかったことも明らかにしている。こうしたシティズンシップをめぐる論争に満ちた過程は、第一次大戦後も継続していくことになるだろう（マンの研究は、まだその時代にまで到達してはいないが）。

他方、ウィマーの分析は、第三世界や東欧などから多くのケース（特に彼の主要フィールドの一つであるイラク）での民族・部族・宗教紛争の例を豊富に引きつつ、国民国家の成立が、いかに「市民社会」の諸集団の対立へと発展していくのかを明らかにしている。彼はまず、「国家」が国民に提供する（あるいは、そう期待されている）財やサービス、権利や地位、生活の安全性などを総称して「集合財」と呼ぶ。そして国民国家を、「国家」と「市民社会」の諸集団・諸団体の間の、集合財の配分をめぐる交渉・対立・妥協の過程として捉える。「国家」がこの集合財を住民全体に十分に提供できなかったり、それを住民の一部の集団に独占的に提供するような仕組みが存在し、他の集団の成員がそれを「不公正」であると認識する場合、国内の住民間の対立が発生する。その対立は、部族、宗教、エスニシティなど、既存のネットワークや連帯の基礎を政治化させる。これらの関係性が政治的に動員されることによって対立が激化し、時に（ブルンジのように）ジェノサイドにまで発展することすらある。

このような国民国家内部での亀裂・対立の発生を、ウィマーは「国民国家のエスニック化」と呼んでいる。

他方、「国家」が国民に均等に集合財を提供できる仕組みが制度化され、「市民社会」の側でもエスニックな関係性を越えた広域的な関係性が形成され、集合財の配分をめぐって「対等」な立場で要求ができるような仕組みが形成されている場合、国家と「市民社会」との間に、集合財の配分をめぐる「妥協」が形成されているとされる。これが国民国家に安定性をもたらす。それを彼はスイスの例を引きながら説明し、多民族・多言語の社会が民族紛争を帰結しない場合もありうることを明らかにしている。

このようにウィマーの分析では、「国家」と「市民社会」の間で、どのような「集合財」がいかに配分され、その配分過程がいかに制御されているのかが、国民国家の形成過程のシナリオの行方を左右するということになる。

5. 国民国家と「ネーション」
──「文化イディオム」としての「ネーション」

前節のように、国民国家を、「国家」と「市民社会」との間の相互浸透過程へと分解して理解する場合、そこでの「ネーション」(国民・民族)はどのような位置づけをもつのか。「国家」と「市民社会」との(最終的な)一体性を想定するのであれば、そこにおいて「ネーション」の存在は、あえて問題にしなくても制度的に保証されていた。同一の国家の成員から成る(あるいは同一の国家の成員となるべき)(想像の)共同体が「ネーション」となるのである。しかし、そのような保証がないとすると、「ネーション」をどう理解するのか。

これに関するマンとウィマーの理解は、一面においては一致している。「ネーション」は、国家と「市民社会」との相互作用のなかで政治的に利用されるカテゴリー(概念)であり、その意味は多義的である。たとえば、第一次大戦前のフランスでは、共和主義的、王党派的、ボナパルティスト的な団体が「フランス」の意味をめぐって対立しあい、イギリスでも古いラディカルなプロテスタント的解釈や保守主義的解釈、自由主義者による帝国主義的解釈などさまざまなネーション概念が対立しあっていた (Mann [1993 : 733])。それぞれの集団・団体は、各自の政治的利害関心に従ってネーション概念を自由に解釈

し、自分たちの主張の「国民的」な正統性を確保しようとしたのである。またマイノリティが、国民国家の支配的ネーション概念への対抗として、独自の「エスニック」なネーション概念を構築し、民衆の動員にむかう例も数多く見られる（Wimmer [2002：34]）。

　このような「ネーション」の分析は、ネーション概念を政治的権力闘争の「道具」として理解する道具主義的解釈をとっている。しかし、はたしてこの解釈で十分なのか。ウィマーの立場は、この点に関して両義的である。というのは、彼は「ネーション」を単なる政治的闘争の道具であるばかりでなく、人びとの行動をある程度規制する価値観、世界観、認識や実践的判断の分類図式として作用する「文化」の一つとして捉えているからである。彼は旧来の均質で統合的文化概念を否定しつつも、文化を絶えず変化する言説の断片へと解体する「ポストモダン」な議論を批判し、文化を「ある価値には価値があり、社会的世界のある分類方法は意味をもつということに合意できるような、一つのコミュニケーション空間を行為者が共有している」状態であると捉える（ibid.：8）。それは、価値観や分類図式などの意味についての「交渉」を通じて形成される、「開かれた不安定な妥協」である。それをウィマーは「文化的妥協」と呼んだ。「ネーション」も、「われわれ」を「彼ら」から区分する分類図式の一つとして、「文化的妥協」の過程で生産されるものと考えられている。

　このような文化主義的アプローチは、最近の社会学からのナショナリズム研究のなかでも展開されている。たとえば、ロジャース・ブルーベイカー（Brubaker [1992]）やリン・スピルマン（Spillman [1997]，Spillman and Faeges [2005]）などは、「ネーション」を「文化イディオム」「文化レパートリー」の一つとして理解する[9]。「文化イディオム」あるいは「文化レパートリー」とは、人びとが何かについて認識したり、理解したり、判断したり、表現したりする場合の一定の「型」を提供する様式（フレーム）のことである。それは歴史的に形成された「伝統」であり、現在の人間が勝手にでっちあげることはできないが、その「伝統」はさまざまな選択肢を提供する「レパートリー」でもあり、人びとはそのなかから適宜選択し、自由に解釈し利用することができる。このように文化イディオム論は、文化の生産と再生産に関して、ダイナミックな分析を可能にしている。

　「ネーション」は、その社会の成員の自己理解（アイデンティティ）や歴史的記憶をめぐる諸概念をはらんでおり、それが多くの成員の関わるものであれ

ばあるほど、さまざまな解釈の余地が生じ、その解釈をめぐる対立（時にイデオロギー的・感情的に負荷された）も発生するであろう。「ネーション」の概念をめぐる様々な解釈の対立状況を理解することは、ネーション研究の大きなテーマの一つとなるだろう。しかしそのような「ネーション」概念の生産と再生産の文化的ダイナミックスは、「国家」と「市民社会」との相互浸透の過程を背景として展開している。なぜなら、そのような相互浸透の力学のなかで、「ネーション」というカテゴリーによって想像・再想像される「われわれ」が意味をもつものだからである。「国家」と「市民社会」との相互浸透は、「ネーション」への想像力を喚起することを通じて、国民国家を絶えず再生産しているのである。

6.「リアル」な国民国家論へ

　本稿では、社会学における国民国家論の系譜をたどり、後半では最近の欧米での社会学の研究をやや詳細に検討した。筆者は、この最近の社会学的研究が、国民国家をより「リアル」に比較・歴史分析をするための枠組として重要であると考えている。その枠組によれば、国民国家が「国家」と「市民社会」との相互浸透過程によって生み出される現象であり、「国家」の状況、「市民社会」における関係性ネットワークの状況、「国家」と「市民社会」のなかで配分・再配分される「集合財」の種類や、配分・再配分をめぐる抗争の制御のされかたなどに依存して、さまざまな形態をとりうる。また、その相互浸透過程のなかで「われわれ」を認識し、想像することを可能にさせる文化的なカテゴリーが「ネーション」である。それは歴史的伝統との関連性のなかで意味をもつものであるが、「国家」と「市民社会」の相互浸透のメカニズムはまた、その「ネーション」概念にさまざまな代替的・対抗的解釈への想像力を喚起させる作用をもっている。

　このように理解された国民国家論は、ベネディクト・アンダーソンの「想像の共同体」やエリック・ホブズボームの「伝統の創造」などの概念に依拠しつつ、国民国家や「ネーション」を、人為的に構築された実体的根拠のない「フィクション」であると捉える「構築主義的」アプローチとは異なっている[10]。なぜなら、国民国家も「ネーション」も、決して実体のないフィクションではなく、近代国家と「市民社会」という近代社会のリアリティに根ざし

た、少なくともその点では「根拠」をもった現象であるということになる。もし国民国家や「ネーション」の「フィクション」性を主張するのであれば、近代そのものの「無根拠」性を主張しなければ筋が通らないであろう。

またここで提唱する国民国家論は、「ネーション」の問題を「言説」や「アイデンティティ」という側面だけに限定して理解する「カルチュラル・スタディーズ」的アプローチとも異なっている。たしかに「ネーション」は文化的な現象であるという側面はあるが、それを単に「解釈」や「言説」の問題だけに限定して理解して、その制度的コンテクストを無視あるいは単純化して理解してしまうと、肝心の「ネーション」という概念のもつ「リアリティ」の由来が十分に理解されないのではないだろうか。

このような国民国家論の観点からすると、現在「国民国家の終焉」を論じることは難しい。たしかに最近の越境的でグローバルな変容や「多文化主義的」な動きは、「国家」と「ネーション」との一体性を前提にした国民国家モデルの正統性を大きく揺るがした。しかし本稿で繰り返し論じたように、「国家」と「ネーション」との一体性の揺らぎは、必ずしも直接に国民国家の衰退へとはつながらない。「国家」と「市民社会」との相互浸透があり、そこで「ネーション」の概念が有効性をもっている限りにおいて、国民国家は制度として機能し続けている。「国家」と「ネーション」の不一致は、国民国家やネーション概念の重要性をむしろ増大させることさえある[11]。

このように見るなら、「ヨーロッパ化」や「グローバル化」が国民国家を消滅させるという議論に、マンやウィマーが意義を唱えるのは当然であろう（Wimmer［2001, 2002：7］，Mann［1997］)[12]。かといって、国民国家に明るい世界社会の未来を託すことはできない。国民国家には戦争や「民族浄化」などの「暗い側面 dark side」が刻みこまれている（Mann［2004b］)。しかしまた、国家は人びとの生活チャンス、権利状況、安全などの面でさまざまな「積極的」な機能を果たし、しかも地球上の多くの人間は、そのような面での国家への「期待」を依然として撤回してはいない。「市民社会」からのさまざまな要求や批判は、依然として国家に集中する傾向がある。それは現在のところ、国家に代替するほどの力をもった他の制度を見出すことはできないからであろう。マイノリティや移民など「脱国民的」と思われている諸問題でさえ、国民国家を前提にしてその解決がはかられることがほとんどである。これら最近盛んに論じられるようになった「脱国民的」な諸問題は、国民国家の意味をあらためて

問い直し、国民国家を「終焉」させるのではなく、むしろ新たな形態へと変容させる可能性が高いと見ることができるのではないか。

しかし、そうであるとしても、国民国家に常に「暗い側面」が伴っていることは否定できない。となると問題は、その「暗い側面」を、いかに突出させずに国民国家を統御し、それを新たな形態へと発展させていくのかということにある。本稿で検討した社会学的な国民国家論が、それに対する一つの分析的指針となるのではないか。

注

1) ここでのヴェーバーの議論は、これまで『経済と社会』としてまとめられていた著作のなかで論じられている。「社会学の根本概念」「支配の社会学」をそれぞれ参照せよ（Weber [1976]）。
2) なお、社会学のもう一人の祖であるデュルケームは『社会学講義』のなかで、主権を担う為政者集団としての「国家」と、その統治下の「政治社会」を区別している（Durkheim [1950 = 1974]）。この「政治社会」とは「国民社会」にほぼ相当する。またデュルケームには、「政治社会」の統合の強化が社会の「連帯」を回復させ、自殺率を低下させるという『自殺論』の有名なテーゼがある。だが、近代社会においては国民社会としての政治社会と個人との関係は稀薄化する傾向にあり、社会の「連帯」を回復するものはむしろ中間レヴェルの職業集団であるというのが、『自殺論』当時のデュルケームの見解であった。
3) 「国家」概念が不在であったのは、社会学だけではなく、戦後のアメリカ政治学でも、「国家」概念は分析概念としては「古すぎ」、あるいは「あまりに狭すぎる」として採用されてこなかった（Skocpol [1985], Mitchell [1991]）。その代わりに用いられたのが、政府と社会の諸集団との双方を包摂する「政治システム」の概念だった。その結果「政府」は、経済的利害や規範的要求が離合集散する場と理解された。それは議会民主制を基礎とするアメリカの「多元主義」的政治理論へと発展するが、「国家」の制度それ自体の相対的自律性が見失われたのである（Mann [1993 : 47], Pierson [1996 : 74]）。

　国家を「社会」に還元する「社会中心的」なアプローチ（Skocpol [1985]）という点では、マルクス主義の国家論も同様であった。マルクス主義理論は階級利害を決定的な規定要因とするアプローチをとる。しかしながら、20世紀のマルクス主義理論は、国家は階級利害が表明されたものにすぎないのか、あるいは「それ以上の何か」なのかということを論争の対象としてきた。1960年代後半には、国家の「相対的自律性」を主張したミリバンドやプーランツァスのようなマルクス主義者も現われた。しかしマルクス主義国家論は、国家を「支配階級による執行委員会」とする階級還元論を最終的には脱却していないように思われる。国家が「資本主義国家」や「封建国

家」として特徴付けられているのは、その表われだろう（Mann [1993 : 45]）。
4) 詳細は佐藤（2004）を参照。
5) 戦争が国家形成および国民国家形成に果たした役割への注目は、この時代の国民国家論の大きな特徴の一つであり、マイケル・マンにもまた共有されている。こうした軍事的要因への着目が、社会学的国民国家論の貢献の一つと言えるかもしれない（Knöble [1993]）。
6) 1990年代に入って、運動論の専門家でもあるティリーの国民国家論は、民衆反乱や政治・社会運動といった「下から」の運動の役割を重要視し、国家と社会の相互交渉の側面（Tilly [1990]）、そのなかでのシティズンシップの制度化（Tilly [1996]）という問題に積極的に取り組むようになっている。それは次の第4節で紹介するマンやウィマーの議論と並行した発展と言えよう。
7) ウィマーは、近代世界が国民国家を単位とすることを自明視した社会科学の前提を「方法論的ナショナリズム」と呼んでいる。この予定調和的国民国家観も、この方法論的ナショナリズムの一種である。彼によれば、ティリーやギデンズは、「なぜ国家の近代化が起こるのかは説明するが、なぜ国家が国民的（national）なものになるのかを説明していない」（Wimmer [2002 : 72]）。
8) 比較政治学者のジョエル・ミグダルは、1980年代の社会学における「国家論の復権」が、かえって国家偏重的な国民国家論を生み出したとし、国家を単一の権力体ではなく、さまざまな社会的利害が表出された権力闘争の場として分析する「社会のなかの国家」論を展開しているが、これはマンやウィマーの視点とも類似している（Migdal [2001]）。また筆者は十分に検討していないが、ボブ・ジェソップによるマルクス主義的国家論の最近の展開においても、「国家と社会」という視点が重視されているようである（Jessop [1990]）。筆者自身は「国家と（市民）社会」という観点から、ドイツと日本の国民国家形成の比較や「ファシズム」の問題を分析したことがある（佐藤 [2000a, 2001]）。
9) 筆者も、同様の枠組を用いてドイツの東方領土問題を分析したことがある（佐藤 [2002]）。
10) このことと、アンダーソンやホブズボーム自身が「ネーション」をどう捉えていたのかとは別問題である。
11) ブルーベイカー（Brubaker [1996]）や佐藤（2000b）を参照。より一般的に言えば、国家と「ネーション」が実際に一体化したような「国民国家」など、歴史的に存在したことはないのである。
12) それは、グローバル化論が、彼らが常に批判する単線的社会進化論に陥っているからでもある。グローバル化によって、それに反比例する形で国民国家が「衰退」していくという図式には進化論的オプティミズムが見られる。グローバル化は世界をより複合的なものにするというのが彼らの見方である（Mann [1997], Wimmer [2002 : 7, 2001]）。特にマンは、9.11以後のアメリカの帝国主義的政策を強く批判しており、国民国家の共存による多極的世界の方がより好ましいと考える立場をとっている（Mann [2004a]）。

文献

Badie, Bertrand and Pierre Birnbaum, 1983（原1979）, *The Sociology of the State*, Chicago: The University of Chicago Press.（＝小山勉訳、1990、『国家の歴史社会学』東京：日本経済評論社。）

Bendix, Rinhard, 1977, *Nation-Building and Citizenship*, enl. ed., Berkeley, Los Angeles & London: University of California Press.

Brubaker, Rogers, 1992, *Citizenship and Nationhood in France and Germany*, Cambridge, Mass.: Harvard University Press.（＝佐藤成基・佐々木てる監訳、2005、『フランスとドイツの国籍とネーション――国籍形成の比較歴史社会学』東京：明石書店。）

――, 1996, *Nationalism Reframed*, Cambridge: Cambridge University Press.

――, 2004, "In the Name of the Nation: Reflections on Nationalism and Patriotism", *Citizenship Studies* 8 (2).

Durkheim, Emile, 1950, *Lecon de sociologie: physique des moeurs et du droit*, Paris: P.U.F.（＝宮島喬・川喜多喬訳、1974、『社会学講義』東京：みすず書房。）

Evans, Peter, Dietrich Rueschemeyer and Theda Skocpol, (eds.), 1985, *Bringing the State Back In*, Cambridge, Mass.: Cambridge University Press.

Giddens, Anthony, 1985, *The Nation-State and Violence*, Cambridge, England: Polity Press.（＝松尾精文ほか訳、1995、『国民国家と暴力』東京：而立書房。）

Jessop, Bob, 1990, *State Theory: Putting Capitalist States in Their Place*, Cambridge, England: Polity Press.（＝中谷義和訳、1994、『国家理論』東京：御茶の水書房。）

Knöble, Wolfgang, 1993, "Nationalstaat und Gesellschaftstherie: Anthony Giddens', John A. Hall und Michael Manns Beiträge zu einer notwendigen Diskussion, *Zeitschrift für Soziologie* 22 (3).

Mann, Michael, 1986, *The Sources of Social Power* I: *A History of Power from the Beginning to A.D. 1760*, Cambridge, London: Cambridge University Press.（＝森本醇・君塚直隆訳、2002、『ソーシャル・パワー――社会的な〈力〉の世界歴史』1、東京：NTT出版。）

――, 1993, *The Sources of Social Power* II: *The Rise of Classes and Nation-States 1760-1914*, Cambridge, London: Cambridge University Press.（＝森本醇・君塚直隆訳、2005、『ソーシャル・パワー――社会的な〈力〉の世界歴史』2、東京：NTT出版。）

――, 1997, "Has Globalization Ended the Rise and Rise of the Nation-State?", *Review of International Political Economy* 4 (3).

――, 2004a, "Can the New Imperialism Triumph in the Age of Nation-State?", *History and Theory* 43.

――, 2004b, *The Dark Side of Democracy*, Cambridge, London: Cambridge

University Press.
Marshall, Thomas Humphrey, 1950 → 1992, "Citizenship and Social Class", T. H. Marshall and Tom Bottomore, *Citizenship and Social Class*, London: Pluto Press. (＝岩崎信彦・中村健吾訳、1993、『シティズンシップと社会的階級』京都：法律文化社。)
Migdal, Joel, 2001, *State in Society: Studying How States and Societies Transform and Constitute One Another*, Cambridge, London: Cambridge University Press.
Mills, Charles Wright, 1956, *The Power Elite*, New York: Oxford University Press. (＝鵜飼信成・綿貫譲治訳、1969、『パワー・エリート』上・下、東京：東京大学出版会。)
Mitchell, Timothy, 1991, "The Limits of the State: Beyond Statist Approaches and Their Critic", *American Political Science Review* 85 (1).
西川長夫、1998、『国民国家論の射程』東京：柏書房。
Parsons, Talcott, 1958 → 1969, "The Distribution of Power in American Society", *Politics and Social Structure*, New York: Free Press. (＝新明正道監訳、1973、『政治と社会構造』上、東京：誠信書房。)
──, 1963 → 1969, "On the Concept of Power", *Politics and Social Structure*, New York: Free Press. (＝新明正道監訳、1974、『政治と社会構造』下、東京：誠信書房。)
──, 1971, *The System of Modern Societies*, Englewood Cliffs, N.J.: Prentice-Hall. (＝井門富二夫訳、1978、『近代社会の体系』東京：至誠堂。)
Pierson, Christopher, 1996, *The Modern State*, London: Routledge.
Poggi, Gianfranco, 1978, *The Development of the Modern State*, Stanford: Stanford University Press.
佐藤成基、1998、「マックス・ヴェーバーとネーション」『ソシオロジ』133号。
──、2000a、「国家・市民社会・ネーション──ドイツ、日本における国民国家形成における「上からの革命」テーゼをめぐって」『茨城大学人文学部紀要　社会科学科論集』No. 33。
──、2000b、「ナショナリズムのダイナミックス」『社会学評論』201号。
──、2001、「ナショナリズムとファシズム」『ソシオロジ』46 (3)。
──、2002、「失われた領土──東方領土問題と戦後ドイツのナショナル・アイデンティティ」『茨城大学人文学部紀要　社会科学科論集』No. 37。
──、2004、「多元主義と「シヴィック・ネーション」──パーソンズ理論における国民統合とエスニシティ」富永健一編『パーソンズ・ルネッサンスへの招待』東京：勁草書房。
Skocpol, Theda, 1985, "Bringing the State Back In: Strategies of Analysis in Current Research", Peter Evans, Dietrich Rueschemeyer and Theda Skocpol (eds.), 1985.
Spillman, Lyn, 1997, *Nation and Commemoration: Creating National Identity in the United States and Australia*, Cambridge, London: Cambridge University Press.

―――― and Russel Faeges, 2005, "Nations", Julia Adams *et al.* (eds.), *Remaking Modernity: Politics, History, and Sociology*, Durham: Duke University Press.

Tilly, Charles, (ed.), 1975, *The Formation of National States in Western Europe*, Princeton, N.J.: Princeton University Press.

――――, 1990, *Coercion, Capital, and European States*, Cambridge, Mass.: Oxford University Press.

―――― (ed.), 1996, *Citizenship, Identity and Social History*, Cambridge, England: Cambridge University Press.

Weber, Max, 1976, *Wirtschaft und Gesellschaft* I, 5. rev. Aufl. Tübingen: J. C. Mohr.（＝清水幾太郎訳、1972、『社会学の根本概念』東京：岩波文庫；世良晃志郎訳、1960-62、『支配の社会学』Ⅰ・Ⅱ、東京：創文社。）

Wimmer, Andreas, 2001, "Globalization *avant la lettre*: A Comparative View of Isomorphization and Heteromorphization in an Inter-Connecting World", *Comparative Studies in Society and History* 43 (4).

――――, 2002, *Nationalist Exclusion and Ethnic Conflict: Shadow of Modernity*, Cambridge, London: Cambridge University Press.

第IV部
経済と社会

　　　　第8章　贈与の論理、経済の論理
　　　　第9章　新しい経済社会学

第 **8** 章　　　　　　　　　　　　　　　　　　　　　　　　　荻野昌弘

贈与の論理、経済の論理
―― 贈与と経済の分岐点

1. 少子化社会を解く鍵

反経済学の立場

　現代社会学の最大の問題は、社会学者が十分に社会学者足りえていないことである。

　たとえば、最近の日本の少子化についてがそうである。社会学者が、少子化について経済学者同様の説明をしてしまうのである。少子化は、婚姻率の低下と結びついている。若者がそもそも結婚しないので、当然子どもは生まれないというのが現状である。そこで、なぜ若者が結婚しなくなったのかという問いに答える必要が出てくる。社会学者のなかには、女性が結婚しない理由を「親と同居する方がわざわざ結婚するよりも豊かな生活が送れるから」と、経済学の解釈を踏襲するようなかたちで答える者がいる[1]。ここでいう経済学説とは、ライベンスタイン以来の合理的判断に基づいて婚姻、出産を決める（子どもから得られる効用とそれによって生じる費用の比較）という考え方である (Leibenstein [1957 = 1960])。これは、一見もっともらしいが、少し考えればそれほど信頼性のない答えであることがわかる。

　経済学の解釈が適切であるかどうかを判断するためには、まず、常に「親の収入が高い場合、娘は婚期が遅れる」という命題が証明される必要がある。しかし、この命題はいくらでも反証を挙げることができるであろう。親元で生活しているよりも、生活水準が下がっても、結婚した女性はいくらでもいたろうし、そもそも結婚して生活水準が上がることの方が少なかった（少ない）かもしれない。つまり、婚姻という意思決定は、婚姻制度がどのような形態であれ、単純に結婚前と結婚後の生活水準の差を計算して行なわれるものではないのである。

本来社会学は経済学の論理に批判的だった。たとえば、エミール・デュルケームは、スチュアート・ミルを批判しながら、経済学が経験科学ではなく、「価値」「生産」といった観念を基に構成された「理論」にすぎないという（Durkheim [1937]）。経験に裏付けられていない論理的な構築物は、さまざまな具体的事実を説明する理論足りえないと断罪するのである。デュルケームの念頭にあった「経済学」は、限界効用学派以前のものであり、デュルケームの経験科学や理論に対する考え方自体議論の余地がある。しかし、重要なのは、デュルケームが、経済学とはまったく異なる方法を築こうとしている点である。

　これはデュルケームに限ったことではない。マックス・ヴェーバーや、経済学者でもあったヴィルフレド・パレートも同様である。たとえば、パレートは、『一般社会学提要』で第一章の序論のあとに、「非論理的行為」の章を設けている（Pareto [1920 = 1996]）。そして、経済学の扱う行為は「大部分論理的行為である」という。パレートのいう論理的行為は、「主観的にも客観的にも手段と目的とが論理的に結合している行為」である。それ以外の行為が、「非論理的行為」であり、社会学の対象は、非論理的行為の方である。

　パレートの非論理的行為の定義はかなり混乱している部分があるが、はっきりしているのは、経済的な行為は、論理的もしくは「合理的」と呼べるものだが、人間の行為のなかには論理的もしくは合理的ではない行為が数多くあるという点である。社会学者はそれを研究対象としなければならないのである。

少子化と贈与

　少子化という現象を考察するうえでも、社会学的にアプローチしていかねばならない。そのためにはまず、そもそも婚姻とは「贈与」交換の一種であるという観点から出発するべきである。レヴィ＝ストロースは『親族の基本構造』において、「未開社会において、（交換の）役割は本質的なものである。なぜなら、それは、物質的なモノ、社会的価値、女性をすべて統括しているからである」（Lévi-Strauss [1947]）と言う。つまり、「われわれ」が女性を「彼ら」に与える代わりに、彼らの女性をわれわれがもらう交換が婚姻である。ただし、レヴィ＝ストロースは、スミスのような市場主義者の発想に近く、交換は等価だと捉えている。つまり、レヴィ＝ストロースが、一種の経済主義に依存していることを示している。

レヴィ＝ストロースが取り上げたのは未開社会の婚姻制度であるが、近代社会においては、配偶者の選択が一見自由意志に任されているように見える。それは、具体的には「恋愛結婚」という形態を通じて実現される。そもそも、「親と同居する方がわざわざ結婚するよりも豊かな生活が送れるから結婚しない」という発想は、「恋愛」という視点をまったく無視して、結婚をある種の商品購入のように捉えている。言いかえれば、社会学の論理ではなく、経済の論理に従っている[2]。

　結婚はその当事者が意思決定権をもたない場合でももつ場合でも、贈与の論理に支えられている。二つの家族間における未婚女性の交換であろうが、個人同士のあいだであろうが、贈与の論理が働かなければ結婚にはつながらない。恋愛においては、「愛」を与えようとする、つまり贈与の論理がより直接的に働くのである。もちろん、結婚後の収入の安定など経済観念は必要とされるであろう。しかし、それは決定的ではない。そもそも、結婚自体、恋愛結婚に限らず、不確定性に賭ける行為なのである。たとえば、川島武宜は、かつて日本において事実婚が占める割合が高かった理由の一つとして、「嫁」が家風に合うかどうかをはっきりと「しゅうと・しゅうとめ」が判断するまでは入籍しなかった、という点を挙げている（川島［1950］）。家風に合わなかったときは、嫁は実家に「返され」ねばならなかった。つまり、事実婚は、そもそも「嫁入り」自体が不確定な要素をはらんでいる点を前提としていたのである。

　子を生み、育てるという行為も、経済の論理だけでは説明できない。「貧乏人の子沢山」という表現があるように、必ずしも貧乏だから子を作らないというわけではないからである。また、子を生んだからといって、常に親が子に愛情を注ぐとは限らない。たとえば児童虐待が社会問題になっているのは、ある条件においては、親が子に愛情を注ぐのではなく、暴力を行使することがあることを示している。「社会」による児童保護政策自体、「捨て子」対策などから始まっている。子の側から見ても親の意志に常に従うわけではない。川島は、江戸期に書かれた『二十四孝』に、「放蕩息子」に説教する父に子が「生んでくれと頼んだわけではない」と反論するエピソードにふれ、「父の儒教イデオロギーはいかにも力弱く感ぜられる」と述べている。親が子の未来に希望を託しても、裏切られることがある。子が常に親の期待に応えるとは限らない。親子関係は、合理的計算だけでは捉えられない。子に対して、贈与するという意志がなければ、家族は成立しない。しかし、与えることは、子という不確定な

存在に賭けることでもある。親の子に対する贈与こそが家族再生産の契機であるにもかかわらず、再生産が保証されないとすれば、それは、異性や子どもに贈与しようという意識が稀薄化しているからである。

2. 贈与概念の意義

モースの贈与概念

前節で見たように、贈与概念は社会学において根本的な概念の一つである。しかし、その意義は十分に理解されているとはいえない。

贈与をはじめて本格的に社会学の俎上に載せたのは、マルセル・モースである。モースは、「贈与論」において、贈与が社会を全体的に把握するうえですぐれて可能性に満ちた現象であると見なして、その概念化を図った。モースの死後に刊行されたモースの論文集『社会学と人類学』の序文で、クロード・レヴィ＝ストロースは、「贈与論」に代表されるモースの社会学を構造主義的発想の源であるとしており、特に贈与論をみずからの交換論の出発点にあるものと捉えている（Mauss［1978］）。

その後、モースが提起した贈与の問題については、マーシャル・サーリンズ（Sahlins［1981］）、ジャン・ボードリヤール（Baudrillard［1972, 1976］）、ピエール・ブルデュー（Bourdieu［1980］）らが、それぞれの理論を展開している。また、比較的最近では、モーリス・ゴドリエ（Godelier［1996］）、アラン・カイエ（Caillé［1994, 2000］）らがモースの「贈与論」に基づきながら、贈与の重要性を説いている。また、哲学者のジャック・デリダも、贈与に関する著書を出版し（Derrida［1991］）、モースについても論じている。少なくともフランスでは、贈与が社会学の根本的な概念として認知されつつある。

それでは、いかなる点において、贈与概念は根本的なのか。私見によれば、贈与は、次のような点で重要である。

(1) 社会秩序維持の基本原理——贈与は、伝統社会において顕著な現象であるが、近代社会においても贈与の原理は働いている。「クラやポトラッチ[3]は消滅した。しかし、その原理は、モノに関する社会学理論の基礎として記憶にとどめておくべきである」（Baudrillard［1972：9］）という見解に見られるように、贈与の原理は、社会を構成する普遍的な原

理として位置づけられる。
(2) 市場経済原理と贈与原理の錯綜した関係——市場は、贈与原理とは異なる原理で成立している。ただし、それは完全に相反する関係ではなく、複雑で、錯綜した関係にある。贈与についてあらためて問うことは、本来的に社会を構成する原理である贈与の価値を再評価し、市場経済原理の行き過ぎ（それは後に見るように暴力的な効果をもたらす）をチェックする意味がある。

以上の二点のうち、(1) に関しては、多くの研究蓄積がある。多くの場合、それは民族学的エスノグラフィーの成果に基づいている。これは、贈与の原理が端的に働くのは伝統社会においてであると見なされる傾向があるからである。モースの「贈与論」自体が、「クラやポトラッチ」に関する記述を通じて、贈与原理の普遍性を論じている。これに対して、(2) は、それほどの展開はない。(2) に関して、モースは、結論部分において次のように触れている。

　今日、古い原則が、私たちの法体系の厳格さ、抽象性、非人間性に対して、反撃を加えている。この観点から見れば、最近構想されつつある法律とその運用法には、過去に退行することをめざしているものがあると言える。
(Mauss [1950 → 1978 : 260])

モースが、具体的にここで指しているのは、失業保険制度や生活保護制度などのことである。この「贈与論」の結論部分が示唆しているのは、たとえば今日、年金制度や社会保障制度を考えるうえで贈与の概念は有効ではないかという視点である。また、より抽象的な「公共性」の問題についても、贈与は生産的な概念になるのではないかという着想である。そして、さらには、年金制度を維持するうえでネックとされている少子化の問題、つまり人口変動やそれと密接に関わる現代家族のあり方に関しても鍵となる概念ではないかと思われる。しかし、このような贈与概念の生産性に関しては、モース自身、「贈与論」の結論部分で示唆しているだけであり、その後社会学において、この点での大きな展開はなかった。

デリダのモース批判

市場経済原理と贈与原理の錯綜した関係について、「贈与論」の結論部分で、モースは、一見奇妙に見えるようなことを書いている。それは、「われわれが用いたプレゼント、贈り物、贈与のような用語は、それ自体必ずしも適切とはいえない。他に適切な言葉がなかったから。ただそれだけである」（ibid.：267）。えんえんと贈与について論じた後で、贈与という用語の選択は適切ではなかったのではないかという結論に達しているのである。これは、贈与という現象が、必ずしも単純に贈り物を贈るというだけではなく、労働や交換と結びついていることにモースが気づき、贈与と考えていた現象の複雑性を発見した結果、はたして論じた対象が贈与であったのかどうか、逡巡するようになったからであろう。デリダは、この点について次のように批判している。

> あえて次のように言うことができるかもしれない。マルセル・モースの『贈与論』という記念碑的著作は、ありとあらゆることを論じている。経済、交換、契約、競り、供犠、贈り物とお返し、要するにそれ自体贈与へと誘い、また、贈与を無効とするすべてのことに言及している。ただし、贈与そのものを除いては。（Derrida [1991]）

おそらく、モースは、このデリダの批判を承知していた。だから、結論部分で贈与という用語が適切であるかどうか、やや躊躇するような記述をしたのである。しかし、贈与の非贈与的性格を重視した点を評価するカイエのような社会学者もいる。カイエは、「モースは、功利的なモノと象徴的なモノ、私利私欲と無私の絡み合いを常に強調している」（Caillé [2000：35]）と指摘し、そもそも贈与が、無私の精神からでも単なる利潤追求からでもなく、この両方を含んでいる点こそ考察に値すると主張している。はたして、モースが贈与と呼んだものの核は何であったのか。

3. 社会秩序維持の基本原理

死者への贈与

前節で挙げたように、贈与概念の社会学的意義として、社会秩序維持の基本原理である点と、市場原理とは異なる経済編制の原理である点の二つを挙げる

ことができる。このうち、後者の点に関しては十分な検討が加えられていないと指摘したが、この点を考察する前に、まず、前者（社会秩序維持の基本原理）に関して説明を加えておこう。

　レヴィ＝ストロースは、「交換は、それぞれ異質な数多くの社会的行為の共通分母である」という論理がモースの「贈与論」にあると言う。しかし、レヴィ＝ストロースによれば、モースは、膨大なエスノグラフィーにいわば呑まれてしまい、この重要な論理を十分に展開させることができなかったと批判する。レヴィ＝ストロースにとっては、自身の『親族の基本構造』（Lévi-Strauss ［1947］）こそ、婚姻を交換として捉えたという点で、「共通分母としての交換」の論理を明らかにした研究である。レヴィ＝ストロースは、人間は本来的に交換への性向をもっていると考えていた。したがって、交換は贈与よりもはるかに重要で根源的な現象である。しかし、交換の重要性を説くことによって、贈与そのものは、交換の陰に隠れてしまうことになる。

　モースのように、贈与概念が重要であると考えるためには、一つの条件がある。それは、死者への贈与を原初的な贈与として考えることである。モースは、「恩を感じる相手として、居るべくして居たのは、死者の霊と神々だった」（Mauss ［1950 → 1978：182］）と最初の贈与の対象は、死者の霊であった点に触れている[4]。この点は、ほとんど議論されることがないが、「贈与論」において最も重要な指摘の一つである。同様の指摘は、モース以前にフリードリッヒ・ニーチェによっても成されている。

> 　原初的な種族社会の内部では——われわれは太古について言っているのだが——いつでも現在の世代は前の世代に対して、また特に最初の世代、すなわちその種族を創始した世代に対して、一種の法律上の義務を負っていることを承認する［中略］そこにおいては、種族の存立は全く祖先の犠牲と業績の賜物にほかならない——従ってそれはまた犠牲と業績によって祖先に払い戻されなくてはならない。（Nietzsche ［1888＝1995：104］）[5]

フランス反動派と国学者

　実は、19世紀初頭のフランスにおける反動派（反革命派）ボナルドやド・メストルの思想にも、同様の思想が脈打っている。彼らは社会を統一体として捉える観点を提示しており、この意味で、反動派はフランス社会学の事実上の

「創設者」であるというのが、すでに定説である（Namer [1994：302]）。彼らにとって、統一体としての社会は聖性を帯びており、死者と生者との調和によって成立している。死者たちの生きていた過去が現在にも絶対的な影響を及ぼしている以上、反動派にとって、伝統の遵守は不可欠である（荻野 [2001]）。

　19 世紀初頭の日本における平田篤胤以降の国学思想にも、同様の考え方が見られる。篤胤は、世界創造の神がみの直系の子孫が天皇家であり、日本（皇大御国）は世界の中心であるという説を主張した（平田 [1973]）。このため、戦後は「皇国史観の元祖」として批判的に捉えられてきた。たしかにその思想は今から見れば、ほとんど荒唐無稽に等しいものであるが、明治から第二次世界大戦終結までの日本の歴史を考えると、無視することはできない思想である。そして、その中核に贈与の思想がある。世界を創造した神がみの子孫である天皇は、神の世界に対する恩恵を象徴的に体現しており、いわば世界にとって「最大の恩人」である。篤胤によれば、世界の国ぐには、みな自発的に天皇の支配下に入り、貢ぎ物を持ってやって来るというのである。

　篤胤の弟子であった佐藤信淵も同様の発想をしている。信淵は、征韓論の源流でもある植民論を本格的に唱えた人物であるが、植民政策を含む信淵のあらゆる政策案の根本に、恩と報恩の論理がある。信淵は、為政者は、貧困に喘ぐ者を救済するべきであり、そうすれば貧困から救済された民衆は為政者に恩義を感じて喜んで為政者に従うようになると説く（佐藤 [1977]）。

　フランスの反動派は、その名のとおり、フランス革命後に誕生した共和国自体の存在を否定しており、「反体制的」である。これに対して、国学思想は、その後に天皇制国家を築くうえで重要な役割を担っている。この意味で、それぞれが果たした役割は異なるが、贈与を秩序形成の基本と見なしている点、そして死者の霊や神に対する贈与がその根幹にあるとしている点では同一の思想構造をもっている。

　モースの贈与論も、実はこうした思想とある種の共通性をもっている。それは、贈与が社会において果たす根本的な役割を認識し、国家が社会政策を推進するべきだと考えていた点である。モースは共和国の理念に疑義は唱えていないし、宗教的価値を説いているわけでもないので、国学思想や反動思想と同一視することはできないが、モースが「贈与論」で展開している議論は、国学思想が、ある意味では「普遍的」な側面をもっていることを教えている。それは、モースが普遍的と考える贈与の論理を理解したうえで、信淵が政策を考え

第 8 章　贈与の論理、経済の論理（荻野）　*163*

ていたという点に表われている。

4．公共性と破壊性

恩と報恩の倫理

　モースによれば、「未開社会」では、部族間のネットワークは非日常的なモノの贈与によって成り立っている。しかも、クラ交易に見られるように、交換品を一定の時期を越えて保有することは許されない。また、贈り物には返礼の義務があり、交換は一度はじまると断ち切ることができないような社会的義務を生む。贈与には、「贈る」「受け取る」「お返しをする」という三つの局面があり、これらが贈与という現象を構成しているのである。

　ここで重要なのは、贈与が必ず交換の輪を生むという考え方である。この考え方自体は、日本人にとっては、理解しやすいものである。中元・歳暮に代表されるように、日本では贈答文化が非常に発達しているからである。

　贈与交換の論理は、モースが記述している「未開社会」だけでなく、貨幣が介在する交換にも適用されうる。日本の場合、それは、恩と報恩の倫理に基づく交換で、贈与品を受け取った者は贈った者に対して「恩」を感じなければいけないという規範に基づいている。こうした交換は、等価ではない。贈り物を贈る側と受け取る側では、送る側が優位な立場に立つ。贈り物を受け取る側は、お返しをする義務があるからである。贈与交換は、交換する当事者のあいだに、不均衡を生む交換である。贈与交換をモデルにした商品交換も、等価な交換ではない。買い手と売り手は対等ではなく、買い手が売り手に対して優位に立つ。これは、買い手が商品生産のコスト以上の額を支払うことによって売り手は利潤を得るので、買い手が「恩人」に擬せられるからである。ルース・ベネディクトは『菊と刀』のなかで、しばしば恩の論理を理解するためには、アメリカ人の経済取引と比較するのがいいと指摘している（Benedict［1946＝1982］）。これは適切な指摘であり、商品交換を含む交換一般の規則が、恩と報恩の倫理に基づいているのである。

　モースの「贈与論」のなかでしばしば議論の焦点になった「ハウ hau」は、恩にかなり近い概念である。ハウは、贈与交換されるモノに宿る「精霊」（ただし、この言葉がハウの訳語として適切かどうかは考える必要がある）であり、これがあるために贈り主にいずれ返礼をしなければならない義務を負う。仮に、

返礼を怠ると不幸が起きるからである。これは、贈り物には贈り主の「まごころ」がこもっているので、それが返礼へと誘うと考えていいだろう。ハウの存在は恩義を感じさせるのである。

　贈与交換をモデルにした交換の規則は、恩を施した者が、恩義を受けた者に対して優位に立つ。受恩者が返済期限内に負債を「利息」を付けて返すことができれば、そこに権力関係は生じない。しかし、返済することができない場合、施恩者に対して受恩者は借りができるので、その支配下に入ることになる。受恩者は負債を返済しない限り、施恩者の支配から逃れることはできない。

　モースは、ポトラッチの例を引きながら、「信用、（支払い）期限と同時に名誉の観念」が明らかにそこに見られるという。ポトラッチは、部族、氏族ごとにさまざまな機会に宴席を設け、招待するという慣行をもっている。一度招待されるとそれに対する返礼の宴席を一定期間内で設けなければならない。返礼できない者は、信用を失い、名誉を傷つけられることになる。

贈与の暴力性

　こうしたタイプの交換を社会的交換として一般化したのが、ピーター・ブラウである（Blau [1964]）。ブラウは「サービスの相互交換」こそ、社会的な絆を生むものであると考える。権力が生じるのは、サービスの交換が等価でないときであり、受けたサービスを返済できないときに、サービス「受給者」の要求に従うよう義務づけられるとブラウは指摘する。これは、いわば恩と報恩の倫理に基づく交換をまさに社会的交換として普遍的に捉えようとする試みである。これは興味深いが、ただ交換のうち権力を生む交換のタイプだけを過度に評価している点で、理論的にはやや広がりに欠けると言わざるをえない。贈り物に対して返礼をしなくてはならない以上、相手が返すことができないような贈り物をすることで、交換は一種の「挑発」行為にもなる。そして、最後には、みずからの財を焼き尽くすところまでいってしまうことさえあるのだが、ブラウはこのような点まで考慮してはいない。

　モースは、ポトラッチの破壊的性格に関して次のように言う。

　　［ポトラッチは］場合によっては、もはや、あげたり、返したりするというのではなく、返してもらいたいという気持を持っていると勘ぐられないよう

に、みずからの持ち物をこわすこと自体が目的となる。［中略］それは相手をぐうの音も出ないほどたたきのめすためである。(Mauss [1950 → 1978 : 201]、文中の［　］内引用者（以下同様））。

モースはこうした贈与形態を「闘争的 agonisitique」と呼ぶ。「相手をたたきのめす」ために「みずからの持ち物をこわす」とは、贈られたモノ以上の価値があるモノを返す必要があるという原則があるからである。ここには、恩と報恩の倫理に基づく交換よりさらに先鋭的な交換形態がある。もちろん、闘争的な贈与は、より「穏便な」贈与交換とまったく異なるわけではない。「返してもらいたいという気持ちを勘ぐられないように」気前よく振る舞うのだから、やはり返してもらいたいという気持ちはある。つまり、「報恩」を期待しているのである。

富の蓄積と贈与

「返してもらいたいという気持を持っていると勘ぐられないように、みずからの持ち物をこわす」という記述は、ピエール・クラストルが調査した南米の部族社会トゥピ・グアラニの部族長を思い起こさせる（Clastres [1974]）。トゥピ・グアラニの部族長となるための条件の一つとして、部族のメンバーに対して、気前よく財を分け与える義務がある。そのため、部族長は、部族のメンバーで一番貧しくなるという。クラストルの観察がどこまで確かなものかという点は別にして、権力を行使する者は、私利私欲を肥やさない「公僕」である必要がある。他のメンバーに対する贈与行為を通じて、部族長の公共的性格を示すのである。

短期間に富を得た者が、周囲の嫉妬の眼から逃れるために、あるいは、なんらかのかたちでみずからの存在の公共性を示すために、贈与を行なうパターンは、現代社会においても存在している。

たとえば、アメリカのシリコンバレーに住むIT長者たちは、さまざまな「ボランティア」活動を行なう。それは、ある事業に金銭的に援助することもあれば、みなで集まって浜辺のゴミ拾いをするという物理的な活動を行なうこともある。これは単なる税金対策ではなく、フランスの人類学者マルク・アベレスによれば、まだ年若いIT長者たちが、突然の大金を手にして不安に駆られ、やむにやまれず、ボランティアや寄付行為を行なうらしいのである。

民俗学などで指摘されてきた「憑きもの筋」の話では、短期間に富を得たにもかかわらず、それを抱え込んでいると不吉なことが起こる。村のなかで突然長者になった家に、実は狐が憑いているといった噂が流れ、その家との婚姻を忌避することで、長者を孤立化させる。それによって、分け与えることをしなかった長者を罰するのである。シリコンバレーのIT長者も、同じような社会的制裁を受ける以前にみずから富を手放そうとしているのかもしれない。
　以上の点から、少なくとも、贈与には、(1) 贈与を通じて権力を得ようとする場合、(2) 他者からの嫉妬の回避や巨大な富を抱えることへの恐怖などから、自発的に富を手放す場合があることがわかる。これは、相手を叩きのめすためか、あるいは周囲からの攻撃を回避するための贈与である。ただ、動機がどのようなものであれ、このタイプの贈与は公共性を生む原動力となる。しかし、同時に破壊的な性格ももっている。「みずからの持ち物をこわすこと自体が目的」となるような場合、最終的には自己破壊に向かってしまうからである。それは、ジョルジュ・バタイユが蕩尽と呼んだような現象である（Bataille [1967]）。これは、贈与への意志の存在が、それ自体説明できない、不合理で、狂気とも呼べるような意志であることを意味している。そして、賭けや投資を可能にするのも同様の意志ではないかと考えられるのである（荻野 [2005：138-40]）。

5. 商品交換の論理

等価交換

　贈与交換と異なり、市場における商品交換は「等価」な交換を実現することが目指される。カール・マルクスは、『資本論』の第一章「商品」において商品価値に関して論じるとき、「20ヤールのリンネル＝一着の上衣」という等式から始めている（Marx [1969]）。この等式の一方である「20ヤールのリンネル」は、商品交換が拡大するにしたがって、一着の上衣だけではなく、他のさまざまな商品（x量のA商品）の価値を示す一般的等価物になっていくとマルクスは言うのである。このような議論の進め方が正しいかどうかは問題ではない。重要なのは、商品交換では、交換するモノ同士は対等であり、両者が共に同様の「価値」を交換する義務が生じるのである。
　これは、マルクス以前に、すでにアダム・スミスが「たとえば狩猟民族のあ

いだで、一匹のビーバーを仕留めるのに、一頭の鹿を仕留める労働の二倍はふつう費やされていると、ビーバー一匹は当然、鹿二頭と交換されるべきである」(Smith [1776 = 1978]) と指摘している点である。スミスは、「未開の社会形態」において狩猟民族は交換していたという事例から、人間は本来的に交換に向く性格をもつことを示そうとする。ただし、交換は等価でなければならない。

市場経済は等価交換を迅速に実現していくことを目的とする。しかし、これは交換という観点から見た場合であり、市場経済を前提とする経済の論理には、別の重要な前提がある。それは、(1) 財は稀少であり、(2) 獲得した財は個人の財産になるという前提である[6]。この前提の下に、個人は、私有財産の確保に努めるのである。言うまでもないが、資源が無限であれば、「経済」は必要ない。稀少な財をいかに効率よく分配するか、そしてそのために市場を活用するかが経済的な問題なのである。

経済交換と社会的交換

このような経済の論理に対して、社会学では二つのスタンスがある。一つは、経済と社会の領域は相互に浸透していると考える立場であり、ブラウや富永健一の理論がその代表格である。富永の場合、社会的交換と経済的交換には、異なる特性をもちながらも、同一の側面があると考える。両者が異なるのは、「社会的交換においてはサービスの発し手が貨幣による報酬受領を望んで」いないからというのが主な理由である (富永 [1997:27])。しかし、両者に共通点を認めることもできる。貨幣による支払いはなくとも、経済的交換における「財」の概念を援用して、社会的交換における交換対象を「社会財」あるいは「関係財」と捉えることができる。必要な財を獲得するための合意に基づいた (ロールズのいう意味での「社会契約」) 交換であるという点は、社会的交換も経済的交換とパラレルに考えることができると富永はいう (ibid.: 32)。

ピエール・ブルデューによる「資本」概念の援用も同じような取り組みである。資本は、いうまでもなく経済学の概念であり、稀少性を前提としている。ブルデューは、近代経済学の定義に準じたかたちで資本概念を用いながら、資本の適用範囲を広げている。この意味で、ブルデューの資本概念は、富永のいう社会財 (あるいは関係財) と同様の理論的射程をもっている。資本には、所得と資産の量を示す経済資本だけではなく、社会関係資本や文化資本があると

考えているからである。これらの資本をいかに増やし、維持していくかが社会的行為を規定するというのが、ブルデューの理論である。たとえば、文化資本のなかに含まれる学歴資本を多く有すれば有するほど、社会的地位の取得と維持につながる可能性が高くなる。

富永やブルデューの立場に対して、経済的交換と社会的交換のあいだに同一性を見出すのではなく、その相違点を強調し、経済学からの援用に積極的な価値を認めない立場もある。モースの『贈与論』が、経済学の稀少性という前提を覆そうとするものであったという点で、その出発点にある。なぜなら、贈与交換が社会編成の根本にあるとするならば、したがって贈与こそが最も価値のある行為であるとするならば、財を贈与せずに抱えていることは、否定的な行為になるからである。贈与交換を最優先する社会では、「蓄財する。しかし、それは、消費し、相手に恩恵を施しながら実は強制し、忠誠を誓わせるためである」（Mauss［1978：271］）。モース以降では、マーシャル・サーリンズが、稀少性神話に立脚する経済学を批判し、未開社会は根本的に豊かな社会であり、豊かであるがゆえに働く必要がなく、そのため労働時間も限られているという説を唱えている。稀少性神話が資本主義の神話にすぎないことを、サーリンズは人類学の資料によって裏付けようとしているのである。反対に、市場経済モデルは、贈与の論理を否定もしくは無視するところで成り立っている。

資本概念などを積極的に社会学にもち込んだブルデューは、1988年のリヨン大学における講演では、みずからの理論的スタンスに自省的になっている。ブルデューは、自分に対する誤解として、(1) 行為者を利害によって動く主体と捉えている、(2) 経済主義に陥っているという二つの批判が寄せられているとし、実際「公平無私の態度は表面的にすぎず、その背後には、巧妙な利害の追求があるとする批判理論［マルクスら］を越える理論的レヴェルをめざしながらも、足踏みをしていた」と語る（Bourdieu［1989］）。経済主義に陥っているという批判は資本概念の援用にも起因している。

資本のなかでも特に重要なのが、文化資本である。なぜなら、文化資本は、本来「無私」であるはずの文化の領域にも、実は「計算」が働いているという発想に基づいた概念だからである。たとえば、絵画や音楽の嗜好は無償の行為に見える。たしかに、それは趣味の領域に属し、趣味は「主観的」なものだと言われれば、その通りだと答えてもおかしくはない。しかし、ブルデューに言わせれば、実際には、そうではない。趣味が問われるとき、文化を理解し、表

現する力が試されているからである。つまり、趣味の一致は、それを理解する者同士の隠された親和性を確認する行為であり、また理解しない者との差異を明確にする行為でもある。そこには、隠された合理的計算があるというのである。このあたりの論理はレトリックでごまかしているところがあり、行為者がどこまで自覚的に計算しているのか、あるいはできるのかは明らかではない。ただ、少なくとも行為を外側から観察する社会学者の観点は、経済主義的である。そして、この点が問題なのである。

純粋な贈与は可能か

芸術活動が無償の行為であるという芸術至上主義、あるいは「純粋美学」の立場は、贈与の論理に基づいている。それは、芸術という聖域に身を捧げた純粋な芸術家像に典型的に表われている。しかし、芸術活動や芸術に親しむ行為が、みずからの優位性を認めさせ、みずからの権力を維持するための「資本」にすぎないという分析は、贈与の論理が実は市場経済の論理に支配されている前提がなければ成り立たない。カイエは、ブルデューは、「［社会学の伝統と異なり、］経済関係の延長として社会関係を概念化している」と批判する。

また、デリダのように、贈答が自動的に交換の輪を生むという考え方に、疑問を呈する者もいる。モースは、贈与と交換を同一視する傾向にあったが、循環的な交換の輪を生む贈与は、デリダにとっては、贈与ではない。交換の輪を生まないように、本来の贈与は、その当事者にとって、忘れられてしまわなければならない。この意味で、贈与はありえないものだというのがデリダの説である。そもそも人にモノを贈与する行為自体、見返りを期待して行なうわけではない。それどころか、純粋な贈与は、本来、それに対する「お返し」を拒否していくはずである。モノを贈る側も、受け取る側も、贈与が「交換」を生むと考える必要はない。贈り物を受け取った者は、お返ししなければならないという義務感を抱く必要はさらさらない。

ここで言えることは、見返りを期待しない純粋贈与と、贈与が交換を生む契機となる贈与交換の二つのタイプがあるという点である。そして、もしそうであるなら、贈与が交換に転換するときがあるはずである。それは、贈与が権力関係を生むときである。したがって、富永のように、贈与を社会的交換に含めて考える理論的視座とは異なる立場を本稿は採っている（富永［2001：36-40］）。富永の場合、「家族内相互贈与」の概念を立て、家族関係を贈与の観点

から論じている。この家族内贈与は、給付と反対給付のある交換として捉えられている。たしかに、贈与は交換に転化するので、反対給付を期待して贈与を行なうことがあるが（また、多くの場合がそうであるが）、そうでない、つまり見返りを期待しない贈与は、家族の内外において存在する。先に挙げた川島の議論を敷衍すれば、そもそも子を育ててもその子が親孝行になるとは限らないが、それでも子を見放さない親はいくらでもいる。

6. 近代社会における経済と贈与

贈与の論理と経済の論理の分岐点

モース流に考えれば、結婚は「全体的社会事実」である。全体的社会事実であるとは、経済、法（たとえば入籍というかたちで）、宗教（婚姻儀礼は宗教儀礼の形態をとることが多い）など、さまざまな側面をもつという意味である。そのうち、ある側面だけを取り出してみても、結婚の一面的な考察しかできない。

モースによれば、贈与は全体的社会現象である。贈与という全体的な現象のなかに、経済は埋め込まれており、独立した領域とは見なされていない。しかし、近代社会においては、各領域が分化していくので、必ずしもあらゆる現象が全体的であるとは言えなくなるように見える。経済の領域がそれ自体自立していくにつれ、経済に固有の論理が認識されるようになり、経済学的知が精緻化されていくのである。そして、しだいに経済が、他の領域を規定するような領域になる。これは、マルクスの史的唯物論に典型的に表われるが、マルクスでなくとも、経済の論理を安易に用いて社会現象を説明しようとする試みが絶えないのは、先に挙げたように、少子化を経済の論理だけで説明しようとする例が端的に示す通りである。

経済の領域は、たしかに社会を認識するうえでもっとも重要であるかのように捉えられている。しかし、経済の論理は、個人主義に基づいているため、個人の利益を越えた「公共の福祉」や「社会保障」「社会政策」にはつながらない。この個人の利益と公共の福祉をいかに調和させるかが、近代社会の課題の一つであったとも言える。マンドヴィルは、『蜜の寓話』で「私悪は公益」だと言っている（Mandeville [1970]）。これは、個人が私欲のみに基づいて行動することが、そのまま社会秩序につながることを説いたように解釈されてい

る。モースも、マンドヴィルが、功利主義への道を切り開いたように捉えている。しかし、マンドヴィルのいう「私悪」は奢侈を指しており、個人消費が需要を生み、経済を活性化させるという経済学の論理につながるものでもある。

マンドヴィルの思想は、贈与の論理と経済の論理の分岐点にある。贈与の論理は、蕩尽にまで至ることがある。しかし、蕩尽は、ある種の公共性を帯びている。自分以外の者に、財を分け与える気前の良さがそこにあるからである。しかし、マンドヴィルの私悪＝奢侈は、あくまで個人の消費である。他者に何かを分け与えることはしない。マンドヴィルの思想において、悪であった行為、つまり自分一人だけのために消費するという行為が合法化されたのである。そして、19世紀後半に登場した限界効用学派は、まさに消費は個人が行なうという前提を自明のものとした。

しかし、本論で主張したいのは、社会のもっとも重要な構成原理は贈与の論理の方だという点である。少子化を説明するときにも、あたかも個人消費を説明するがごとくに説明がされる。親といっしょに暮らす方が消費をするうえで有利なので結婚しないというのは、結婚という人生の選択と商品購入とを同一視している。人口再生産を保証するために（少子化対策のために）、子どものいる世帯に経済的支援を行なうことは悪いことではない。しかし、子どもを生むかどうかは、消費行動の一つではない。政策は贈与の論理に基づくかたちで、考えられなければならないのである。

これは、社会科学で言われている「公共性」とも大きく関わる問題である[7]。社会学でも、ハーバーマスなどの議論を紹介するようなかたちで、この用語が頻繁に使われている。しかし、この言葉がどのような内実をもっているのかは、はっきりしていない。公共性という用語にこだわる必要があるかどうかは別にして、贈与という概念を用いることで、公共性という言葉が指し示しているような問題領域（たとえば公共の福祉というときの公共とどのような意味で用いられるのかなど）がどのようなものであり、いかなる論理によって成り立ちうるかを明らかにすることができるのである。南米先住民のリーダーが、「身銭を切る」ことで尊敬を得るというクラストルの研究は、南米社会に固有のものというわけではない。贈与の論理がなければ、公共性を構築することはできないのである。

注

1) たとえば、山田（2001）などが典型例である。
2) 同じ社会学者でも、ブルデューのような社会学者であれば、もう少しニュアンスをもたせて、結婚を市場の一種として捉えながらも、恋愛結婚は実は同一階級内での「親和的」な結婚にすぎないというであろう。しかし、これも後に指摘するように、最終的には経済の論理に陥っている。
3) クラ交易はトロブリアンド諸島で行なわれている交易形態で、ポトラッチはアメリカ先住民のあいだで行なわれていたものである（Mauss [1978 = 1973-76]）。
4) 原初的な交換を想定せずに交換を捉えることで、婚姻の構造を捉えることができたのは、たしかにレヴィ＝ストロースの偉大な業績である。しかし、同時に、モースが捉えていたような交換の根源にある不可視の存在（死者の霊のような）との交換は捨象される。いいかえれば、人間の社会を成立させている想像力は、考慮の対象からは外れていくのである。たとえば、レヴィ＝ストロースにおける未開人は、死者の呪縛から解放され、いわば合理的な選択を行なっているように描かれているのである。
5) ただし、ニーチェは売買や交換は当初個人のあいだではじまったと考えている。
6) たとえば、ポール・サミュエルソンの教科書では、財を生産し、適正に分配しなければならないのは、資源が限られているからだとされている。
7) この点と「社会的資本」との関係については、今後、富永（1997）、コールマン（Coleman [1990]）らとの比較のうえで論じる必要がある。

文献

Bataille, Georges, 1967, *La Part maudite*, Paris: Minuit.（＝生田耕作訳、1973、『呪われた部分』東京：二見書房。）

Baudrillard, Jean, 1972, *Pour une critique de l'Economie politique du signe*, Paris: Gallimard.（＝今村仁司・宇波彰・桜井哲夫訳、1982、『記号の経済学批判』東京：法政大学出版局。）

―――, 1976, *L'Echange symbolique et la mort*, Paris: Gallimard.（＝今村仁司・塚原史訳、1992、『象徴交換と死』東京：ちくま学芸文庫。）

Benedict, Ruth, 1946 → 1967, *The Chrysanthemum and the Sword: Patterns of Japanese Culture*, London: Houghton Mifflin.（＝長谷川松治訳、1948 → 1982、『菊と刀――日本文化の型』東京：社会思想社。）

Blau, Peter, 1964, *Exchange and Power in Social Life*, New York: John Wiley & Sons.（＝間場寿一ほか訳、1974、『交換と権力――社会過程の弁証法社会学』東京：新曜社。）

Bourdieu, Pierre, 1980, *Sens pratique*, Paris: Minuit.（＝今村仁司・港道隆ほか訳、1988-90、『実践感覚』東京：みすず書房。）

―――, 1989, "Intérêt et désintéressement", *Cahiers de recherche*, Groupe de travail sur la socialisation, CNRS, n7, Septembre.

Caillé, Alain, 1994, *Don, intérêt et désintéressement*, Paris: La Découverte.

―――, 2000, *Anthropologie du don*, Paris: Desclée de Brouwer.

Clastres, Pierre, 1974, *Société contre l'Etat*, Paris: Minuit.（=渡辺公三訳、1987、『国家に抗する社会』東京：書肆風の薔薇。）

Coleman, James S., 1990, *Foundations of Social Theory*, Cambridge, Mass.: Harvard University Press.（=久慈利武訳、2004、『社会理論の基礎』東京：青木書店。）

Derrida, Jacques, 1991, *Donner le temps* 1, Paris: Galilée.

Durkheim, Emile, 1937 → 1983, *Les Règles de la méthode sociologique*, Paris: P.U.F.（=宮島喬、1978、『社会学的方法の基準』東京：岩波文庫。）

Godelier, Maurice, 1996, *L'Enigme du don*, Paris: Fayard.（=山内昶訳、2000、『贈与の謎』東京：法政大学出版局。）

平田篤胤、1973、「霊能真柱」『平田篤胤　伴信友　大國隆正』日本思想体系50、東京：岩波書店、pp.111-31。

川島武宜、1950、『日本社会の家族的構成』東京：日本評論社。

Leibenstein, Harvey, 1957, *Economic Backwardness and Economic Growth*, New York: Wily.（=矢野勇、1960、『経済的後進性と経済成長』東京：農林水産業生産性向上会議。）

Lévi-Strauss, Claude, 1947→1967, *Structures élémentaires de la parenté*, Paris: Mouton.（=福井和美、2000、『親族の基本構造』東京：青弓社。）

Mandeville, Bernard, 1970, *The Fable of the Bees*, Harmondsworth: Penguin (Pelican classics).（=泉谷治訳、1985-93、『蜂の寓話――私悪すなわち公益』東京：法政大学出版局。）

Marx, Karl, 1969, *Le Capital: livre* 1, Paris: Garnier-Flammarion.

Mauss, Marcel, 1950 → 1978, *Sociologie et anthropologie*, Paris: P.U.F.（=有地亨・伊昌司・山口俊夫訳、1973-76、『社会学と人類学』東京：弘文堂。）

Namer, Gerard, 1994, "Postface", Maurice Halbwachs, *Les Cadres sociaux de la mémoire*, Paris: Albin Michel, pp.299-397.

Nietzsche, Friedrich, 1888, *Zur Genealogie der Moral*, Nachwort von Volker Gerhardt, Stuttgart: Reclam.（=木場深定訳、1940→1995、『道徳の系譜』東京：岩波文庫。）

荻野昌弘、2001、「一九二〇-五〇年代のフランス社会学――冬の時代」『社会学史研究』23号、東京：いなほ書房、pp. 17-24。

―――、2005、『零度の社会』京都：世界思想社。

Pareto, Vilfred, 1920, *Compendio di sociologia generale*, Firenze: Guilio Farina.（=姫岡勤訳・板倉達文校訂、1996、『一般社会学提要』名古屋：名古屋大学出版会。）

Sahlins, Marchall, 1981, *Stone Age Economics*, New York: Aldine Pub.（=山内昶訳、1984、『石器時代の経済学』東京：法政大学出版局。）

佐藤信淵、1977、「混同秘策」『安藤昌益　佐藤信淵』日本思想体系45、東京：岩波書店、pp.425-85。

Smith, Adam, 1776, *An Inquiry into the Nature and Cause of the Wealth of Nations*.（=

大河内一男監訳、1978、『国富論』Ⅰ、東京：中公文庫。)
富永健一、1997、『経済と組織の社会学理論』東京：東大出版会。
———、2001、『社会変動の中の福祉国家——家族の失敗と国家の新しい機能』東京：中央公論新社。
山田昌弘、2001、『家族のリストラクチュアリング』東京：新曜社。

第9章

渡辺　深

新しい経済社会学
── グラノヴェターの「埋め込み」概念を中心にして

1. 経済と社会の関係をどのように概念化するか

新しい経済社会学の登場

　本章の目的は、1980年代に社会学の専門領域として復活した経済社会学から、経済と社会の関係について考察することである[1]。それは、グラノヴェターが「新しい経済社会学」と称し、経済と社会は有機的に相互に結びついており、あたかもそれらが別の現象であるかのように分析することはできないと主張するものである。新しい経済社会学は、それ以前の経済社会学と比較して、経済現象の周辺ではなく中核的な領域（製品、資本、労働に関するすべての市場構造と市場過程、生産、分配、交換、消費、価格、貨幣、契約など）を扱うものである。主要な想定として、経済交換において個人は個々ばらばらの原子のように行動しないし、他の人びとを同一のやり方で扱うこともしない、さらに、経済行為は経済的利害だけによって動機づけられるのではなく、「是認、地位、社交、勢力」などの社会的動機と密接に関係すると論じる。これらの点で、新しい経済社会学は、新古典経済学理論の妥当性に挑戦するのを厭わないことをその特徴とする。

　そこで、本章では、グラノヴェターの提唱する「埋め込み」（embeddedness）概念を中心に、新しい経済社会学の概念枠組を紹介し、経済と社会の関係について論じる。

　まず、経済社会学の歴史[2]を概観し、経済と社会の関係がどのように理解されてきたのか見てみよう（Smelser and Swedberg [1994], Granovetter and Swedberg [2001]）。19世紀後半から20世紀初頭にかけて、マルクス、デュルケーム、ヴェーバー、ジンメルなどの社会学思想の創始者たちは、経済と社会の関係について重要な分析を行なった。マルクスは、社会構造について、経済

的要因と政治、法律、家族、宗教、思想などの非経済的要因の関係と階級闘争という集団間関係から概念化した（Marx [1867]）。デュルケームは、分業が現代社会において富と能率を生み出す経済的機能だけでなく、凝集性と連帯を生み出す社会統合機能をもつと論じた（Durkheim [1893]）。また、ヴェーバーは、近代資本主義の発生をもたらしたのは、近代簿記や会計学、自由な労働力、大量市場などの経済的要因だけでなく、宗教的観念という文化的要因、あるいは、市民権、官僚制国家、計算可能な法律などの政治的要因であり、これら全体が相互に関係しながら累積的に作用したと論じた（Weber [1923]）。ジンメルは、競争、紛争、流行、貨幣と信頼の関係など様々な経済現象について社会学的分析を行なった（Simmel [1900]）。

1930年代から50年代には、パーソンズとスメルサーは、経済は社会システムの下位体系であるので、社会と経済は有機的に結びつき、相互に依存すると論じ、経済について統合的なアプローチを提唱した（Parsons and Smelser [1956]）。また、経済人類学においては、経済と社会の関係について、ポランニーが「経済は社会に埋め込まれている」と主張した（Polanyi [1957]）。

しかしながら、経済社会学は1960年代から70年代には経済の体系的な理解へとは向かわず、組織、階層、労働と職業、開発、文化などの社会学の異なる専門領域に特化した。一方、経済学では、人的資本論、取引コスト理論、エージェンシー理論、プロパティ・ライツ論などの理論が発達し、以前には経済学者には社会学的すぎると考えられていた現象——非経済的、非市場的な形態の人間行動——に経済学モデルが適用されるようになった。これは、経済学者自身が経済帝国主義（economic imperialism）と呼ぶものであり、それまで存在した「経済現象は経済学、非経済現象は社会学」という経済学と社会学の分離、分業に対して経済学者が風穴をあけたことを意味し、それ自体評価すべきことである。

1980年代になると、経済社会学それ自体が研究領域として復活し、経済学者とは反対に、経済現象への社会学モデルの適用が盛んに行なわれるようになった。ホワイト（White [1981]）による市場の社会学に始まり、グラノヴェターが1985年の論文「経済行為と社会構造——埋め込みの問題」（Granovetter [1985]）を発表し、その年の米国社会学会で「新しい経済社会学」と命名し、それが実質的な「新しい経済社会学」樹立の宣言となった。グラノヴェターは、ポランニーの埋め込み概念を「新しい経済社会学」の中心概念として復活

させ、経済行為が社会構造に埋め込まれていると論じる。その後、米国の多くの社会学者によって経済社会学の研究が蓄積され、1994年にはスメルサーとスウェドバーグの編集による *Handbook of Economic Sociology*（Smelser and Swedberg［1994］）が刊行され、2000年には米国社会学会に経済社会学のセクションが設立され、今日では社会学のなかでも最も重要な下位領域の一つとなった。また、ヨーロッパでも、ルーマン（Luhmann［1982］）やブルデュー（Bourdieu［2000］）に多くの経済社会学者が続いている。

2. 新しい経済社会学と埋め込み概念

経済は社会に埋め込まれている

それでは、新しい経済社会学とは何か。まず、簡単に経済社会学を定義すると、「経済現象に適用された社会学的視点」である。経済現象とは、一般的には、稀少な財とサービスの生産、分配、交換、消費に関する活動である。財とは、人間の欲望・欲求を満足させる属性をもつものであり、サービスは、労働などの有用な人間的行為である。

社会学的視点とは何か。社会学は、人間社会に関する科学であり、人間が誕生から死までかかわる多くの社会集団——小集団、家族、組織、共同体、制度、国家——を扱うものである。研究領域は人間の社会生活全般に渡り、さまざまな社会現象は行為、社会関係（ネットワーク）、文化、勢力などの視点から理解される。重要なのは、行為を理解するためには、個人の動機だけでなく、個人がおかれた広範な社会構造の理解が不可欠であるという視点である。要するに、経済社会学とは、経済現象という対象について社会構造（社会関係、文化、勢力）の役割に焦点を絞って説明する学問である。

表9-1は、経済社会学と経済学の基本的な視点を比較したものである（Granovetter［1990］, Smelser and Swedberg［1994］）。表9-1の経済社会学と経済学の比較を通じて、経済社会学の視点を明らかにしたい。

まず、経済学の分析単位は個人である。経済社会学では、分析の出発点は、集団、組織、共同体、社会などの集合体である。社会学において分析が個人から始まる場合もあるが、それはあくまでも集合体の社会構造を理解するためである。

次に、行為者の概念について、経済学は行為者が個人として行動すると想定

	経済社会学	経済学
①分析単位	集合体	個人
②行為者の概念	・行為者は相互に関係をもつ。 ・行為者はその関係に影響される。 ・行為者は集団の一部である。	・行為者は相互に関係をもたない。 ・行為者は関係に影響されない。 ・原子化された行為者。
③経済行為の動機	・経済的動機だけでなく、社交、是認、地位、社会的影響、勢力などの非経済的動機を重視。 ・変数としての合理性。	・経済的動機。 ・利潤、収入、富などを最大化。 ・効用の最大化。 ・想定としての合理性。
④経済行為に対する制約	・経済行為は、資源の需給関係と社会構造(ネットワークと文化)によって制約される。	・経済行為は、嗜好と、資源の需給関係によって制約される。
⑤社会と経済の関係	・経済は社会の不可欠な部分である。 ・社会は常に基本的な準拠点である。 ・経済は社会に埋め込まれている。	・市場と経済が基本的な準拠点である。 ・社会は「与件」である。

(注) この表は、次の文献を参考にして作成したものである：スメルサーとスウェドバーグ (Smelser and Swedberg [1994])、渡辺 (2002)。

表9-1 経済社会学と経済学の比較

する。特定の集団のメンバーとしては行動しない。行為者は相互に関係をもたず、個々ばらばらの存在である。これは、「原子化された atomized」行為者と呼ばれ、行為者の意思決定は相互の社会関係に影響されないと想定される。このように、経済学では、行為者と利害は特定の社会関係から独立したもの (decontextualize) として扱われる。対照的に、経済社会学では、行為者は、ばらばらな個人としてではなく、個人的関係のネットワークの中に存在し、特定の集団、社会のメンバーとして相互作用する。社会学の人間モデルは、その場で完了するようなごく短期間の交換の後には何の関係ももたず、個々ばらばらな存在ではなく、他の行為者とさまざまな関係を取り結び、他者の行為から影響され、他者の行為に影響を与え、特定の関係の歴史を形成する存在である。

また、経済行為の動機においても、経済学と経済社会学では異なる視点が存在する。経済学では、経済行為が効用の最大化という個人の経済的動機から説明され、常に合理性の存在が想定されている。合理的に行為する人は、選好に基づき、効用を最大化する選択肢を選ぶ人である。重要なのは利益がもたらされるかどうかであり、誰と取り引きするかについては無関心である。要するに、行為者は個人として行動し、効用の最大化という個人の経済的動機から経

済行為が説明される。しかし、経済社会学は、経済行為には経済的動機だけでなく、「是認、地位、社交、勢力」などの非経済的動機も混在すること、すなわち、「混合された動機 mixed motives」の存在を強調する（Granovetter [1985]）。これは、経済活動が個人的関係のネットワークの中で行なわれるからである。行為者間に何らかの関係が存在し、その関係に基づいて経済行為が行なわれるので、取引相手が誰であるかは重大な関心事である。グラノヴェターは「人間の相互作用を「個人の」利害だけに限定して説明しようとすると、いかなる場合も、他の行為同様に経済行為を特徴づける「関係」の基本的な側面から抽象化し分離してしまう」と指摘する（Granovetter [2002：36]）。経済社会学では、経済学のように合理性の存在が常に想定されているわけではなく、合理性の有無や合理性の程度は社会関係の性質や状況によって異なるので合理性は変数と考えられる。

　さらに、経済行為に対する制約について次のような違いが存在する。経済学は、経済行為が、嗜好と資源の需要と供給の関係によって影響され、制約されると考える。つまり、経済学では、嗜好と価格がわかれば、行為者は効用の最大化という動機だけで行動を選択するので、経済行為に関する意思決定も明確に予測できると考える。しかし、経済社会学は、経済行為が資源の需給関係だけでなく、行為者が置かれている社会構造（ネットワーク、文化、勢力）によっても影響され、制約されると考える。経済行為に関する意思決定は、嗜好や価格だけによってなされるわけではなく、行為者間のネットワーク（社会関係）、行為者が属する集団・社会の文化、勢力関係、社会制度などによって大きな影響を受ける。

　最後に、社会と経済の関係について、経済学と経済社会学には以下のような大きな相違が存在する。経済学では、その基本的な準拠点は、経済と市場であり、社会は「与件」と考えられている。つまり、社会は、「条件として一定」であり、経済に大きな影響を与える存在としては考えられていない。社会は経済の外部にあり、経済と市場は社会から独立した存在なので、社会と経済が相互に影響しあう対象とは考えない。反対に、経済社会学では、社会が常に基本的な準拠点であり、経済は社会の不可欠な部分である。社会と経済は有機的に結びつき、相互依存する関係にある。

　たとえば、パーソンズとスメルサーは、経済は、社会システムの一部（下位体系）であり、社会の「適応」の機能を受けもち、社会の他の下位体系（政

治、統合、パターンの維持）との相互交換を行なうと考えた（Parsons and Smelser [1956]）。

　同様に、ポランニーは、経済は社会に「埋め込まれている」と概念化する。埋め込み概念はポランニーが最初に紹介し、「人間の経済は、経済的な制度と非経済的な制度に埋め込まれ、編み込まれているのである。非経済的な制度を含めることが肝要である」と指摘した（Polanyi [1957 = 1975 : 268]）。ポランニーの埋め込み概念は、経済が広範な制度的構造の一部であり、経済活動は社会構造に埋め込まれていることを意味する。重要な点は、経済関係の基礎には社会的つながりの確認、信頼、連帯が不可欠であり、ネットワーク、価値、道徳性、倫理、伝統、義務、勢力関係を通じて経済関係が成立することである。

　ポランニーは、経済の社会関係への埋め込みを経済学が無視し、経済交換を常に市場交換と考えるのは間違いであると主張した。その理由は、市場交換は、経済行為の一つのタイプにすぎず、特に19世紀のヨーロッパの自己調整的な市場社会になって初めて主流の経済行為になったからであり、それ以前の非市場社会では、伝統にもとづく親族や友人による「互酬性」、あるいは、政治的・共同体的権威による「再配分」が主要なタイプの経済行為であり、経済は社会関係に埋め込まれていると論じた。非市場社会では、宗教、政治、その他の諸制度の影響を大きく受けるので、需要供給の果たす役割は小さいと主張した。

　ポランニーの埋め込み概念は、グラノヴェターの再解釈を通じて、「新しい経済社会学」の中心概念として復活した。グラノヴェターは、埋め込み概念が非市場社会だけに該当するというポランニーの議論を修正し、市場社会の経済分析にもこの概念が適用可能であり、実際の経済生活では、社会的影響と需要供給の影響が混在すると主張する（Granovetter [1985]）。グラノヴェターは、すべての経済は社会構造に埋め込まれており、埋め込みのレヴェルは、常に、ポランニーが想定するほど強くなく、経済学者が想定するよりも強いと主張する。このように、グラノヴェターは、ポランニーが想定する「強い」埋め込みではなく、「弱い」埋め込みを想定する立場である（Granovetter [1992]）。

3. 埋め込み概念の精緻化

四つのタイプの埋め込みと経済の社会的構成

　経済社会学は、経済学において「社会構造が無視されていること」を批判する。経済学では、経済行為者たちは、彼らのつながりから独立し、相互に分離して意思決定を行ない、社会関係はスムーズな経済行為を阻害する周辺的な「摩擦」と想定される（Granovetter [1985]）。人間行為は相互に分離し、原子化され、社会的な影響を受けない過小社会化（undersocialized）された存在となる。

　反対に、デニス・ロング（Wrong [1961]）が批判した、過剰社会化（oversocialized）された行為は、人びとが習慣や規範を内面化し、それらに完全に支配される行為をいう。グラノヴェターは、過小社会化と過剰社会化のどちらも、行為者が既存の具体的な社会関係によって影響されない——原子化されている——という点では共通するものであり、それは行為者が置かれている具体的な社会構造を無視する観念であると批判する（Granovetter [1985]）。実際には、どんな経済行為も抽象的な空間で生起するわけではないので、経済行為の結果に対する広範な社会構造の影響を無視することはできない。そこで、グラノヴェターは、原子化の反対概念として「埋め込み」概念を導入し、過小社会化でも過剰社会化でもなく、行為者が置かれている具体的な社会構造を分析しようと提言する。

　「埋め込み」概念は経済社会学において頻繁に引用されるようになった。その理由としては、埋め込み概念が「経済行為が社会構造に埋め込まれている」という一般的な方向づけは行なうが、残りの部分は各研究者に任されるので、その抽象性、あいまいさが「概念的な傘 a conceptual umbrella」（Granovetter [1998]）を提供し、経済のさまざまな領域の研究者がこの概念を自由に活用できたからであると論じられる。

　埋め込み概念のあいまいさに対処するために、その概念の明確な概念化あるいは操作化をめざして、埋め込み概念の精緻化が行なわれてきた。グラノヴェターは、埋め込みを「経済行為は具体的な社会関係——対人関係のネットワーク——に埋め込まれている」と定義し、経済におけるネットワークの役割を重視する（Granovetter [1985 = 1998 : 247]）。しかし、この埋め込み概念は、文

化、政治、あるいは、マクロレヴェルの社会構造との関係が無視されていると批判された。たとえば、ゼライザーは「複合市場モデル multiple markets model」(Zelizer [1988]) を提唱し、経済過程の理解には経済的、文化的、社会構造的（ネットワーク）要因の間の複雑な相互作用を分析することが重要であると論じた。

ディマジオとズーキンは、埋め込みとは、認知、文化、社会構造、政治制度に対する経済行為の随伴的性質であると広義に定義し、埋め込みのタイプを「認知的」「文化的」、「構造的」、「政治的」の四つに分類した（DiMaggio and Zukin [1990]）。

まず、認知的埋め込みは、われわれの心理的、認知的な過程が経済合理性を制限することを意味する。情報の不確実性や複雑性を処理するわれわれの能力には限界があるので、特定の状況に関するすべての情報を処理できない。いいかえれば、効用の最大化という個人の利害の合理的追求には限界——制限合理性（bounded rationality）——が存在する。そこで、情報処理を簡単に済ますために、情報は、選別され、カテゴリー化され、分類される。このような分類は認知的な偏りを生み出す。このように、われわれの社会的世界は、客観的な事実として存在するというよりも、主観的に認知（認識）された存在である。

文化的埋め込みについては、主に、文化社会学者が経済に対する文化のインパクトを研究してきた（DiMaggio [1990]）。文化は、対象や関係に付与された意味——「共有された集合的理解」——であり、具体的には、信念、態度、規範、価値、論理、（何を、誰と、どのような方法で交換するかという）役割関係、スクリプト（台本）、あるいは、自明な想定、聖と俗、内部と外部という分類システムなどである。経済行為は、特定の集団の価値観やライフスタイルなどの文化的要因に大きく影響される。たとえば、消費に関する意思決定は、価格と効用だけによってなされるわけではなく、「特定の社会的地位を誇示する」という動機から、あるいは、特定の社会集団のメンバーであること——ライフスタイルやアイデンティティ——の表現として、消費が行なわれる場合もある。一見個人的なものとみなされる特定の商品への好み（嗜好、選好）は、実際は、特定の社会関係や集団の存在を通じて、社会的、文化的に形成される。また、文化が経済的合理性を制限する例もある。文化は、人間の臓器、人間の命、愛情など神聖な対象や関係を商品として市場交換することを禁止し制限する。ゼライザーによる米国の生命保険業の研究では、生命を商品にする際

に強固な文化的抵抗に遭遇し、それに対して生命保険業が講じた対策が分析された（Zelizer [1983]）。また、アボラフィアは金融市場を研究し、市場の参加者の間に「相互の理解」が存在し、市場は共有された「意味のシステム」に埋め込まれていることを明らかにし、金融市場は文化現象として理解されると論じた（Abolafia [1996]）。

構造的埋め込みは、経済行為が社会関係のネットワークの中で起こることを意味し、グラノヴェターによって提唱されたものである。グラノヴェターは、ネットワークに基づく埋め込み概念を精緻化し、「経済行為と経済的結果は、すべての社会行為と結果のように、行為者の二者間（一対）の関係、そして、諸関係のネットワーク全体の構造に影響される」と考える（Granovetter [1992：32]）。すなわち、埋め込みには、「行為者の二者間の関係」への埋め込みと、「これらの二者間の社会関係を含む（交換を行なう行為者以外にも、他の多くの者が参加する）広範なネットワーク全体の構造」への埋め込みという二つの側面が存在し、グラノヴェターは、前者を「関係的埋め込み」、後者を「構造的埋め込み」と呼んだ。さらに、ウズィーは、埋め込みのレヴェルを測定し、埋め込みのタイプを「過少埋め込み underembedded」と「過剰埋め込み overembedded」に分類した（Uzzi [1997]）。ウズィーは、ニューヨークのアパレル産業における企業間関係を分析し、良い経済的結果を得るためには、構造的埋め込みのレヴェルが過少でも過剰でもなく、埋め込みのバランスが最適であることが重要であると主張した。

政治的埋め込みとは、経済行為において勢力が果たす役割に注目し、経済制度や経済に関する意思決定が経済行為者の勢力闘争によって形成され、影響されることを意味する。政治的埋め込みは、個人間、集団間の勢力の不平等や勢力闘争がどのように経済行為を形成し、維持し、変化させるのかを理解することにより、政治が経済に及ぼす影響を明らかにする。特に、国家と政府、社会階級、利益集団の役割が重要である。政府の規制、政策（税制）などの社会の法的枠組が企業の経済行為に直接の影響を与える。それらの規制や政策に影響される社会集団（利益集団）間の勢力闘争が経済行為の意思決定を左右する。

政治的埋め込みについては、組織社会学、比較社会学、歴史社会学の研究者が分析してきた。たとえば、「経済制度は、能率（efficiency）に関する問題を解決するために出現する」という経済学者（特に取引コスト経済学）の主張を批判し、経済社会学者は、「経済制度がなぜ、いかにして社会的に形成されて

くるのか」を歴史分析によって明らかにした (Fligstein [1990], Dobbin [1994])。これらの研究者が強調するのは、経済現象が形成される過程において政治、国家、勢力闘争が果たす役割である。

　上記のような「経済制度の社会的構成」について最初に指摘したのはグラノヴェターである。グラノヴェターは、彼の定義した埋め込み概念には文化、政治、マクロな社会構造が欠如しているという批判に対応して、「社会的構成」という概念を導入して経済制度の分析を行なった。彼は、埋め込みアプローチを発展させて、バーガーとルックマンの概念枠組を活用し、企業、産業、職業のような経済制度は、「社会的構成 social construction」(Berger and Luckmann [1966]) として理解されると主張する。社会的構成の考え方によれば、制度は客観的で外在的な現実ではなく、社会的に作り出されたものである。グラノヴェターを中心とする研究者たち (McGuire, Granovetter, and Schwartz [1993]) は、歴史分析によって、経済制度（ここでは米国の電力産業）は、それまでの社会、政治、市場、技術の歴史の発達が与える制約を背景に、ネットワークを通じての資源動員によって形成されたことを明らかにした。米国の電力産業は、エジソンとインサルの個人的ネットワークを中心とする資源動員という活動の蓄積としてはじまり、銀行家モーガンとの勢力闘争を通して、中央発電所の発達へと向かった。ネットワーク全体におけるインサルの位置は、財界、政界、技術という異なる制度領域——相互にデカップリング（分離）したネットワーク——の間を結ぶ「ブリッジ」（橋渡し）であった。その後、インサルは州政府による規制を奨励し、持株会社の形態を発達させた。そして、1920年代までには制度化が進み、現在みられる産業形態が明確なものとなった。ネットワークが決定的な役割を果たすのは産業形成の初期の段階であり、その後、いったん特定の産業形態がロックインされると、ネットワークの戦略的重要性は減少するのである。

　上記の経済制度の分析におけるグラノヴェターの概念図式には、キーとなる行為者、社会構造（文化、政治、ネットワーク）、資源動員、経路依存、ロックイン、カップリング、デカップリングなどの概念が活用された。その分析では、ネットワークだけでなく、他のさまざまな要因が相互に作用する、ゼライザーが提唱する「複合市場モデル」が構築された。このように、経済制度の理解には社会過程と歴史過程の分析が不可欠である。

4. 埋め込み概念からの提言

経済に関する社会学理論の発展に向けて

　それでは、経済と社会の関係について、新しい経済社会学はこれからどのような概念枠組を提供するのだろうか。最後に、これからの経済社会学の方向性について考えてみたい。

　まず、経済現象におけるネットワークの役割——構造的埋め込み——を重視する立場からグラノヴェターがどんな提言をしているのかみてみよう。グラノヴェターは、上記のように、埋め込み概念を精緻化し、相互行為が二者間の関係的埋め込みだけでなく、二者間の関係を含む広範なネットワークの構造的埋め込みによって影響されると論じた。最近の論文では、彼は、さらに高い位置から構造全体を鳥瞰して、直接的なネットワークだけでなく、異なるタイプのネットワーク間の諸関係と、それらの関係を調整できる行為者の特別な位置も視野に入れて、カップリング（coupling）とデカップリング（decoupling）という概念の有効性を提唱する（Granovetter［2002］）。

　たとえば、グラノヴェターは、東南アジアの華僑がなぜ企業を起こすのに成功したのかを説明するために、カップリングとデカップリングという概念を用いた（Granovetter［1990, 1995］）。カップリングとは連結、デカップリングは非連結（分離）していることを意味する。東南アジアの華僑には、一方で、起業に必要な「内部の信頼」を提供する小規模な凝集性の高い親族ネットワーク（カップリング）が存在するが、他方で、彼らがその地域で典型的な少数のマイノリティであり、彼らの所属集団は移民の時期や中国本国の出身地などによって限定されるので、その地域の他の集団からは分離（デカップリング）しており、企業家にその資源を提供するように要求できる友人や親族の数が明確に制限されるのである。企業の創造には、この二つのバランス（内部のカップリングと外部集団からのデカップリング）が重要である。

　グラノヴェターは、カップリング、デカップリングしている社会単位を三つのレヴェルに分類し、以下のように論じる（Granovetter［2002］）。まず、最初のレヴェルの社会単位は、個人あるいは組織の具体的なネットワークである。グラノヴェターは、「弱い紐帯の強さ」の仮説によって、弱い紐帯が相互に連結された、明確に定義された、凝集性の高い二つの集団を橋渡しするという構

造的な傾向を指摘し、転職においては、弱い紐帯を通じて、新しく、多様な、重複しない情報を入手し自分に有利に活用できると論じる（Granovetter [1973]）[3]。さらに、バートは、構造的空隙（structural holes）の概念によって、特定のネットワーク構造を資源とみなし、企業家活動の利益はネットワーク構造を操作する（構造的空隙をふさぐ）ことから生じると論じる（Burt [1992]）。バートによれば、企業家としての成功は、分断された社会関係（デカップリング）の存在と、その関係を連結（カップリング）できる独占的位置の確保と維持にかかっている。弱い紐帯も構造的空隙もネットワーク構造におけるカップリングとデカップリングを明らかにする概念である。

　次のレヴェルの社会単位は、交換の領域（sphere of exchange）である。これは、経済人類学では、交換される財が相互に同一単位で計ることができる（commensurable）ような特定のタイプの交換の領域を意味する。しかし、全ての財が同一単位で計ることができるわけではないので、その間では、交換することが適切でないか、あるいは、交換率がはっきりしない二つの分離された領域を連結することによって収益をあげることができる。たとえば、バース（Barth [1967]）によれば、企業家とは相手が通常の交換率を知らないことを利用して交換から収益をあげる人であり、以前には分離していた交換の領域を連結する能力が経済的成功の決定的な要素であると論じる。また、カズナー（Kirzner [1973]）によれば、企業家とは、市場間の価格差を利用して、以前には分離していた市場を結びつけることによって利益を得ようとする人である。要するに、企業家の有利さは、社会構造の非連結部分にまたがり、それらの間の流れを調整（統制）できる能力を独占することに存在するのである。グラノヴェターが強調するのは、企業家に必要なのは、バラバラの（デカップリングした）構造の存在、それを見いだす企業家の認知的卓越さ、ネットワークを通じて社会資源を動員する能力である（Granovetter [2002]）。つまり、行為者と構造の相互作用（interplay）が非常に重要である。

　最もマクロなレヴェルは、社会の制度的領域である。制度セクターにおけるカップリングとデカップリングは、政治的リーダーが権力システムを組織化するために必要な資源をいかに集めるかという政治社会学と類似する領域である。活用できる資源が自由に入手できるためには、一つの領域から他の領域へ移動できる自由な資源（free resources）の形成が重要となる。つまり、資源の流動性（liquidity）が問題となる。アイゼンシュタットによれば、集権化され

た官僚制帝国が維持されるための条件の一つは、社会がさまざまな制度的領域において分化を発達させて、経済、政治、法律、宗教、教育、文化に関わる活動が、家族や世帯から相対的に分離することである。分化がないと、資源が未分化の親族あるいは他の集団に埋め込まれ、政治的リーダーのために動員できないからである（Eisenstadt［1963］）。

　グラノヴェターは、上記の議論を通じて、ネットワーク構造それ自体が問題であり、それはより大きな社会過程の結果と考えられると主張する。そこで、これから経済社会学が解明すべき点は、経済行為者が存在する社会空間、制度、制度的セクターを明らかにし、それらの空間がどのように生じ、どのように連結・非連結し、どのように資源がその間を流れるのかに関して論じることであると指摘する（Granovetter［2002］）。カップリングとデカップリングという概念について最初に議論したのはホワイト（White［1992］）であり、これらの概念は、社会的境界（social boundary）の重要性を意味するものである。上記のように、インサルの交差紐帯が政治、財政、技術というそれまで分離していた領域を連結して、現在の形態の米国電力産業に発達させたのもその一例である。このように経済現象の説明には、「資源、情報、影響が、社会構造の明確に定義され、自己再生する領域の間をどのように移動したり、しなかったりするかを理解する」ことが重要である（Granovetter［2002：42］）。

　上記のような構造的埋め込みを重視する立場からの提言に対して、ゼライザーは文化的埋め込みに基づいた経済社会学の展望を示している（Zelizer［2002］）。彼女は、経済社会学が主に三つに分類されると論じる。まず、経済社会学の第一のカテゴリーは、経済学者ベッカー（Becker［1976］）が世帯行動を分析したように、経済学と同じモデルを用いるけれど、そのモデルを経済学者が通常無視する領域に「拡大 extension」して用いる経済社会学である。ゼライザーはコールマン（Coleman［1990］）の合理的選択理論もこのカテゴリーに入るとみなしている。

　第二は、グラノヴェターが提唱するように、個々の意思決定が行なわれる社会的「コンテクスト context」という社会的要素を分析に加え、構造的埋め込みを重視する経済社会学のカテゴリーである。これは、主にネットワークや組織構造という社会的要素を分析し、企業やさまざまなタイプの市場を研究する経済社会学である。

　第三のカテゴリーは、経済学のモデルに対してその「代替 alternative」とな

る記述や説明をめざす経済社会学である。特にゼライザーが主張するのは、経済現象の文化的埋め込みの分析である。第一の「拡大」では社会的価値を経済学者は選好という個人の効用関数の内容として扱い、第二の「コンテクスト」では文化を経済過程に対する制約（constraint）とみなすが、ゼライザーはこれらの考え方を批判する。彼女の提唱する第三の「代替」というカテゴリーでは、われわれが「経済的」と呼ぶまさにその社会関係に文化——対象と慣習における共有された意味と表象——を発見することが重要である。つまり、ゼライザーは、文化をただ経済過程の制約要因とみなすのではなく、経済過程を構成する象徴、信念、意味、共有された理解を分析することがこれからは望まれると主張する。

同様に、フリッグスタインは、政治的埋め込みを重視する立場から、従来の経済社会学を批判する。彼は、経済社会学が功利主義的な市場にとって例外となるような経済現象を示したり、あるいは、市場が作用する際に自明視される文化的な土台を示すだけでは不十分であると主張する。これからの経済社会学はその独自のメカニズムを理論的、経験的に明らかにする必要があると論じる（Fligstein［2002］）。

要するに、これからの経済社会学には、経済現象の説明に経済理論が不十分であると批判するだけでなく、その代替となる社会学独自の理論——経済現象を創出し、安定化し、変化させる社会的メカニズムを明確にするモデル——をさらに発達させることが期待される。

注
1) 新しい経済社会学についての詳細な紹介は、スウェドバーグ（Swedberg［1997］）と拙著（渡辺［2002］）を参照のこと。
2) 欧米の経済社会学史に関する詳細な分析はスウェドバーグ（Swedberg［1991］）を参照のこと。また、日本の経済社会学史、あるいは経済社会学者、高田保馬と富永健一の研究については、高田（1940）と富永（1974, 1995, 1997）を参照のこと。
3) 「弱い紐帯の強さ」の仮説については、グラノヴェター（Granovetter［1985］）と日米の労働者の転職過程を比較した拙著（渡辺［1999］）を参照のこと。

文献
Abolafia, Mitchel, 1996, *Making Markets*, Cambridge, Mass.: Harvard University Press.

Barth, Fredrik, 1967, "Economic Spheres in Darfur", Raymond Firth (ed.), *Themes in Economic Anthropology*, London: Tavistock.

Becker, Gary, 1976, *The Economic Approach to Human Behavior*, Chicago: University of Chicago Press.

Berger, Peter and Thomas Luckmann, 1967, *The Social Construction of Reality*, New York: Doubleday & Co. (=山口節郎訳、1977、『日常世界の構成』東京：新曜社／同訳、2003、『現実の社会的構成』東京：新曜社。)

Bourdieu, Pierre, 2000, "Principes d'une anthropologie économique", *Les Structures sociales de l'economie*, Paris: Seuil, pp.233-70.

Burt, Ronald, 1992, *Structural Holes*, Cambridge, Mass.: Harvard University Press.

Coleman, James, 1990, *Foundations of Social Theory*, Cambridge, Mass.: Belknap Press of Harvard University Press.

DiMaggio, Paul, 1990, "Cultural Aspects of Economic Action and Organization", R. Frieland and A. F. Robertson (eds.), *Beyond the Marketplace*, New York: Aldine de Gruyter.

────── and Sharon Zukin, 1990, "Introduction", S. Zukin and P. DiMaggio, *Structures of Capital*, Cambridge, England: Cambridge University Press.

Dobbin, Frank, 1994, *Forging Industrial Policy*, Cambridge, England: Cambridge University Press.

Durkheim, Emile, 1893, *De la division du travail social*, Paris: F. Alcan. (=井伊玄太郎訳、1989、『社会分業論』上・下、東京：講談社学術文庫。)

Eisenstadt, Shmuel, 1963, *The Political Systems of Empires*, New York: Free Press.

Fligstein, Neil, 1990, *The Transformation of Corporate Control*, Cambridge, Mass.: Harvard University Press.

──────, 2002, "Agreements, Disagreements, and Opportunities in the 'New Sociology of Markets'", Mauro Guillen *et al.*, *The New Economic Sociology*, New York: Russell Sage Foundation.

Granovetter, Mark, 1973, "The Strength of Weak Ties", *American Journal of Sociology* 78: 1360-80.

──────, 1985, "Economic Action and Social Structure: The Problem of Embeddedness", *American Journal of Sociology* 91: 481-580. (=渡辺深訳、1998、「経済行為と社会構造」『転職』京都：ミネルヴァ書房。)

──────, 1992, "Problems of Explanation in Economic Sociology", Nitin Nohria and Robert Eccles (eds.), *Networks and Organizations: Structure, Form, Action*, Boston, Mass.: Harvard Business School Press.

──────, 1995, "The Economic Sociology of Firms and Entrepreneurship", Alenjandro Portes, *Economic Sociology of Immigration*, New York: Russell Sage Foundation.

──────, 1998, "NET-Society: Mark Granovetter on Network, Embeddedness and Trust", *Sosiologi idag* 4: 87-113, Norway.

――, 2002, "A Theoretica Agenda for Economic Sociology", Mauro Guillen, Radall Collins, Paula England, and Marshall Meyer (eds.), *The New Economic Sociology*, New York: Russell Sage Foundation.

―― and Richard Swedberg (eds.), 2001, *The Sociology of Economic Life*, 2nd ed., Boulder, Colo: Westview Press.

Kirzner, Israel, 1973, *Competition and Entrepreneurship*, Chicago: University of Chicago Press.

Luhmann, Niklas, 1982, "The Economy as a Social System", *The Differentiation of Society*, New York: Columbia University.

Marx, Karl, 1867-94, *Das Capital*, 3 Bde. (＝向坂逸郎訳、1958-59、『資本論』東京：岩波文庫改版。)

McGuire, Patric, Mark Granovetter and Michael Schwartz, 1993, "Thomas Edison and the Social Construction of the Early Electric Industry in America", Richard Swedberg (eds.), *Explorations in Economic Sociology*, New York: Russell Sage Foundation.

Parsons, Talcott and Neil Smelser, 1956, *Economy and Society*, New York: The Free Press. (＝富永健一訳、1958、『経済と社会』Ⅰ・Ⅱ、東京：岩波書店。)

Polanyi, Karl, 1957, "The Economy as Instituted Process", *Trade and Market in the Early Empire*, New York: The Free Press. (＝玉野井芳郎・平野健一郎編訳、1975、「制度化された過程としての経済」『経済文明史』東京：日本経済新聞社。)

Simmel, Georg, 1900, Philosophie des Geldes, Leipzig: Dunker & Humblot. (＝居安正訳、1978、『貨幣の哲学　ジンメル著作集 2-3』東京：白水社.)

Smelser, Neil, and Richard Swedberg, 1994, *Handbook of Economic Sociology*, New York: Russell Sage Foundation and Princeton; N. J.: Princeton University Press.

Swedberg, Richard, 1991, "Major Traditions of Economic Sociology", *Annual Review of Sociology* 17: 251-76.

――, 1997, "New Economic Sociology", *Acta Sociologica* 40: 161-82, Amsterdam.

高田保馬、1940、『勢力論』東京：日本評論社；同、2003、「勢力論」『高田保馬――社会学セレクション1』京都：ミネルヴァ書房。

富永健一、1974、『社会学講座8――経済社会学』東京：東京大学出版会。

――、1995、『社会学講義』東京：中公新書。

――、1997、『経済と組織の社会学理論』東京：東京大学出版会。

Uzzi, Brian, 1997, "The Social Structure and Competition in Interfirm Networks: The Paradox of Embeddedness", *Administrative Science Quarterly* 42: 35-67.

渡辺深、1999、『「転職」のすすめ』東京：講談社現代新書。

――、2002、『経済社会学のすすめ』東京：八千代出版。

Weber, Max, 1923 → 1981, *General Economic History*, New Brunswick, N. J.: Transaction Books. (＝黒正巌・青山秀夫訳、1954-55、『一般社会経済史要論』東京：岩波書店。)

White, Harrison, 1981, "Where Do Markets Come From?", *American Journal of Sociology* 87: 517-47.
―――, 1992, *Identity and Control*, Princeton, N. J.: Princeton University Press.
Wrong, Dennis, 1961, "The Oversocialized Conception of Man in Modern Sociology", *American Sociological Review* 26: 183-93.
Zelizer, Viviana, 1983, *Morals and Markets*, New Brunswick, N. J.: Transaction Press. (=田村祐一郎訳、1994、『モラルとマーケット』東京:千倉書房。)
―――, 1988, "Beyond the Polemics of the Market", *Sociological Forum* 3: 614-34.
―――, 2002, "Enter Culture", Mauro Guillen, Randall Collins, Paula England, and Marshall Meyer (eds.), *The New Economic Sociology*, New York: Russell Sage Foundation.

第Ⅴ部
文化と社会

    第 10 章　ハビトゥスとしての芸術
    第 11 章　儀礼の社会理論
    第 12 章　ネオ機能主義から文化社会学へ

第10章

田中秀隆

ハビトゥスとしての芸術
―― ブルデュー芸術社会学の射程

1．ブルデュー理解の二つのカギ

芸術研究への注目

ブルデューは、『社会学者のメチエ』をコントの『実証哲学講義』からの引用で始める。

> 方法というものは、それが用いられる研究から切り離しては学びとりえないものである。少なくともそんなことをすれば死んだお勉強でしかなく、いくらそんな勉強に専念してみても、精神を豊かにすることなどできはしない。方法を抽象して考察したりすれば、方法のなかの現実的要素のすべてさえ、きわめて漠然とした一般性に還元されてしまって、知の体制に影響を与えることなど思いも及ばないであろう。（Bourdieu［1973：11 = 1994：22］）

ブルデューは、研究が行なわれた文脈を軽視して概念の定義付けを急ぐ考察が不毛に終わることに早くから注意を喚起していた。認識論的著作で示された忠告は、われわれがブルデューを読む場合の第一の指針として受けとめる必要があろう。

ブルデュー社会学は、わが国では教育論、階級論の分野で文化的再生産論として受容されてきた。しかし、本稿は、芸術に関する著作の読解が、ブルデュー社会学の理解にとって不可欠であると考え、ブルデューが芸術を一貫して扱っていた点に注目する[1]。具体的には、『中間芸術』（邦訳名は『写真論』、Bourdieu［1965a = 1990］）、『美術愛好』（Bourdieu［1966 = 1994］）、『ディスタンクシオン』（Bourdieu［1979a = 1990］）、『芸術の規則』（Bourdieu［1992 = 1995-96］）と連なる流れを主に対象にする。また、パノフスキーの『ゴシック建築と

スコラ学』（Ponofsky［1956 = 1987］）の仏訳作業（Bourdieu［1967 = 1986］）の位置づけも欠かせない。そのなかで、象徴的暴力や、ハビトゥスに、「場」というブルデューの代表的概念の出現も視野に納めていく。

原問題の発見

　読解の第二の指針として、原問題を見つけることも不可欠である。出世作『遺産相続者たち』（Bourdieu［1964 = 1997］）のエピグラムには、マーガレット・ミードの『文化的進化における連続性』からの一節が引用されている。それは、北米インディアンの幻視体験に関して、「エリートの家族の一員でない場合には、その幻視は本物ではないと宣告されるのがオチだったのだ」と締めくくられる箇所である。そこに、正統性をエリートに与えるものは何か、とのブルデュー社会学の原問題を見ることができる。オマハ族では、幻視体験を認める仕組みにトリックがあった。現代社会でエリートの再生産を正当化するもの、すなわち、幻視体験の認定にかわるようなものは何かという問いを原問題と想定して、ブルデューの営為の展開を跡づけてみよう。

2. 学校の背後にあるもの

カリスマ的イデオロギー

　『遺産相続者たち』は、「たとえ形式的に機会均等が実現されたとしても、〈学校〉は、正統性の装いをいっそう強固にして、特権の正統化に奉仕するといったことがありうるだろう」（Bourdieu［1964：44 = 1997：49］）と学校がもつ正統性賦与の機能に注目する。文化的特権を正当化するイデオロギー装置へのブルデューの注目は、学校の背後にあるものに向けられている。

　　特権階級は、カリスマ的と呼んでもいいようなイデオロギー（なぜならそれは「天の恵み」とか「生まれつきの才能」などに高い評価を与えるから）のうちに、彼らの文化的特権を正当化する根拠を見出す。それによって文化的特権は、社会的相続遺産から個人的な天の恵みへ、あるいは個人の功績へと変貌するのだ。（ibid.：106-7 = 127-8）

　ブルデューは、文化的特権を正当化するイデオロギーを、カリスマ的イデオ

ロギーと名付け、批判の対象とした。ブルデュー社会学は、カリスマ的イデオロギーを具現化している制度を暴くという方向で展開される。ブルデューが対象とする制度は、学校、美術館といったわれわれの常識の範囲に収まるものから、言語、文学といった日常的には制度とはめったに呼ばれない対象にまでも広がりをもつ。

　初期の芸術に関する考察の『中間芸術』（1965）では、写真が取り上げられた。絵画・彫刻・演劇・文学・クラシック音楽など正統な芸術として認められている領域に対して、映画・写真・ジャズなどが「中間芸術」とされる。正統的な実践とは異なり、正統化の途上にある実践は、熱中する人びとに、実践そのものの正統性についての問いを提起すると考えられていた（Bourdieu [1965a：137-8 = 1990：120]）。

　文化の正統性は、その文化の規則体系の適用範囲にあることを諸個人が自覚することに裏付けられている。文化の規則によって、諸個人の振舞は、資格を与えられたり、序列化される。この資格付与や序列化は、諸個人が望むと望まざるとにかかわらず、また、それを容認すると容認せざるとにかかわらず行なわれるものであることをブルデューは強調する（ibid.：135 = 374）。正統性を成立させる「外在性の内在化」を指し示す概念として、「ハビトゥス」が使われることになる[2]。

芸術への応用

　「外在性の内在化」という表現に馴染むのは言語の習得過程であろう。『教師と学生のコミュニケーション』（1965）では、言語を、出自に負った最も力があり、かつ捉えがたい文化的相続遺産と捉える視点が登場する。獲得した言語によって、われわれの経験的世界が意味づけられるというソシュール言語学以来の成果を、ブルデューは、生まれ育った環境によって獲得する言語の違いによって、社会的達成がいかに変わってくるかという観点で援用する。文系の学問での成功は、教養ある階級の出身者だけの母語である学校言語の操作能力と密接に関連する。母語の場合、言語の習得に努力感は伴わない。したがって、言語の習得に伴って達成された能力は、自身の生まれつきの能力と誤解されやすい点をブルデューは指摘している（Bourdieu [1965b：43 = 1999：66]）。

　言語は、外在性を内在化することで達成される実践であり、同時に、努力なしに習得されたと受けとめられている実践でもある。言語に限らず同じように

意識せずに習得したものは何か、とブルデューが問い直したことが、「生まれつきの才能」とみなされやすいものに、家庭的な背景を指摘するという分析手法を生みだし、芸術に関しても踏襲されることになる。

『美術愛好』(1966) では、最初に、芸術と生まれつきの才能を結びつける議論がいかに多く語られているかを紹介し、教養のある人たちは、彼らの美点である教養が、修得されたものであれば価値を失うかのように文化について語る、と皮肉っている。ブルデューは、芸術作品を前にした不平等も、学校を前にした不平等と同じである点を指摘する。学校と美術館は、文化的欲求を作りだし同時にそれを満たす手段を与えてくれる機関である。しかし、この機能を見えなくしているのが、『遺産相続者たち』でも指摘されたカリスマ的イデオロギーだった。

> 作品との出会いを恩寵（つまりカリスマ）の降臨の場とみなすカリスマ的イデオロギーは、文化的特権を持っている人々に対して、作品の知覚が必然的に知的な作用であり、したがってそれが学習されたものであるということを忘れさせることで、最も「議論の余地のない」正当化を与える。(Bourdieu [1966 → 1969 : 90-1 = 1994 : 89])

カリスマについては、学校での学業の達成という文脈では、生まれつきの才能という側面が、また、美術鑑賞の文脈では、「作品との出会い」という側面が強調されている。ブルデューは、カリスマ的イデオロギーが、芸術作品の解釈が学習された特定の図式にしたがったものであることを隠蔽する機能をもつことを明らかにする。学校においても、家庭環境からもたらされる文化的な解釈図式が、学業達成を支えている。つまり、美術鑑賞と学業達成には同じメカニズムが働いている。ブルデューにとっては、このメカニズムを隠蔽するカリスマ的イデオロギーこそが、かくれた不平等を生み出す源と認識された。

母国語教育と同じく、文学や芸術の教育は、美術館や記念建造物の訪問、コンサートの鑑賞、読書などの体験の資本をすでに与えられている個人を前提条件として組織されている。そしてこのような体験は、異なる社会環境の間でたいへん不平等に配分されていた。学校教育システムは、家庭環境における文化的体験の不平等な配分状況が存在しないかのような裁定を下す。すなわち、実は家庭のおかげで手に入れていたために実現した達成を、生まれつきの才能が

あることと評価し、また、家庭のせいで手に入れることができないために実現できなかった達成を、生まれつきの才能の欠如と評価する。その結果、出発点たる家庭における不平等を永続化する機能を、学校教育システムは果たしていることになる（ibid.: 107 = 107）。

以上、『美術愛好』では、文化における正統性をエリートに与えるものがカリスマ的イデオロギーであり、これに学校教育も協力していることが明らかにされた。

『再生産』（1970）では、学校制度の選別機能が隠蔽されているために、就学上ならびにその後の社会的な運命は、本人の才能あるいは能力の欠如によるものだと、納得させられることが、まず指摘される。その後で、「こと文化に関しては、絶対的な剝奪は、剝奪の意識をも排除してしまうのだから」（Bourdieu［1970 : 253 = 1991 : 229］）と、芸術を享受する文化的資本が剝奪されていることが意識されない状況が示される。剝奪の意識をも排除する原因は、カリスマ的イデオロギーに帰せられた。

『再生産』では、さまざまな意味を押しつけ、しかもみずからの力の根底にある力関係をおおい隠すことで、それらの意味を正統であると押しつけるにいたる力が、「象徴的暴力」として冒頭に定義されている。カリスマ的イデオロギーを問題にする視角が、象徴的暴力の概念を生み出したのである。

3. ハビトゥス概念の彫琢

俗流美学との対決

『再生産』で、カリスマ的イデオロギーの働きは、象徴的暴力として特定された。カリスマ的イデオロギーの起源を問題にすると、既存の美学とも緊張関係をもつことになる。ここで、ブルデューの既存の芸術理念へのスタンスを見ておくことにしよう。『美術愛好』では、つぎのように述べていた。

> 「美とは、概念なしに歓びを与えるものである」としたカントの定式を、われわれ社会学者が反駁しようとするつもりはない。むしろこのような体験を可能にする社会的諸条件や、そうした体験を持つことのできる人々、つまり芸術愛好家や「趣味のよい人々」を可能にしてくれる社会的諸条件を明らかにし、それによって、この体験がそれとして存在しうる範囲が、いかなる

限界をもつかをはっきりと示すことを狙いとしている。(Bourdieu [1966 → 1969：162 = 1994：166])

　ブルデューは、概念なしに歓びを与えられたと思うようなわれわれの美的体験が、根拠のないものであると言っているわけではない。美的体験のリアリティのよって来たる前提には、習得が存在することを指摘することで、美的体験を万人に無条件に普遍化して考えることが誤りであると述べているのである。
　ブルデューが、カリスマ的イデオロギーという言葉を使うのは、美的体験の欠落を生まれつきの才能の問題に帰する考え方を指している。この考え方は俗流化された天才美学と呼ぶことも出来よう。カントの『判断力批判』は、芸術は天才の所産であり、自然は天才を通じて、学問に対してでなく、芸術に対して規則を定めるという立場の出発点とみなされる。ロマン派美学は、芸術は無意識的に天才的な所産であると天才概念を拡大した。ブルデューが批判する「カリスマ的イデオロギー」は、天才の所産である芸術作品を理解するためにも、天賦の才が必要であるという判断にまで拡大された俗流美学を指す[3]。
　ブルデューは、ハビトゥス概念を拡大することで、俗流美学を乗り越えていく。『美術愛好』では、ハビトゥスは「文化的恣意性の内在化に他ならない一つの教養」を言い換える際に使われている。外在性の内在化を示すために用いられているのは『中間芸術』の時と同じである。その後、ハビトゥス概念は洗練されていく。

美術書翻訳の意図
　『美術愛好』を出版した翌年に、ブルデューは、美術史家パノフスキーの著作を仏訳出版する。タイトルは、『ゴシック建築とスコラ学』であるが、英語版（Panofsky [1976 = 1987]）に含まれていない論考も収録していることと、長大なあとがきが付されていることに注意を要する（Bourdieu [1967 = 1986]）。
　まず、あとがきをみれば、ブルデューが、学校制度をもつ社会で、デュルケームやモースの言う「分類の原初的諸形態」に相当する機能をはたすものは何かと発想したことがわかる。

　パノフスキーはさらに、ハビトゥスのスコラ思想における概念を、学校によって教えこまれた文化にあてはめることによって、つぎのことがらを説明す

る。すなわち、文化とは、単に、共通のコードでもなく、共通の問題に対する共同の解答目録でもなく、あるいは個別で特定化された一揃いの思考図式でもなく、むしろ、いくつかの基本的図式がすでに同化されて、そこから音楽の記述技法にも似た発明の術によって、個々の状況に直接に適用された無限の個々の図式が生まれてくる、そのような基本的図式の全体なのである。(ibid.：151-2 = 137、傍点引用者（以下同様））

『中間芸術』の段階でブルデューがハビトゥスに与えた内在化される外在性という意味と比較すれば、パノフスキーの分析は、内在化される外在性の範囲に、芸術を認識したり、生み出したりする基本図式も含まれることを教えてくれる業績であった。

次に、芸術で新たな様式を創造した人間の出現を、ハビトゥス概念で説明できるかがブルデューにとっての課題となった。なぜならば、創造的個人が出現したことによって新しい様式が誕生したという説明は、カリスマ的イデオロギー（生まれつきの才能）を導入することにつながるので、ブルデューにとっては容認できないからである。

個人と集団とを対立させることによって、創造的個人の権利と個的な創造の神秘を擁護し保存しようとするのは、個人のただなかにこそ存在する集団を発見することを拒むことを意味する。すなわち、この集団は、文化という形で——陶冶（cultivation）とか教養（Bildung）という主観的意味での文化——、あるいは、パノフスキーのいうところのハビトゥスという形で、個人のなかに存在するのである。このハビトゥスを通じて、創造者は自分の集団や時代に参加しているのであり、外面的にはもっとも独特に見える彼の創造行為を、ハビトゥスは彼の知らないうちに方向づけ導いているのである。(ibid.：142 = 131)

ブルデューが、仏訳版に付け加えたのは、別の著作としてパノフスキーがサン・ドニ教会を作ったシュジェ師の資料集を英訳して出版した際に付した序論である（Panofsky [1979]）。あらたな様式の革新者であるシュジェ師に関するパノフスキーの序文は、『ゴシック建築とスコラ学』の仏訳本の第一部を構成し、ブルデューは、パノフスキーの原文に、1. 仲介者、2. 行政官、3. 唯美主

義者と禁欲主義者、4. 新たな芸術と光の形而上学、5. 革新者の弁明、という5つの章立てを与えて訳出している。ブルデューは、創造者であるシュジェ師も自分の集団や時代に参加していて、独創的に見えるサン・ドニ教会の建立もその結果生まれたことがパノフスキーによって語られていると考えた。

集団（歴史・文化）が個人に組み込まれていることを示すハビトゥス概念は、時代から超越した全くの創造という考えを必要としない形に、パノフスキーの成果を吸収することで成長していった。すなわち、天才概念から派生するカリスマ的イデオロギーを否定する射程を、ブルデューは、ハビトゥスに与えたことになる。

身体への注目

パノフスキーは、「ハビトゥス」よりも、「精神習慣」（mental habit）の方を分析用語として用いているが、ブルデューは、あえて「ハビトゥス」を利用する。パノフスキーが、「その分野に本来そなわったもの」という概念で利用した「ハビトゥス」を使う理由を、ブルデューは、パノフスキーに残っている新カント派的な伝統である純粋な認識主体という概念を導入しないために用いたと説明する（Bourdieu [1987：23 = 1991：25]）。しかし、人間の行為を説明する上で、社会的なものが支配的であるとする伝統に立っているためにアリストテレス以来の歴史をもつハビトゥスという言葉を使っているとの答えが社会学者にとっては理解しやすい答えであろう（ブルデュー・富永 [2001：22]）[4]。

社会学の文脈でハビトゥスと言えば、「身体技法」と訳されるマルセル・モースの用法がまず思い浮かぶ。ハビトゥスと表現される外在的なものの内在化にとっては、持続的に身体を使うことによる蓄積過程を示す身体化という概念が不可欠である。ブルデューは、日焼けに例えて、身体化が代理によっては果たされないことを指摘し、その人物に完全に組み込まれた所有としての特性（ハビトゥス）は、文化資本の身体化された様態であると位置づけている（Bourdieu [1967：4 = 1986：21]）。

ハビトゥス概念を導入することで、ブルデューは、時代から超越した天才という概念（カリスマ的イデオロギー）を否定し、同時に、芸術を身体化の問題として扱う地平を開くことになる。

『ディスタンクシオン』（1979）は、仕事、家庭、街角における人びとの姿を写した写真を30枚以上収録する。これらの写真を眺めただけで、社会におけ

る位置づけの違いが、人びとの姿に身体化されていることを雄弁に物語る仕組みになってる。

　同時に、副題は「社会的判断力批判」と、カントの『判断力批判』を踏まえていることを示す。「趣味判断の社会的批判」と題された第一部では、美的性向の本質分析は、すべて必ず失敗する運命にあると断言する（Bourdieu [1979a：29 = 1990：Ⅰ：47]）。

　ブルデューは、芸術と芸術消費が社会的差異の正統化という社会的機能を果たす傾向をもっていると指摘し、その淵源を、やはりカリスマ的イデオロギーに求める。

　　オルテガ・イ・ガセットを読みさえすれば、天賦の才能というカリスマ的イデオロギーが、現代芸術という「本質的に非大衆的な、そればかりか反大衆的でさえある」芸術のなかで、またこの芸術が人々を「理解できる者と理解できない者」という二つの「対立する」「カースト」に分けることで生み出す「奇妙な社会学的効果」のなかで、どれほど強化されているかがすべて見えてくる。(ibid.：31 = 50)

　社会的差異の正統化は「人がそう望もうと望むまいと、またそれを知っていようといまいが」、行なわれる（ibid.：Ⅷ = 13）。その理由を与えるのはまたしても「ハビトゥス」概念である[5]。

　ブルデューは、一種の文法としてのハビトゥスによって、行動に規則性が与えられる点を指摘し、趣味の性質として、個人を他人から差異化し、評価する側面を強調する。しかし、趣味が生得的に個人に由来する特性であると考えてしまうことには、特定の時代の歴史的経験を不当に普遍化することになってしまうと指摘している。

　　カントによる趣味判断の分析は、哲学の名に値する哲学思想はすべてそうであるように非歴史的であり（永遠でないような哲学は存在しないのであるから）、また芸術体験の普遍的主体として構成された美学的言説の主体であるホモ・エステティックスの実体験以外にはいかなる所与ももたないがゆえに、まったくエスノセントリックなものであって、その現実的根拠は、ある特殊な存在状態に結びついた諸性向が普遍化されたものである一連の倫理的

原則のうちに見出される。(Bourdieu［1979a：577＝1990：Ⅱ：382］)

　西洋近代の経験を美学が人類全体に普遍化して主張することは、一種のエスノセントリズムにほかならない。ブルデューの議論は、単なる概念的な批判にとどまらず、俗流美学のエスノセントリズム（カリスマ的イデオロギー）が生みだし、維持しようとしている社会的差異の体系を描く作業と並行して行なわれているところに特徴がある。普遍性を標榜する概念を批判する際、その成り立つ範囲を限定的に示してみせることが、ブルデュー流の批判の方法である[6]。人間に普遍的に備わった性質であるかのように分析された「趣味判断」は、身体化されたハビトゥスであって、歴史的・空間的に特定の人間のみに身体化された性質としての限定性が明確にされた。

4.「場」の理論

近代芸術の生成
　ブルデューの俗流美学批判の完成は「ハビトゥス」に加えて、「場」の概念の洗練を待たなくてはならない。『ディスタンクシオン』でブルデューは、パノフスキー流のイコノロジー分析に対して、作品の理解や評価が、それを見る側の意図にも、鑑賞者自身の芸術的素養にも同時に依存している点を見逃していると不満を表明する。ブルデューは、次の解決策を提案した。

　この困難を脱出するには、次のことに注意を向けさえすればよい。すなわち、芸術作品をまさしく芸術作品としてとらえる「純粋」知覚という理想は、相対的に自律性をもった芸術諸領域を構成するにあたって必要とされる、いわゆる芸術としての正統性を支える諸原則の明白化および体系化の産物なのだということである。(Bourdieu［1979a：30＝1990：Ⅰ：48］)

　ブルデューは、芸術の正統性のために「純粋」知覚という考え方が援用されたと指摘する。そして、その見解を展開する形で、第二部に、「場の力学」と題する章を設け、文化生産の場の一つとして芸術も射程におさめる。そして、作品を含めた客体化された文化資本が物質的・象徴的に活動する文化資本として存在し、存続しうるのは、場の中での闘争を通じてのみであるという見通し

を述べた。(ibid.: 252 = 349)

『ディスタンクション』で示された場の中での闘争を通じて文化資本が確立するというアイディアが、『芸術の規則』(Bourdieu [1992 = 1995-96])で、文学を中心とした芸術場での闘争の様子として具体的に分析されることになる[7]。『芸術の規則』は、フロベールの『感情教育』の分析を冒頭に配している。しかし、それは第二部に示される分析原理の結果であって、芸術場の生成と場の生成にともなって生み出されたものを明らかにすることが主目的となる。ブルデューが『芸術の規則』で、カリスマ的イデオロギーとからめて問題にするのは、「創造」の概念である。

 じっさい視線を見かけ上の生産者――画家、作曲家、作家――へと向けさせ、いったい誰がこの「創造者」とその実体変化をもたらす不思議な力を創造したのかという問いを禁じてしまうのは、このカリスマ的イデオロギーなのだ。(Bourdieu [1992:238 = 1995:Ⅰ:262-3])

ブルデューは、場という概念を援用し、芸術家は、芸術を発見し、認知し、承認することに寄与する人びとの集合体全体によって、芸術場のただ中でそれ自身が生み出された存在であると主張する。

場の概念は、「磁場」、「重力場」というイメージでとらえるとわかりやすい。磁石の力が及んでいる範囲が磁場、引力の及んでいる範囲が重力場となるように、ある力のはたらく範囲を想定して、〇〇場という指定が行なわれる。政治場、経済場、文化場という言い方から誤解されやすいが、場は、社会体系を機能的に分割する原理なのではない。それは、ある力の働きを詳しく分析するための仮説的な空間想定である。

この方法の背景には、力の作動因を、特定の具体的事物を指定することでは説明できないとの考えが横たわっている。磁力や引力がそうであるように、引きつけられるという現象を説明する原理として、力の作動因は要請される。

したがって、場の形成と力の作用は表裏一体である。天才たる芸術家が神に代わって、創造性を発揮して芸術作品に価値を与えるのではなく、芸術家に創造性が備わることを認める場の成立によって、芸術作品に価値が物神化する。

 芸術作品の価値の生産者は芸術家なのではなく、信仰の圏域としての生産

の場である。それが芸術家の創造的な力への信仰を生産することで、フェティシュとしての芸術作品の価値を生産するのだ。(Bourdieu [1992 : 318 = 1996 : Ⅱ : 85])

　場の考え方に立てば、文学にかぎらず、芸術作品一般について語られてきたことは、「そうとは知らずに個別的なケースの普遍化をおこない、まさにそれによって、芸術作品の空間的・時間的に位置づけられた個別的経験を、あらゆる芸術的知覚の超歴史的な規範にしたてあげてしまうということ」(ibid. : 394 = 166) と総括されることになる。また、場と力が同時に成立するという考え方は、作品の生産と作品の受容とを別個に分けて論ずることは出来ないという「作品科学」の主張につながってくる。
　また、場という概念で類型化されることによって、政治場と芸術場、経済場と芸術場という具合に、場ではたらく力を比較社会学的に想定できることも場の概念の狙いであった。
　最後に、歴史的に特定の場を想定することは、その時代、社会でのリアリティを説明する方法でもある。したがって、芸術場においては、創造者の唯一性がなぜ立ち現われるようになるのかということが、時には創造性の神話をブルデュー自身が信奉しているのではないかと思わせる調子で再構成されることになる。リアリティを説明する方法の特徴と限界は次節で触れることにして、ここでは、ブルデューは、『美術愛好』(Bourdieu [1966→1969 = 1994]) 以来、問題にしてきたカリスマ的イデオロギーを、「確かな根拠をもった幻想」として限界づける形で乗り越えていることを確認しておきたい。
　以上、『芸術の規則』の第二部は、ブルデューの方法論を総括する内容が盛り込まれている点でも重要である。

包括性の目論見

　「芸術の終わり」ということが、議論されて久しい。しかし、ブルデューの議論は、美術史におけるモダニズムの歴史観の終焉を芸術の終わりとするダントーの立場とも異なっている (Danto [1997])。ブルデューがめざしたのは、「包括性」をもった理論である。たとえば、特殊相対性理論は、みずからの中に古典力学を包括していて、古典力学では扱えない範囲をも扱える点が、包括性と呼ばれる。ブルデューは、カリスマ的イデオロギーを批判しつつ、「作品

との出会い恩寵(つまりカリスマ)の降臨」と感ずるリアリティをもつのは何かというところまでを説明することをめざす点で、理論の包括性をイメージしているのではないだろうか。

> 芸術生産の場とは、その名において、芸術の価値の中に、芸術家がもつ価値の創造能力のなかに信仰を生み出す場であるということが、どのように歴史的に形成されるかを明らかにすることが問題なのです。(Bourdieu [1980：221 = 1991：Ⅰ：282])

以上のようなブルデューの言い方から、短絡的にブルデューが、近代的芸術観を擁護したと考えるのは間違っている。近代的芸術観がより広い芸術概念に包括され、一つの特殊ケースとして理解されるようになることがブルデューのめざしたものである。社会科学においては、相対性原理や量子力学に相当する理論体系が仮に出現しても、なんらかの実験によってその優位が確定するという事態は考えにくい。先行する理論的な世界をすべて説明できるという形で包括性を示して、相手を乗り越えた事実を承認させるしかないとブルデューは考えていたのであろう。

5. 非西洋社会への射程

芸術分析の有効領域

包括性の企図にもかかわらず、というより、それゆえの限界をブルデューの具体的な分析は内包する。1960年代のフランス・ブルジョワ社会の共有していた俗流美学を仮想敵として出発して、近代的芸術観の成立場面の分析を中心にすえたブルデューの芸術分析は、カント美学の理解としてはたしてどこまで適切か、そのまま現代の芸術状況に適用できるか、という問いかけに対しては弱みをもつことは否めない。

「ブルデューの文化場の理論は、過激なコンテキスト化として特徴づけられるかもしれない」と評価されている (Johnson [1993：9])。相手と闘っている内に、いつのまにか敵と同じ土俵に立ってしまう傾向は、ブルデューの場合とて例外ではなかった。

ブルデューの理論を現代的たらしめる課題は、われわれに開かれたものであ

る。しかし、現状のままでも有効性を十分発揮する場面は存在する。

　第一は、芸術が西洋起源の社会制度であることが認識されていなかった時点での歴史的分析や、現代でもそれが見落とされているような場合である。西洋で芸術が普遍性を標榜した結果、西洋起源の芸術のみが真正の芸術であるという認識が日本を含めた非西洋世界では広がった。文化的多元主義が主張される今日、表だってそのような認識を述べる人は、ごくまれであろう。しかし、切り捨てるかすくい上げるかの立場は違うにせよ、「第二芸術」（桑原武夫）、「限界芸術」（鶴見俊輔）といった概念化は、近代芸術が手本（レファレント）であった過去を物語る。また、西洋を手本として導入された博物館・美術館、芸術教育という諸制度のなかに、近代芸術を手本とする価値観が埋め込まれている。

　ブルデュー理論は、日本人が、どのような芸術場を作りだし、いかなる意味を与えてきたか、という議論を生み出す。そのまなざしを、過去に振り向ければ、西洋的な芸術カテゴリーですくい取られなかった文化活動の意味を見直すことにつながろう。さらに、近代においては、近代西洋の芸術観を受けいれ、参照していった過程のなかで、いかなる芸術場の形成がなされたのかという複合した状況を読み解く手がかりを与えてくれる。

　第二は、芸術が何よりも身体性を基盤にした営為であることを忘れている場合である。ハビトゥスは、手あるいは身体の技芸と精神の芸術という区分を再び廃絶することを提唱する。「正しい理をともなった、制作に関するハビトゥス」というアリストテレス以来の技術観が、「美学」の命名者バウムガルテンにも貫かれている（小田部［2000］）。文学史、美術史といった歴史に取り上げられない茶・花・香・能楽・歌舞伎といった文化活動には、「伝統芸能」という言い方がなされる。「芸能 performing arts」という言い方は、身体の動作が不可欠であることから与えられた言明である。ここにも、手の技から離れたものが、芸術であると考えた芸術の歴史の反映をみることができよう。日本の芸術は、身体性が濃厚なゆえにうまくすくい上げられなかった経緯をもっている。日本の芸術を再評価する場合でも、身体性をすくい取るハビトゥスとしての芸術という視角は、魅力的なものと考える[8]。

　現在は、美学者によっても近代的芸術観が相対化されている（小田部［2001］）。芸術概念が多様化した現在でも有効であるためには、ブルデューの概念から一般化した命題を引き出しておく作業がまず求められるであろう。分

析においては、新たな概念は新たな命題（理論的立場）と不可分であることが、フランスの科学認識論を踏まえたブルデューにとっての常識ではなかったかと考える[9]。以下（1）–（3）は、ブルデューの概念から内包する命題（理論）を整理してみた。

(1) 作品を中心としたものが押しつけている暗黙の力には、象徴的次元のものがある（象徴的暴力）。
(2) 身体化の契機が社会的な要素を導入する上で不可分である（ハビトゥス）。
(3) 本質的な価値が先行して存在し制度化されるのではなく、制度によって価値も同時に生み出されている（場）。

客体化された芸術作品を単に作品として分析することを拒否するこれらの着眼点で、現実的要素と格闘することを、ブルデューはわれわれに求めている[10]。

分析論理の共通性

本稿では、「正統性をエリートに与えるものは何か」という点にブルデューの原問題を想定し、カリスマ的イデオロギーが批判の対象とされていることを確認した。

芸術の領域では、カリスマ的イデオロギーとして言及される内容は、生まれつきの才能（『遺産相続者たち』）、作品との出会い（『美術愛好』）、理解できる者と理解できない者の対立（『ディスタンクシオン』）、創造性（『芸術の規則』）と重点を移していく。その根底にはカントに発して俗流化した天才美学を、時代に特定の概念であることを明白する作業が、カリスマ的イデオロギー批判の原理論的な部分を構成していることを示した。

また、カリスマ的イデオロギー批判を通じて、象徴的暴力、ハビトゥスに、場の概念が鍛え上げられていったことを再認識することは、ブルデュー理論全般を理解する上でも意味をもつと考えている。みずからの根底にある力関係をおおい隠すことで、それらの意味を正統であると押しつける象徴的暴力は、カリスマ的イデオロギーを摘出する過程で使われた。内在化する外在性を指し示すために使われたハビトゥス概念は、芸術を認識したり、生み出したりする基

本図式を包括し、さらに集団（歴史・文化）が個人に組み込まれていることをも示すことで、時代から超越した全くの創造という考えを必要としない形にまで成長していく。ブルデューは、ハビトゥスが個人に組み込まれるのは、個人の身体を通じてまさに身につけられることを重視し、芸術が身体性を基盤にした営為であることを思い起こさせるネーミングとして、アリストテレス以来の伝統をもつハビトゥスを選んだのであった。「芸術のための芸術」という形をとるイデオロギーに対しては、ブルデューは、「場」という概念を援用し、芸術家は、芸術を発見し、認知し、承認することに寄与する人びとの集合体全体によって、芸術場のただ中でそれ自身が生み出された存在であると主張したわけである。

　ブルデューの文化資本は、身体化された様態の他に、客体化された様態、制度化された様態の三つと説明されている（Bourdieu [1979b = 1986]）。それにしたがえば、客体化された様態を『美術愛好』が、身体化された様態を『ディスタンクシオン』が、制度化された様態を『芸術の規則』が分析しているという大ざっぱな区分も可能であろう。

　方法を研究から切り離して学び取ることはできないというブルデューが推奨したコントの教えにしたがって、本稿は芸術研究に密着する形でブルデューの方法を明らかにしようとつとめた。この作業は、特定領域に限定されない理論的含意を明らかにするためにこそ必要な作業だと考える。もはや証明する紙数は残されていないが、本稿で整理した「客体化された芸術作品」を分析する方法は、他の問題を分析する際のブルデューの基本的なスタンスとなっていると思っていただきたい。

　分析対象から不可避的に生じた制約を認めて一般化の工夫をすれば、ブルデュー理論は、非西欧世界にまで広がる射程を芸術の問題に限ることなく内包している[11]。

注

1) アレクサンダーのブルデュー批判は、ブルデューの著作から一般理論を抽出・再構成し、その試みが成功していないことを論じている。仏訳もされたその議論がどこか筋違いな印象を与えるのは、方法だけを切り離して論ずる論じ方の他に、ブルデューの芸術社会学的な営為を無視している点にあると考えている（Alexander [1995, 2000]）。

2)「構造論的ではないが構造化された・プ・ラ・ク・シ・スの原理としてのハビトゥス、すなわち外在性の内在化は、主観性の全的客観化の動機を内包している」(Bourdieu [1965a：23 = 1990：8])。
3) ブルデューは、『美術愛好』冒頭で「美術を信仰する人びとの中にも、頑固な伝統主義者もいればもっとモダンな考えの人達もいるだろうが、文化的救済の問題を恩寵の言葉で語ることには同意するだろう」(Bourdieu [1966 → 1969：13 = 1994：15])と述べ、「文化的救済の問題を恩寵の言葉で語る」例をさまざまに挙げている。筆頭に言及されるのは、芸術社会学者のピエール・フランカステルであるが、引用は、フランス政府やユネスコの博物館行政にかかわる提言書からも多数なされている。ブルデューが問題にしたかったのは、特定の美学者のカント解釈というよりも、当時の知識人に共有された美術に関する理解であったので、本稿では、「俗流美学」という表現を用いることにした。
4)「ハビトゥス」と「メンタル・ハビット」の相違については、一條(1996)を参照せられたい。
5)「趣味とはカントが言うように「差異化」し「評価」する獲得された性向であり、あるいはこう言った方がよければ、・区・別・だ・ての操作によって差異を設定し、またはしるしづけようとする性向である。この区別だての操作は、対象を固有のものとして定義するさまざまな弁別的特徴についての知識がなくてもその対象の(普通の意味における)認識ができるようにしてくれるものであるから、ライプニッツ的な意味におけるあの・判・明な知識なのではない(あるいは必ずしもそうとは言えない)。起源としての分類形式であるハビトゥスの図式が固有の有効性をもちうるのは、それらが意識や言説の手前で、したがって意志的な検証や統制による把握の外で機能するものだからである」(Bourdieu [1979a：543 = 1990：Ⅱ：337])。
6) ブルデューは、「科学理論は、修正されることによって進歩する。すなわち、最初の出発点にあったイメージの集合を破壊しようとする批判を組み込むことによって進歩する」と述べている (Bourdieu [1968 → 1973：191 = 1994：269])。
7) 稲賀は、『ディスタンクシオン』から『芸術の規則』の出版までの間、ブルデューが『アクト』誌の編集長として、美術史の挑戦的な仕事を紙面に登場させて、美術史を活性させた様子を紹介している (稲賀 [2003b])。
8) ブルデュー社会学において、ハビトゥスはあらゆる場面で登場するので、ブードンにいたっては、ハビトゥスは機能概念の一種であると批判するくらいである (Boudon [1986：227])。芸術がハビトゥスであると主張するだけでは、あまり意味がなく、芸術をハビトゥスとしてとらえることで何が見えてくるか、が重要であることは言うまでもない。
9) ブルデューの科学観に関しては、田原(1993)、安田(1998)を参照。ともに科学としての社会学を掲げ、システムからの決定論に陥らないことに腐心するブルデューとブードンであるが、両者の対立の根源は、科学観にさかのぼって考える必要があろう。ブードンの科学観に関しては、田中(1992)を参照。
10) 稲賀は、ブルデュー芸術社会学の射程を美術史の立場から検討した後に、「ブルデ

ュー訓古学による概念の硬直化の危険」について警告している（稲賀［2003a］）。たしかに、「外在性の内在化」であるハビトゥスに関して、「社会構造を身体化すること」というようなパラフレーズで説明することは、すでにハビトゥスとして措定出来るものの範囲を狭めてしまって、概念を硬直化させることになると考える。これもひとまずハビトゥスと呼べるものではないのかと考えて分析の手がかりにすることが、ブルデューの遺産を相続する秘訣である。しかし、自信をもってハビトゥスと措定するそのためには、ブルデューが如何なる文脈で、ハビトゥス概念を援用したかを知ることが不可欠である。そのために、ブルデュー社会学の原問題を想定し、ブルデューが援用した文脈を浮かび上がらせようとした。同時に、概念が内包する命題を明確化することで、応用の可能性を広げようと考えた。二つの作業が、概念の硬直化を防ぐことにつながると期待している。

11) ブルデューの後継者が、ブルデューの概念を利用して、それぞれのテーマに切り込んでいっている様子は、ピント（Pinto［2002］）を参照。筆者は、具体的な領域として茶道を選び、創成期において茶に社会的な価値が賦与されたのはなぜか、また、近代の茶道言説を主導したものは何かという二側面から考えている（田中［1999, 2003, 2004］を参照）。

文献

Alexander, Jeffrey, 1995, *Fin de Siècle Social Theory*, London: Verso.

―――, 2000, *La Réduction. Critique de Bourdieu*, Paris: Editions du Cerf.

Boudon, Raymond, 1986, *L'Idéologie ou l'origine des idées reçues*, Paris: Fayard.

Bourdieu, Pierre et Jean-Claude Passeron, 1964, *Les Héritiers, les étudiants et la culture*, Paris: Editions de Minuit.（＝石井洋二郎訳、1997、『遺産相続者たち――学生と文化』東京：藤原書店。）

――― *et al.*, 1965a, *Un art moyen, essai sur les usages sociaux de la photographie*, Paris: Editions de Minuit.（＝山県煕・山県直子訳、1990、『写真論――その社会的効用』東京：法政大学出版局。）

―――, Jean-Claude Passeron *et al.*, 1965b, *Rapport pédagogique et communication*, Paris: Mouton.（＝安田尚訳、1999、『教師と学生のコミュニケーション』東京：藤原書店。）

――― *et al.*, 1966 → 1969, *L'Amour de l'art les musées d'art européens et leur public* (deuxième éditions revue et augmentée), Paris: Editions de Minuit.（＝山下雅之訳、1994、『美術愛好』東京：木鐸社。）

―――, 1967, "Postface", *Architecture gothique et pensée scolastique*, Paris: Editions de Minuit, pp.135-67.（＝三好信子訳、1986、「生成文法としてのハビトゥス」『Actes 2』東京：日本エディタースクール出版部、pp.126-51。）

―――, et Jean-Claude Passeron, 1970, *La Reproduction: éléments pour une théorie du système d'enseignement*, Paris: Editions de Minuit.（＝1991、宮島喬訳『再生産

　　　　──教育・社会・文化』東京：藤原書店。）
──　et al., 1968 → 1973, *Le Métier de sociologue: préalables épistémologiques* (deuxième édition revisée), Paris: Mouton.（＝田原音和・水島和則訳、1994、『社会学者のメチエ──認識上の前提条件』東京：藤原書店。）
──, 1979a, *La Distinction: critique sociale du jugement*, Paris: Editions de Minuit. （＝石井洋二郎訳、1990、『ディスタンクシオン』Ⅰ・Ⅱ、東京：藤原書店。）
──, 1979b, "Les Trois étas du capital culturel", *Actes de la recherche en sciences sociale* 30, pp.3-6.（＝福井憲彦訳、1986、「文化資本の三つの姿」『Actes 1』東京：日本エディタースクール出版部、pp.18-28。）
──, 1980, *Questions de sociologie*, Paris: Editions de Minuit.（＝田原音和監訳、1991、『社会学の社会学』東京：藤原書店。）
──, 1987, *Choses dites*, Paris: Editions de Minuit.（＝石崎晴己訳、1988、『構造と実践──ブルデュー自身によるブルデュー』東京：新評論；同訳、1991、東京：藤原書店。）
──, 1992, *Les Règles de l'art: genèse et structure du champ littéraire*, Paris: Editions du Seuil.（＝石井洋二郎訳、1995-96、『芸術の規則』Ⅰ・Ⅱ、東京：藤原書店。）
ブルデュー・富永健一、2001、「〈特別対談〉社会学とは何か」『環』vol. 5、pp.4-28。
Danto, Arthur, 1997, *After the End of Art*, Princeton: Princeton University Press.
一條和彦、1996、「パノフスキーの「メンタル・ハビット」とP・ブルデューの「ハビトゥス」──イコノロジーの限界について」『美学』187、pp.1-11。
稲賀繁美、2003a、「芸術社会学者としてのピエール・ブルデュー」『環』12、pp.363-74。
──、2003b、「美術史学への挑戦と逸脱──あるいは学術雑誌編集者としてのピエール・ブルデュー」宮島喬・石井洋二郎編『文化の権力──反射するブルデュー』東京：藤原書店、pp.189-213。
Johnson, Randal, 1993, "Editor's Introduction: Pierre Bourdieu on Art, Literature and Culture", P. Boudieu, *The Field of Cultural Production: Essays on Art and Literature*, New York: Columbia University Press, pp.1-25.
小田部胤久、2000、「様式とハビトゥス──個人と歴史の間」山田忠彰・小田部胤久編『スタイルの詩学』京都：ナカニシヤ出版、pp.209-31。
──、2001『芸術の逆説──近代美学の成立』東京：東京大学出版会。
Panofsky, Erwin, 1956 → 1976, *Gothic Architecture and Scholasticism*, New York: New American Library.（＝前川道郎訳、1987、『ゴシック建築とスコラ学』東京：平凡社；同訳、2001、東京：ちくま学芸文庫。）
──, 1946 → 1979, *Abbot Suger and its Art Treasures on the Abbey Church of St. Denis*, Princeton: Princeton University Press.
Pinto, Eveline (direction), 2002, *Penser l'art et la culture avec les sciences sociales: en l'honneur de Pierre Bourdieu*, Paris: Publications de la Sorbonne.

田中秀隆、1992、「ブードン社会学の基底――批判的合理主義の社会学的展開」『社会学史研究』14、pp.18-33、東京：いなほ書房。
――、1999、「茶道文化論の構造」熊倉功夫・田中秀隆編『茶道学大系第一巻――茶道文化論』京都：淡交社、pp.135-72。
――、2003、「信長茶会の政治的意図再考」『研究紀要』37、pp.137-61、東京：徳川林政史研究所。
――、2004、「茶道全集と利休・芸術・生活」『クラシック／モダン―― 1930年代日本の芸術』東京：せりか書房、pp.176-89。
田原音和、1993、『科学的知の社会学――デュルケームからブルデューまで』東京：藤原書店。
安田尚、1998、『ブルデュー社会学を読む――社会行為のリアリティと主体性の復権』東京：青木書店。

第11章

志田基与師

儀礼の社会理論
―― 呪術からの解放を超えて

1. 儀礼に対する敵意

　この論考は、「儀礼」というものを「社会科学的に」取り扱うための試論である。結果として、「儀礼」を取り扱うためには、狭義の実証主義をより広範なものに変更するという、社会科学に一定の変容を迫ることになるであろう。
　親しい人に朝のあいさつをすることにはじまって、誕生日のお祝いや、結婚式、葬儀などの儀式、入学式やスポーツ大会の開会式のような式典まで、社会にはさまざまな「儀礼」が存在する。「儀礼が存在する」ということについて異論を唱える社会科学者はないであろう。したがって、儀礼に関してわかりやすくまとめた社会科学者の見解というものが存在してもおかしくない。しかしながら近代社会では、そして社会理論においては「儀礼」というものは不当に軽視されている[1]。軽視されているというよりも、無視や敵視に近いものさえある。パーソンズは近代社会には「儀礼に対する強烈な敵意が存在する。したがって、その重要性を最小化しようとする傾向が生ずる」と述べている（Parsons [1937 = 1976 : 1 : 96]）[2]。Hostility というのはただならぬ表現であり、もしそうだとすれば由々しき事態である。カーツァーも指摘するように、近代社会でも大規模な儀礼がしばしば行なわれるにもかかわらず、それは無視されるか不当な扱いを受けるものである（Kertzer [1988 = 1989]）。儀礼が「まじめに」語られ、考察されるのは、異文化とか歴史性とかといった、対象と一定の距離が取れるときに限られる。
　一般に社会科学者は（文化人類学者などの一部の例外を除いて）おおむね儀礼を「敬して遠ざける」「触らぬ神に祟りなし」という態度、一種のアンビヴァレンスの状態にある。
　社会に充満する儀礼的な行為が、真剣な検討を与えられるのではなく、「や

っかいもの」扱いされるこの状態をどう考えたらよいのであろうか？

　一般的にいって、社会科学者の多くは実践の上でも近代合理主義を信奉するという意味で、ヴェーバーのいう「禁欲的プロテスタント」の精神的な末裔である[3]。呪術そのものや呪術に隣接する行為を行ない、そのうえ目的＝手段連関を欠いている「儀礼」に、彼らが敵意をもつのも理由がないことではない。しかしながら、敵意を抱く対象を認識の対象からも外してしまう、というのは、近代合理主義の立場からは整合的ではない。「儀礼」が社会に存在する以上、それがいかなるものであるかを記述し、なぜそうした社会的なアイテムが存在するのかを解明することが求められている。

　社会科学者にとって、「儀礼」がある種のアンビヴァレンスを引き起こすのは、おおむね次のような理由によるのであろう。

　「儀礼」は、二重の意味で「実証的 positive」ではない。第一に、それには直接的な実用性ないし有用性がない。第二に、それは「ある理由によって」実証性を欠いている。さらにこうした敵視の理由として、第三に、「儀礼」の存在が実用性と実証性に基礎を置く近代社会的認識の世界観からは複雑にすぎる、という理由によるのである。パーソンズではなくとも、もしも儀礼が存在しなければ、社会理論の見通しはずいぶんとよいものになるに違いない。

　しかしながら、儀礼は確実に社会に存在する。それが果たしている役割もきわめて大きなものである。研究者の恣意によって確実に存在する儀礼を理論の外に放り出すことはできない。それこそプロクルステスの寝台というものであろう。儀礼というものに確固とした地位を与えることのできない社会理論は、社会理論として失格なのである。

2. 事例
　　──結婚披露宴における「ケーキ入刀」

ウェディング・ケーキ入刀

　なにはともあれ、典型的な儀礼を取り上げて、そこでは何がどう行なわれているのかを確認しておこう。例として、現在日本社会で通常行なわれている「婚姻儀礼」である「結婚披露宴」[4]のなかで中心的な位置を占める「ウェディング・ケーキ入刀」を取り上げる。婚姻儀礼のなかでも結婚披露宴は第二次大戦後にその式次第や所作が整備されてきたものであり、多くの儀礼的な行動

がどのような過程を経て披露宴に取り入れられてきたかも比較的よくわかっている（志田［1991］, Shida［1999］）ので、われわれの分析にとって都合がよい。

　ウェディング・ケーキ入刀とは、新郎と新婦とがウェディング・ケーキにナイフを入れる（まねをする）ことで、結婚披露宴のハイライトと考えられている。現代の日本では結婚披露宴が行なわれれば、このケーキ入刀も間違いなく行なわれるといって差し支えない。

　新郎新婦が入場して披露宴が始まると、一般には媒酌人をはじめとして新郎新婦よりも社会的地位の高い列席者による一連のあいさつ（祝辞）があり、この部分は厳粛な雰囲気で推移することになっている。「ケーキ」は式次第ではこのあいさつのあとに位置づけられる。

　披露宴の司会者は、この瞬間を「お二人の初めての共同作業」とコメントすることが習慣化しており、列席者は「盛大なる拍手」を送る。司会者は、カメラをもった列席者は席を立って新郎新婦の間近で最高のショットを撮影するように薦める。そのため、新郎と新婦とは数分間にわたって二人でナイフを握ったまま笑顔を続けなければならない（他の列席者の拍手も手が痛くなるまで続けられる）。このときにはBGMとして華やかなファンファーレ（多くの場合はメンデルスゾーン作曲の「真夏の夜の夢」の中から「結婚行進曲」が用いられる）が流され、しばしば乾杯のためのシャンペンの栓が音を立てて抜かれる。

　ウェディング・ケーキとは結婚披露宴のときにのみ用いられる特別なケーキである。もともとは、このケーキは披露宴の食事のデザートとして供される「本物の」ケーキを、切り分ける前に列席者に披露する、という一種の余興であった[5]。しかし、現代の日本では多くの場合、食用にはならない化学素材のイミテーションが用いられる。その方が大きくできるし、デザインの自由度も高い[6]からである。イミテーションのケーキの一部分に切欠きができていて、その部分を生クリームで埋めておき、新郎新婦は会場係からその部分を狙ってナイフを入れるように指示されている。

　披露宴の列席者が披露宴会場に入場すると、2メートル以上もあるウェディング・ケーキが会場にそびえ立っており、そこが一目で披露宴会場であることがわかる。しかも、このケーキは実際に食用にされるわけではないから、披露宴が終わるまでずっと会場にその偉容を誇ったまま置かれ続けるのである。

　ケーキ入刀が終わると、「乾杯」があり、これを機に列席者には食事が供さ

れる。厳粛な時間は終わり、この後には和やかな歓談の機会が待っている[7]。ということは、披露宴全体の中心的な儀礼がこの「ケーキ入刀」にあることを意味している。

　この所作が典型的な儀礼であることは容易に同意できるであろう。たとえ司会者の言葉がなくとも列席者はみなこの瞬間が披露宴のクライマックスであることを承知しているし、また実のところはこのような所作あるいは披露宴が行なわれなくとも新郎新婦が晴れて結婚できることも理解している。つまり、この所作には直接的・現実的な効力はない。実用性を欠いた典型的な儀礼的行為である。

　さらに言えば、かつてのように実際にケーキを切り分けるための所作でもないから、この行動は純粋に象徴のためだけに行なわれているし、ケーキは実用から離れて象徴のためだけに存在している。まさしくこれは「新郎新婦の結婚の成立」を象徴している事態なのである。

儀礼の定義

　この事例をもとに、まず儀礼の定義を与えよう。儀礼とは現実の事態に対して（直接的な）効力をもたず、たんに表出的でも陳述的な行為でもなく、内面的な象徴の体系（物語）に対して効力をもつ行為（の一側面）である。

　まず第一に、儀礼は現実の事態を宛先として行なわれる行為ではなく、人びとの意味や象徴など内面的な事態に宛てられて行なわれる行為である。ただし、儀礼が結果として現実の事態に効力をもつことはあるが、それは儀礼が引き起こす内面的な象徴の別の作用であり、儀礼が直接原因ではない。

　感情や意見の表明のように、みずからの内的状態や事実を陳述する行為でもない。儀礼は相手がすでにもっているなんらかの象徴体系のスイッチを入れて、それを活性化する行為である。内面的な体系は、通常一連の連想によって連なった（しばしばストーリーのある）意味の体系である物語に訴えかけ、これを活性化させる。「ケーキ入刀」であれば、それがカップルの婚姻の成立、という意味を超えて、カップルの夫婦像や今後の家庭生活のイメージなどまで広範に喚起する。

　行為は多面的な性格をもっている。一つの行為は行為者が意図するとせざると、複数のメッセージを同時に表現しうる。それゆえ、儀礼の効果は、必ずしも完全に制御できるわけもなく、非限定的でもある。たんなる陳述が物語を活

性化させて、儀礼としての効果をもつことがある。たとえば、ていねいに「窓を開けてくれませんか」と「お願い」するときには、「窓を開けてもらう」という現実の事態を生起させるだけではなく、「あなたを粗略には扱っていません」あるいは「尊敬」や「権威の存在」を認める儀礼でもありうる。逆に儀礼的行為が現実の事態に効果をもってしまうこともある。たとえば社交的に「お元気ですか」と声をかけたがゆえに聞きたくもない病気の話をされることもありうる。それゆえ、ここでは「行為（の一側面）」というのである[8]。

以上の事例と、この定義を採用することによって、以下「儀礼に対する敵意」に反論を展開していこう。

3. 儀礼の実用性

技術的合理性 対 儀礼

第一の論点として、儀礼が目的に対して合理的に手段を編成するという意味での技術的合理性を欠いている、という「敵意」について検討しよう。

儀礼が実用的な価値をもたない、というのは実は大変な錯覚である。人類学者が対象とする未開社会ではさまざまの儀礼が社会の重要なイベントとして行なわれている。しかし、近代社会では、儀礼の重要性は次第に減少し（それと負の相関をするように）科学技術的で合理的な目的＝手段連関がそれに取って代わる、というのはほとんどわれわれの信念である。「工場や大規模な世俗的官僚組織は、儀礼抜きで日々活動し、われわれの生活を支えているではないか」。

近代社会の出現とともにあらわれて、儀礼を疎外していく傾向のいくつかは、以下のようなものであろう。「呪術から科学へ」「形而上学から実証へ」「伝統から合理性へ」「宗教から世俗へ」などなどである。「科学的実証主義に基づく合理的な世俗的世界の構成」こそ近代の合い言葉であろう。こうした近代社会の最終形態は「呪術的で形而上学的な伝統に基づく宗教的な儀礼」の存在する余地を残さなくなるに違いない。いまは過渡期の「残存 survival」として儀礼は残っている。しかしそれは運命の定められた「滅びゆくもの」としての儀礼なのであり、折に触れてノスタルジックな興味の対象になることはあっても、一抹の寂しさを残してやがて消え去るものなのである。

ここで述べられる「儀礼観」は、19／20の世紀の変わり目から、われわれ

の思想状況のすべてを覆った（極めて狭い意味での）「実証主義」「実用的合理主義」「分析的原子論」その他のイデオロギー的な表明である。それは、ちょうど「言語が事実を記述するという意味しかもたない」という前期ウィトゲンシュタインの立場（言語の写像理論）に平行する。この立場に立てば、儀礼はそれに対応する「実用的な価値」のあるなんらかのできごとと一対一に対応する「影のような現象」であり、社会がそうした「実用的な価値」のある現実の事態として記述しきれれば、「オッカムの剃刀」の規準により儀礼について語る必要はなくなり（認識上の問題）、かつ儀礼について語ってはならないし存在してもならない（規範上の問題）という立場に行き着くであろう。

儀礼の合目的性

「ケーキ入刀」の例を見ても、儀礼がなんらかの「外的な」目的に奉仕するものでないことは明らかである。では、儀礼は本当に実用性を欠いているのであろうか？

重要なことは、儀礼の宛先が外的な事態にあるのではなく、その宛先が内的な意味や象徴のレヴェルにあるという点である。儀礼に目的があるとすれば、まさにこの「意味のレヴェル」に生じることがそれである。すなわち、列席者にとっては、自分たちが新郎新婦の結婚を「祝福」していることを表明する機会（「盛大なる拍手」）であり、新郎新婦の婚姻の成立の瞬間に立ち会ったという「確認」の機会であり、場合によっては利害関係者としてこの婚姻に「承認」を与えた証しですらある。これらはみな列席者の内的な状態に対する働きかけであり、外的な事柄ではない。

もしも、外的に効果のある行動だけが有意味であるならば、「祝福」も「確認」も「承認」も無意味なことである。それらはイミテーションのケーキと同様に腹の足しにはならない。われわれの行為のなかには、典型的な目的＝手段図式のように外的な効果を狙ったものもあるが、儀礼において優先するのは、それよりもこうした人びととの「内面」に訴えかけてなんらかの効果をもたらそうとする行為なのである。

こうした行為がある意図をもって行なわれるとすれば、われわれは目的的な儀礼行動がある、と述べるべきである。

多くの社会的アイテムは「儀礼」の存在によってはじめて社会的アイテムとして検出される。「愛情」や「親愛」や「愛国心」や「信仰」の多くの部分

は、本来内面的で観察不可能なものである。それが他者にとって有意味に理解されるためには、儀礼の形式を借りる必要がある。このように儀礼には内面的なものを「表象する」という意義がある。そしてそれは多かれ少なかれコードに従ったものでなければならない。それだけであれば、そうした直接観察できないものの「代理」に対して、一対一に対応する儀礼はやはり名目的なものと見なすことが可能であろう。「愛情」が「あいさつ」や「パーティー」を開かせるのであって、それを「愛情」として記述して社会理論には何の不都合も生じないように思える。

　しかし、その逆の事情もある。多くの「実用的価値」のある社会的アイテムが、実は儀礼によって生じている。「戴冠式」を行なうことによって王は即位をすることができ、「開会を宣言する」ことによってスポーツ大会ははじめてプログラムを進行できる。かなり多数の社会的アイテムは実は儀礼の影なのである[9]。もし儀礼が存在しなければ、社会のほとんどすべての制度は成立することが不可能である。これはオースティンの「言語行為論」や後期ウィトゲンシュタインの「言語ゲーム論」の立場に平行する。

　かりに、儀礼と社会的なアイテムとが一対一に対応していたとしても、儀礼が先行して存在しなければならないなら、儀礼の存在は社会にとって決定的である。契約の意思は形式的な（意思にとっては副次的な）契約書や契約締結式のようなものによって、はじめて「実証的に」確認されるのであり、外交が一連の「プロトコル（国際儀礼慣行）」によって支えられているように、儀礼は社会の反映ではなく、社会の実質的部分が呪うべき儀礼の反映でもある。それどころか、きわめて近代的な産物である「ナチズム」や日本における軍国主義が、積極的に大規模な儀礼を創出することによって出現した、という事態すら指摘できるのである。

　観察不可能な内面がいかなる儀礼も抜きで存在できるというのは、プロテスタント的な偏向である。一方で、この偏向に対照的に、すべての社会科学が、行動主義的に実証可能な外面的な（overt）行動の連鎖によってのみ説明されるべきであるという考え方（たとえば、行動主義の心理学やミクロ経済学における顕示選好の理論）によれば、すべての内面は行動の影として、社会科学的な対象から排除されることになる。

　しかしながら、公平に見て、近代社会において儀礼が無意味ということはない。せいぜい、表面上儀礼の占める比重が低下した。あるいはもっとあからさ

まに言えば、みずからの社会が儀礼を必要としていることを「恥じる」というような新たな現象を出現させているのである。もしも、近代社会とその他の社会（十把一絡げに「未開社会」とも「前近代社会」とも呼ばれる）に統一した理論をつくろうとすれば、それは儀礼に関して適切な位置づけを備えたものでなければならないであろう。

4. 儀礼概念の実証性

実証性の問題

　有用で実用的であるような儀礼も、それを科学的に取り扱おうとすると、ただちに障害に突き当たることがわかる。近代的な実証主義の構図から言えば、「儀礼の存在」は「ある事実の存在」に基礎を置く科学的合理性から遠く隔たっている。

　たしかに、それは何かを指示している、しかしそれを目的や価値と直接に結びつくという意味の適合性とは、何ほどか隔たっている。言葉を換えていえば、近代社会を根本で規定している認識上の実証主義からも、規範上の目的合理的な行動のどちらからも乖離している、という特徴をもつ。それゆえ、合理主義を標榜する近代主義的知識人からは、儀礼の存在は敵視されるか、あるいは「冗長な部分」として無視される、という扱いを受けることになる。

　端的に言って、強固な実証性をもつ目的＝手段的な行動が、その実証性の根拠を外的な事態の世界にもつのに対して、儀礼はそれを意味や象徴性の平面に求めようとする。つまり行為の宛先、参照点が意味にあるために、儀礼の意味は内面的（covert）で一時的で、明示的な証拠を挙げて議論をすることが困難な事態となるのである。

　目的＝手段図式は、ここで自然科学的な技術的な水準から拡張される必要がある。儀礼には目的合理性がないわけでもないし、誤った目的合理性があるわけでもなく、正しい目的合理性があるのである。

　「ケーキを食べるために切る」のは「食べる」という外的な目的のために、「ケーキを切る」という手段をとる。「ケーキ入刀」では「祝福」「確認」「承認」という内的な目的のために「ケーキを切る」という手段が用いられる（それが食べることを目的としてはいないからこそ、ケーキはイミテーションでよいのである）。ただし「ケーキを食べる」ことは外部からの観察によって実証

に堪える事態であるのに対し、婚姻の「祝福」「確認」「承認」は同様の方法では確認できない、という点は問題である[10]。

　第二の問題はこの「目的」と「手段」との間に整合的で適切な連関が（実証的な意味で）存在するかどうかである。

　内的な状態に効果があった、ということは列席した人びとには確認できることであるが、それは当事者からの報告であるに過ぎない。科学実験のような厳密さを求めないまでも、外部からの観察ができないこうした内的状態のリポートに実証性の根拠を求めるのは、いささか心許ない。

　一般に目的に対する手段が可換的であるように、儀礼においても、同一の目的（内的状態）に対して複数の手段をとることが可能である。イミテーションのケーキの代わりに小振りでも本物のケーキを用いる、あるいは新郎新婦の「手作り」のケーキを用いる（この場合、実際に切り分けられて供されるが、多くの場合イミテーション・ケーキよりも「進歩した」儀礼と考えられている）、「ケーキ」の代わりに酒樽の鏡板を割る（「鏡開き」）儀礼が挿入される場合もある[11]。これが「ケーキ入刀」と同じ効果（「祝福」「確認」「承認」の機会）をもつことは列席者に容易に理解される。可換性は、儀礼が目的的に行なわれていることの傍証の一つとなる。もし儀礼がそうした目的連関を欠いた呪術性を帯びたものであれば、「ケーキ入刀」は選択の余地のない必然とされるであろう[12]。結婚披露宴が一回だけ行なわれるのではなく、類似の状況で類似の儀礼が行なわれ、そのなかのいくつかのアイテムが変更されているとすれば、それは複数のアイテム（ケーキと酒樽）が同一の作用をしていると推測させるものであり、実証的に目的＝手段連関の存在を確認できる方法がありうることを示している。

　こうした儀礼が、複数の互いに等価な方法で、人びとの意味的な期待に応えうる、すなわち「あのときのイミテーション・ケーキと今度の手作りケーキ（あるいは酒樽）は同じ意味がある」という証言が可能なことにより、儀礼はそれなりの実証性をもちうる。つまり、列席者なり社会の構成メンバーが、いくつかの儀礼の効果を「同一のもの」と認めることにより、それは実証的でありうる[13]。

　儀礼の実証性を議論する上で困難なことは、もう一点ある。それは儀礼の目的である内的な状態が一連の比喩や連想や観念の連合によって別の内的状態をも喚起するからである。つまり、儀礼の効果は（当然のことながら）その波及

効果と同時に出現する。「ケーキ入刀」に拍手を送った列席者の一人は、そこに新郎新婦の創る家庭像が西欧近代的な「愛」で代表されるようなものであることを同時に連想するであろうし、別の列席者は、誰もがやるような「ケーキ入刀」を嬉々として行なうこのカップルの「凡庸さ」に思い至るかもしれないし、さらに別の列席者は、自分たちの結婚披露宴の記憶をたどって時代の変化を思い知らされているかもしれない。「ケーキ入刀」の目的が第一義的に果たされたとしても、それが人びとに引き起こす副次的な効果は、予想することや制御することが簡単ではないのである。儀礼は一つの観念や言語に対して効力をもつのではなく、観念連合である「文脈」に対して効果をもつのである。この点は「複雑性」の問題として後に論じる。

呪術と文脈

儀礼が呪術と分かちがたく結びついているのかどうかについても、議論しておこう。

「ケーキ入刀」といって「ケーキを切る」と言わないのは、「切る」が婚姻儀礼における「忌み言葉」であるからである。婚姻の不成立や解消を連想させる「切る・切れる」「割る・割れる」「終わる・終える」などは、別の言葉に置き換えられる。たとえば、終宴は「お開き」と言い換えられる[14]。「忌み言葉」は、そういう不吉な言葉を用いなければ、そうした事態が現実化しない、とする呪術的発想と言われてきている。しかし、いまや列席者の誰もがそうした言葉を用いないことによってカップルの破綻を防ぎえるなどと思ってはいない。ある言葉の使用が一連の「縁起でもない」不吉な事態を連想させることは、婚姻儀礼が全体として象徴しようとしている文脈からの逸脱を意味する。「忌み言葉」は呪術的な効力の有無よりも、儀礼の参加者に対して、従うべき文脈をより明確に示すためのネガティヴ・リストと理解することができる。このように、儀礼は周到にある文脈に照準し、別の文脈を排除するように組み立てられている。つまり、「忌み言葉」は呪術である以前に、儀礼が正しい文脈を指示できるようにする補助手段なのである[15]。

5. 儀礼の複雑性
　——重層する文脈

儀礼の複雑性

　儀礼が社会科学においては不当に軽視される、あるいは無視される理由の三番目は、それが科学が扱うにはあまりにも複雑である、という点にある。言葉を換えて言えば、儀礼は分析的には語りえない（あるいは語り尽くせない）ことを特徴としている。

　第一に、儀礼は極めて多層的な構造をもっている、ということである（これは人間の行為が本来もっている重層性による）。

　儀礼や儀式を執り行なっている人びとに、「なぜそのようなことを行なうのか」と問うてみるがよい。たとえば、「ケーキ入刀」を執り行なっているカップルに「あなた方はなぜ、そういうことをするのか」と問えば、「われわれが結婚して夫婦になるために、これを行なっている」と答えるであろう。では「そうしたことを行なわなければ結婚して夫婦になれないのか」あるいは「そうすることが夫婦になることと同義なのか」（目的＝手段的な問いである）と問えば、このカップルは幾分か当惑するであろう。結婚することと「ケーキ入刀」とはもちろん同義ではない。「論理的には」必要でも十分でもない。したがって一呼吸おいてから、彼らは「いいえ、これは結婚するということを象徴するために、こうすることになっている」と答えるであろうし、「こうすることによって、列席している他の人びとにもわれわれが結婚する、ということが伝わるのです」とも答えるであろう[16]。

　儀礼そのものには、なんらかの外的な状態を引き起こす能力はない。したがって、儀礼は外的な目的に対する手段ではない。それ自体にはなんら実効性のない「象徴的行為」である。一方で、それは「公共的」でなければならない。そうでなければ、伝わらないからである。したがって、儀礼において事実として行なわれる行為は、象徴性と規範性の二つの側面を備えている。儀礼が大仰な演劇的な身振りや、前に見たように不必要と思われるほど実用性から乖離した器具を用いたりするのも、儀礼としての「流通性」を高める仕掛けである。

　第二に、他方で、象徴される側の結婚制度について考えてみれば、それは一群の権利義務の体系や期待の体系を含んでいる（結婚式が、実際の結婚生活の前

に行なわれることに注意)。したがって、いま象徴の対象になっている「結婚」は、実のところ「事実」ではない。予測や期待や命令や責務などを含んだ未来の事態、すなわち一群の規範なのである。それゆえ、儀式は確定しがたい一群の規範を象徴しているのである。このことは「電光が雷鳴を象徴する」というような象徴機能よりは、より複雑なものといえるであろう。

儀礼によって象徴されるのは、規範や期待など、一連の「非事実的」な事態である。「こうあれかし」(事実ではない)「こうあるべきである」(事実ではない)などを象徴を通じて宣言するのが儀礼のもう一つの側面である。象徴が事実ではないのと同様に、規範や期待も事実ではない。したがって儀礼が行なっていることは、二重に事実ではない、実証主義の構図から逸脱した事態であるといってよい。そして、こうした儀礼によって喚起される事態は無限に連鎖しており、しかもその水平線上には霞がかかっている。

これが、事実を中心に組み立てられる(自然)科学の方法に簡単にはなじまないことは明瞭である。儀礼を自然科学的な方法で捉えるならば、そこには一連のぎごちない行動の連鎖と、事実とは食い違う一連の陳述との体系を見いだして終わることになる。

ところが、一方で、儀礼の目で見るならば、人びとの相互行為は儀礼に充ち満ちていることに気がつく。すなわち、儀礼について考えることは、社会科学がその対象に特有の内容・形式をもつことになるのか、あるいはその対象にかかわらず自然科学と同様の内容・形式をもつことになるのか、の分岐点を構成するのである。

第三に、さらに問題を複雑にするのが、儀礼の「当事者」の報告である。そこには何ほどかの象徴的行為に関する、参加者の認知的・規範的な解釈が加わる。象徴行為に外的な基準がない以上、われわれは、認識者の「直観」に頼るか、あるいは「当事者からの報告」をあてにするしか、儀礼を捉えることができない。たちの悪いことに、事実に関する報告とは違い、そこにはある種の「不確定性」が存在する。すなわち、象徴行為が間違いうる上に、観察・解釈・報告の行為も間違いうる。

重要なことは、儀礼を記述し、解釈し、理解し、説明するのに、「科学的」で「正しい」方法があり、当事者の用いる方法はしばしば間違っている、ということなのである。

最後に、「象徴」は、しばしばその宛先を「原子的な事実」ではなく、全体

的な「文脈」を宛先とする、という点を挙げることができる。上述の「ケーキ入刀」の例を見てみよう。当事者が込めている「意味」はこれから開始される結婚生活のおよそあらゆる局面であろう。上で述べたようにこれはストーリーであって、詳述することもできれば、大胆に省略することもできる。それはカップル二人の願望や合意（そのそれぞれに、個別の条項が存在する）を含んでいるし、社会に対する責務や家族・親族に対する対処（これにも個別の条項が存在する）をも含んでいよう。その他もろもろの未来の事態を包括的に含んでいる。もちろんそこには、明確な「合意」はない。義務や責務や違反に対する条項もない。しかし、ある包括的な「結婚」としか言うことのできない文脈に確かに照準しているのである。すなわち、当事者からの報告はたんに間違っているだけではなく、本質的に過少な情報でしかないのである。

　象徴作用の常として、象徴は別の象徴に言及できる。その象徴はさらに別の象徴に言及することができる。こうした一連の象徴間の言及の体系を利用することによって、儀礼はその意義を確定できるし、反対にそうした象徴の体系を活用することで、新しい儀式は日々創造される。

　このことが、認識上の「原子論」から遠く隔たったものであることは明白である。儀礼が象徴するものを、明確に、「かくかくしかじかの社会的アイテムである」と確定することは、おおむね困難なのである。

しきたりと個性

　さて、ここで儀礼にまつわる「ならわし」「しきたり」「慣習」「伝統」などについても議論しておこう。冠婚葬祭のさまざまなシーンで常に耳にする、「しきたり」や「ならわし」は、われわれが儀礼に臨む際に選択の余地なく採用せざるをえない行動である。そこではある行動の理由を問うよりもいかに間違いなくその行動を行なうかが焦点となっている。もしもそうしなければならない理由を問えば、「そうすることになっております」という答えが返ってくるばかりである。

　「ならわし」や「しきたり」の存在が、ヴェーバーのいう「伝統的」行為（存在することが、存在するということだけで人びとの行動を拘束する働きをする）によって儀礼が汚染されているのではないか、という疑いを呼び、近代的知性の儀礼に対する敵意につながっている。すなわち、儀礼は主体的でもないし主知主義的でもないのであろうか？　はたしてこの疑いには根拠があるのであろ

うか？

　われわれの取り上げた事例は、この問題がそう単純な答えで満足できるものではないことを示している。単純な指摘から始めよう。「ケーキ入刀」が日本人の食生活からいって、外国起源のものであるか（実際は違う）、少なくとも日本の歴史に起源をもたないものであることは誰の目にも明瞭である。すでに述べたようにケーキ入刀の儀礼化はここ数十年の出来事であり、起源の曖昧な伝統ではない。これを採用するためには「伝統」や「しきたり」という言葉よりも、「流行」や「ファッション」という言葉の方がまだ似つかわしい。流行やファッションは他人指向的な一面があるとはいえ、なにほどかは主体的な取捨選択の利くものという意味をもった概念であることは明らかである。一方ですでに見てきたように、ケーキ入刀は純然たる儀礼として行なわれている。これは儀礼の効果が必然的に伝統やしきたりには依存しないことを意味している。儀礼が「伝統」や「しきたり」に依存しているように見えるのは、そうすることが儀礼の効果をあげる場合が多いからである。それは「伝統」や「しきたり」が「歴史性」や「共同性」の文脈を活性化させて、儀礼の狙うさまざまな象徴に容易にアクセスさせるからで、それは一種の権威であり定石でもあるが、必然ではない。

　ブライダル業界は激しい競争のなかで儀礼のイノベーション（新機軸）を繰り広げてきた。人びとの内面に効果をもつものなら「伝統」も用いるし、外国起源も用いるし、たんなるファッションでも、本歌取りでも、剽窃でもなんでも採用してきた。「ケーキ入刀」はそうしたイノベーションの中で淘汰され勝ち残った儀礼である。こと儀礼に関しては伝統が儀礼を支えているのではなく、生き残った儀礼が「伝統になる」のであって、この論理は逆である[17]。

　もう一つの特徴を儀礼はもっている。それはわれわれの先入観とは異なり、儀礼がしばしば自分らしさや個性の発露の場になっている、ということである[18]。たとえば、「ケーキ入刀」に自分たちの手作りケーキを用いることは、「手作り」というイメージによる別の文脈が喚起する特有の連想に列席者を導くであろう。すなわち、「婚姻の成立に対する祝福・確認・承認」などの他に「自分たちは他のカップル以上に家事の協力をしあうつもりなのである」とか「見てくれよりも実質を尊重するつもりである」とかのメッセージを込めることができる。このとき列席者にはこのカップルの夫婦像について「型どおり」とは異なった特異な文脈、たとえば「夫婦で凝った料理を作って楽しむのだろ

う」とか「なにごとにも実質本位で、堅実な人生設計を行なっていくのだろう」という新たな文脈（物語）が活性化されたり形成されたりする。ケーキの代わりに「鏡開き」を採用すれば、「地域社会の連帯や伝統に十分配慮しますよ」という別の文脈を喚起するという戦略を採りうる。あるいは「ケーキ入刀」をあえて行なわない、ということで、人びとの内面を別の文脈に導くことを可能にする。それは「ここで当然ケーキ入刀があるはずだ」という文脈と「ケーキ入刀がない」ということによって喚起される別の文脈との交差によるものである。場合によってはそれは全く新しい象徴連合を構成するかもしれない。現在の結婚披露宴は基本的な式次第は共通であっても、そこに込められた小さな差異がそれぞれ特有の文脈を解発するという仕掛けを用いて、個性や「自分らしさ」をアピールしたいというカップルの要請に応えられるものとなっている。

　もちろん、こうした「戦略」が失敗することもある。誤解を生んだり独りよがりで終わることもないわけではない。喚起すべき文脈を誤ること、列席者がもっている文脈を読み違えることなどがそれである。したがって、儀礼はこうした戦略上の失敗に対してあらかじめ保険をかけておくように設計される。

　披露宴司会者やブライダル・コーディネーターなどが独立の職種として成立することが可能なのは、こうした人びとが披露宴で参照されるさまざまな文脈の専門家である、ということによってである。また、儀礼の意味が誤った文脈に逸脱するのを防ぐためのセイフティー・ネットを備えているのである。たとえば「強調」。司会者が「お二人の初めての共同作業」「決定的瞬間」と繰り返し「盛大なる拍手」を強要することによって、ケーキ入刀のもつ意味はより確実なものとなる。たとえば「反復」。「ケーキ入刀」以外に「お色直し」後の新郎新婦再入場の際に行なわれる「キャンドル・サービス」は儀礼の意味として「ケーキ入刀」の反復である[19]。上で述べた「忌み言葉」の類も、それが用いられる特異な時間空間を設定する働きがある。その他には服装・BGM・会場の飾り付け・料理（エビやタイなどの「おめでたい」食材が用いられる）などなど。列席者が儀礼の喚起する文脈を取り違えないようにするためには、一般に過剰にガイダンスをする必要があるために、演出は派手でどぎつくなる。1980年代の披露宴の進行は確かにそうであった。現在、列席者もおおむね披露宴儀式の意味を取り違えることがなくなり、演出や司会者による指示は落ち着いたものとなっている。

多くの儀礼がさまざまな象徴体系の「引用」によって成り立っていることに注意が必要である。一連の儀礼は、次第の進行によってさまざまな象徴体系に順次スポットライトを当てていく。

このように儀礼は、さまざまな文脈を参照点として採用することによって、それぞれの文脈のもつ喚起力の違いを操っている。文脈は完全にはコントロールできないから、儀礼の意味は不確定で曖昧なものに見える。また、複数の文脈を同時に操ることによって重層的なメッセージを送っているために、儀礼のもつ意味は複雑にならざるをえない。

儀礼のもつ効果は、適切（relevant）な文脈と、そのなかに適切（relevant）に位置付く象徴を同時に提示することである。儀礼の言語・動作は、そのために演劇的な要素を含む。たとえば、強調・反復、とりわけ異次元性である。

また、儀礼が始まりと終わりを示して、その時間空間を異次元的なものとするのは、その時間空間が、ある特定の文脈が適切に指示されることを目的としている。儀礼に用いられる言語が、特別であったり、音楽的であったり、古語や詩的表現が用いられたりするのも、特定の文脈の活性化のためである。

6. 理論的拡張

内的世界で起きていること

ここまでの考察で、われわれは儀礼をそれに向けられている敵意からかなり救い出すことに成功したように思う。次は「反撃」に移る番である。目的＝手段図式の特権的な位置について考えてみよう。

目的に対して適合的な手段を用いる、という合理的行動は近代的理性の精華とも言うべきものである。しかし、これまでの議論からこれを眺めると、幾分違った色合いを帯びてくる。

まず、目的＝手段図式は、その目的とする事態と手段として取られる行動は外的な世界に属するものであるが、図式そのものは内的世界に属している。たとえば「電灯を点けるために壁にあるスイッチを押す」というのは「壁のスイッチを押すと電灯が点く」という内的な観念連合である仮説が存在することである。それがスイッチによく似た壁の柄であるならば、目的の達成に失敗する。それは誤った仮説であったからである。この「仮説」というものはわれわれがストーリーと呼んだ一連の文脈のごく特殊な例であり、「電灯」や「スイ

ッチ」が比較的他の文脈から切り離されているシグナル的な対応をもっていること、またそのシグナルの間に「因果関係」というタイプの連合の規則が採用されていること、を特徴としている。

何度も確かめられた仮説がある種の確実性をもって「反射的行動」に結実するのはわれわれのよく知るところであるし、誤った仮説が棄却されやすいのも同様である。ならばひるがえって、文脈一般にもそうした事態は成立しうるであろう。儀礼を支えている精神的な態度は「合理主義」とさほど隔たっていないのかもしれない。

象徴の不確定性

象徴を用いる文脈一般と「科学法則」が異なっている点は、そこには因果関係や論理学の規則だけではなく、もっと多数の規則が採用されているというところにある[20]。

たとえば、「類似している」とか「〜ねばならない」とか「〜と〜とは対立する」などの観念連合の作り方は「科学法則」でも「論理学の規則」とは言い難いが、われわれの文脈を束ねる作用をしており、なんらかの方法によってわれわれの社会を制御している。デュルケームのいう「社会的事実」はたんなる「事実」ではなく、こうした操作を経たときに明らかになるものである（Durkheim [1895 = 1978]）。すでに見てきたように、儀礼を取り扱うためには、さまざまな狭義の科学的制約を取り外した上で対象を社会科学的に取り扱いえるようにする新たな規約を創造する必要がある。

注

1) 唯一の例外は文化人類学である。文化人類学は主にその分析の対象を近代社会にではなく、これと対比される意味での「未開社会」に置く。実際の未開社会において「儀礼」のもつ比重がわれわれの社会のそれとどの程度異なっているのかはともかく、人類学者はそれが近代社会ではないということによって、存分に儀礼について考察することが可能となる。リーチ（Leach [1976 = 1981]）を参照。
2) 当然の事ながら、彼はパレートの儀礼の取り扱いの不十分さを指摘し、デュルケーム論で、詳細な検討を加えている（Parsons [1937 = 1976]）。
3) 禁欲的プロテスタントの葬儀が、「祈りもなく、音楽もない」ものであることは有名であり、ピルグリム・ファーザーズは、新大陸移住の後、クリスマスさえ「異教的である」という理由で祝うことをしなかった。ヴェーバーは「世界の呪術からの解

放」を合理化と近代化のメルクマールにしたために、彼は禁欲的プロテスタントとともに、儀礼を呪術的として社会の重要なアイテムから切り落としてしまったようである。そこには儀礼を呪術に連続するものと捉える暗黙の仮定があるように思える。かの偉大なるマートンも名著『社会理論と社会構造』のなかで、アノミーの一類型を「儀礼主義 ritualism」と名付けている（Merton [1957 = 1961 : 123ff.]）し、「潜在機能」の例として「ホピ族の雨乞いの儀式」を挙げている（ibid. : 58f.）。前者に「積極的な実質を欠き、無益有害な行為」というマイナスの価値が込められていることは明らかであり、後者の例もホピ族のインフォーマントがこの儀式を雨を降らせるために行なう、という「科学的合理性のない」説明を潜在機能によって救出しているつもりなのは明らかである。

4) 結婚披露宴が「近代的知性」にとっていかに批判の的となっているかは志田 (1991) に詳しい。とりわけ批判が集中するのは、実用性のない儀礼「虚礼」に多額の費用がかけられる（日本全国で毎年結婚式・披露宴に費やされる費用だけで1兆円を超える）ことに対してである。

5) 大きなケーキを切り分けて食べるのは、一かたまりの食物を列席者が分け合って食べる「共食儀礼」の一つである。きれいに飾り付けられたケーキは切り分けてしまうともう元の姿を失ってしまうから、切り分ける前に列席者に披露する。これを切り分けるのは主人（ホスト）の役割であるので、儀礼的に新郎と新婦とがその一部にナイフを入れていた。ただし、このケーキは人数分に切り分けるのに時間を要するから、ケーキ入刀が終わるとケーキはすぐに配膳台に戻ってしまっていた。

6) 大きすぎるケーキは自分の重みで崩れてしまうので、ケーキの大きさにはおのずと限界がある。一方で披露宴の列席者数は50名以上、場合によっては100名以上にも及ぶから、末席の方からは少々大きなケーキでもよく見えない。ケーキを食べない以上、新郎新婦よりも高くそびえ立つケーキの方が列席者にとっても好都合なのである。

7) 食事が始まると「緊張からの解放」が、対比により緊張の時間をより厳粛なものと印象づける。新郎新婦の入場から乾杯までの「厳粛な時間」はブライダル業界では「披露式」と呼ばれることもあるほど儀礼化が進んでいる。かつては開宴から終宴までたんなる宴会であったものが、数十年かけて儀礼化が進行した結果である。洋食をコース料理として供する披露宴では、もともと食事の最後に乾杯があり、そのあとでテーブルスピーチがあるものだったのが、現在では乾杯や主賓のスピーチは食事の前にまとめられるようになった（友人など、社会的地位が新郎新婦に近い列席者のスピーチは余興などとともに後半にまとめられている）。このような「式次第」の変化も、儀礼における一種の内的必然としての「合理化過程」と考えることができ、これについては後に議論する。

8) この章では深入りを避けるが、ここでゴッフマン（Goffman [1959 = 1974, 1967 = 1986]）との連関が浮上する。いかなる行為でも、それが内面的な意味の世界に効力をもつとすれば、それは表出や陳述の行為であっても現実の事態に働きかける行為であっても、なにがしかの物語を活性化する可能性がある。それが状況の定義であった

り自己提示であったりすることはありうるし、そうすることが可能なのである。われわれの行為は近代社会であろうとなかろうと儀礼に充ち満ちている。
9) たとえばホブズボウムとレンジャー（Hobsbawm and Ranger［1983 = 1992］）の示した例では、イギリス王室の儀礼の多くは 19 世紀末に「発明」されたものであり、それによってイギリスの王室制度は現在のような位置を占めるようになった。
10) 「盛大な拍手」を送っている列席者たちが実は事態を少しも把握していなかったり、あるいは内心では舌打ちしながらこの婚姻を呪っているとしても、実は事態は同様に推移するであろう。申し分なく虚偽的な儀礼はやはり儀礼となりうる。たとえば「日の丸」に敬礼し、「君が代」を斉唱したとしても、それが「愛国心」の発露であるのか「日本の犯罪的な歴史に思いをはせて反省をしているのか」を実証的に見極める方法はない。実は、儀礼においては、こうした「不適切で・非実証的な」事態を回避するためのさまざまな補助的な手段が講じられている。
11) こうした複数の手段のうちどれを選択するかが、新郎新婦の個性や「自分らしさ」の表現の方法でもある、とされている（志田［1991］）。こうした「主体性」や「個性」の表出も、通常無個性で画一的と考えられている儀礼の重要な構成要素である。
12) 儀礼概念につきものとされる「しきたり」とか過去から引き継いだ「ならわし」とかは、実は儀礼の本質的な構成要素ではない。後に見るように、「しきたり」や「ならわし」を支えている「過去」や「歴史性」自体が儀礼においては「手段」の一部であり、それは目的でも規範でもない。
13) 民俗学の事例「嫁盗み」「嫁かたぎ」（柳田［1948; 1990]）は、こうした議論を補強するものとなろう。かつて北九州、四国などには「嫁盗み」や「嫁かたぎ」（「かたぐ」は「かつぐ」の古語）という風習があった。字面は「略奪婚」だが、実態は合意による恋愛結婚なのである。想いを交わした男女が、女性の親の承諾が得られ（そうも）ないとき、男性の友人たちが農作業帰りの女性を路上で「誘拐」する。女性の方も先刻承知であって、そのまま男性の仲間にかくまってもらう。他方、男性の友人代表が女性の親のところに「娘を預かっているから、某々との結婚を承諾せよ」と交渉に赴く。親のほうも内心は同意だが、不承不承強要に屈した体で結婚を承諾することになる。使いの男性はその場で持参した「決め酒」を父親と酌み交わし、婚姻の成立の証とする。西日本の農村部では伝統的に配偶者選択に本人たちの意思を尊重する傾向があった。とはいえ、女性の婚姻を決定する（父）親の権威を無視するわけにはいかない。正式の婚姻手続き（その地方の慣習）を踏めば、男性と女性のイエの間にしかるべき仲介者が立ち、双方を往復しながら、細々とした婚姻の条件の合意をとりつけ、節目ごとに多くの儀礼をこなすことになる。これに対して「嫁盗み」は略式ながら代替的な婚姻手続きの儀礼である。「親の権威を承認する」という「目的」に対して「正式の手続き」と等価の「盗む」という手段が用いられているのである。
14) それゆえ、婚礼の記念品に陶磁器・ガラス器・刃物などを用いることも忌避されがちである。ケーキ入刀の代わりに酒樽の鏡板を割る「鏡割り」が行なわれることもある。この場合も「破鏡の憂き目（心ならずも離婚すること）」を連想させるので「鏡開き」といわれる。また婚約の儀礼である「結納」に用いられる品目では、「鰹

節」を「勝男武士」、「昆布」を「子産婦」などと「縁起のよい」字面に改めることもある。これはやはり「祝福する」という文脈を明瞭に指示するためのポジティヴ・リストの表明と解釈することができる。現在では「結婚式には日柄がよい」とされる六輝のうちの「友引」もかつては忌避されていた。これなどは婚姻にかんする規範が家同士の結びつきから個人同士の恋愛に変化することによって、参照する文脈が移し変えられた例と解釈することができる。

15) 柳田（1948; 1990）に報告されているような民俗学的資料における呪術的項目、あるいは文化人類学者によって報告されている呪術も、この意味ではどこまで呪術なのか疑わしい。人類学でしばしば「未開心性」として処理された事態がレヴィ＝ストロースの『今日のトーテミズム』（Lévi-Strauss［1965 = 1970］）によって正しく「文明人」の錯覚であると指摘されていることは、注目すべきである。リーチ（Leach［1976 = 1981］）も参照のこと。

16) マートンの「ホピ族の雨乞いの儀式」も「雨が降ること」あるいは「雨を降らせること」と同義ではない。しかし、人類学的モノグラフはしばしばこれを「同義」と錯覚した。われわれは儀礼について第一段階の問いでやめてはいけないのである。

17) ホブズボウムとレンジャー（Hobsbawm and Ranger［1983 = 1992］）によって与えられた「発明された伝統 invented tradition」の概念を用いれば、新奇なものですら短時間で伝統と錯覚される。われわれがしばしば「伝統的」と考える「神前結婚式」もまた明治時代後期の「発明」であり、実際の大衆への普及は第二次大戦後のことである（志田［1991］）。ある儀礼の効力が十分に認められると、もはやそこには目的＝手段の系譜をたどる必要すらなくなる。後に見るように、そこには、あたかも電灯をともすのにスイッチを入れるような機械的な連合である「しきたり」が生じる。そしてそのときに儀礼は伝統となるのである。

18) 近年、婚姻儀礼を追いかける形で、「葬送儀礼」の「主体化」が進んでいる。葬儀に不在の故人が「自分らしい」葬送儀礼をあらかじめ指示しておくのである。この傾向に対して、婚姻儀礼に対するほどの批判が生じないのはなにゆえであろうか？

19) 「キャンドルサービス」とは、新郎と新婦とが「手に手をとって」火のついた一本のトーチを掲げて、列席者のなかを巡り、各テーブルにセットされているろうそくに順に点火していく儀礼である。最後にメインテーブルにセットされた大きな「ブライダルキャンドル」に点火する（この光景は、まさにケーキの再現であり、会場ではケーキとキャンドルとが新郎新婦の着席するメインテーブルをはさんで左右対称になるよう配置されている）。これがケーキ入刀のもっていた意味をさらに補強するものであることは明らかである。

20) パーソンズはデュルケームの象徴の取り扱いに言及しながら、極めて重大な指摘を行なっている。「象徴主義は、実証主義的分析図式のなかでいかなる位置ももたない。科学はそれに対するモデルを提供しえない」（Parsons［1937 = 1982：4：164］）。これもまた、ただならぬ表現であると言わねばならないであろう。

文献

Austin, John, 1960, *How to Do Things with Words*, London: Oxford University Press. （＝坂本百大訳、1978、『言語と行為』東京：大修館書店。）

Chwe, Michael Suk-Young, 2001, *Rational Ritual: Culture, Coordination, and Common Knowledge*, Princeton: Princeton University Press. （＝安田雪訳、2003、『儀式は何の役に立つか――ゲーム理論のレッスン』東京：新曜社。）

Durkheim, Emile, 1895, *Les Règles de la méthode sociologique*, Paris: F. Alcan. （＝宮島喬訳、1978、『社会学的方法の規準』東京：岩波文庫。）

―――, 1912, *Les Formes élémentaires de la vie religieuse*, Paris: F. Alcan. （＝古野清人訳、1975、『宗教生活の原初形態』東京：岩波文庫。）

江守五夫、1998、『婚姻の民俗』東京：吉川弘文館。

Goffman, Erving, 1959, *The Presentation of Self in Everyday Life*, Garden City, New York: Doubleday. （＝石黒毅訳、1974、『行為と演技――日常生活における自己提示』東京：誠信書房。）

―――, 1967, *Interaction Ritual: Essays on Face-to-Face Behaviour*, Garden City, New York: Doubleday. （＝広瀬英彦・安江孝司訳、1986、『儀礼としての相互行為』法政大学出版局。）

Grainger, Roger, 1974, *The Language of the Rite*. （＝柳川啓一監訳、1977、『言語としての儀礼』東京：紀伊國屋書店。）

Hobsbawm, Eric and Terence Ranger（eds.）, 1983, *The Invention of Tradition*, Cambridge, England: Cambridge University Press. （＝前川啓治ほか訳、1992、『創られた伝統』東京：紀伊國屋書店。）

神崎宣武、2001、『三三九度』東京：岩波書店。

Kertzer, David, 1988, *Ritual, Politics, and Power*, New Haven: Yale University Press. （＝小池和子訳、1989、『儀式・政治・権力』東京：勁草書房。）

Leach, Edmund, 1976, *Culture and Communication*, Cambridge, England: Cambridge University Press. （＝青木保・宮坂敬造訳、1981、『文化とコミュニケーション』東京：紀伊國屋書店。）

Lévi-Strauss, Claude, 1965, *Le Totémisme aujourd' hui*, Paris: Presses Universitares de France. （＝仲沢紀雄訳、1970、『今日のトーテミズム』東京：みすず書房。）

松井彰彦、2002、『慣習と規範の経済学――ゲーム理論からのメッセージ』東京：東洋経済新報社。

Merton, Robert, 1957, *Social Theory and Social Structure*,（rev. and enl. ed.）, New York: The Free Press. （＝森東吾ほか訳、1961、『社会理論と社会構造』東京：みすず書房。）

Parsons, Talcott, 1937, *The Structure of Social Action*, New York; London: McGraw Hill. （＝稲上毅ほか訳、1974-1989、『社会的行為の構造』1-5、東京：木鐸社。）

志田基与師、1991、『平成結婚式縁起（いまどきウエディングじじょう）』東京：日本経済新聞社。

Shida, Kiyoshi, 1999, "The Shintoist Wedding Ceremony in Japan: An Invented Tradition", *Media, Culture & Society* 21-2, London: Academic Press, pp.195-204.
竹沢尚一郎、1987、『象徴と権力——儀礼の一般理論』東京：勁草書房。
柳田國男、1948、『婚姻の話』東京：岩波書店; 1990、『柳田國男全集　第12巻』東京：ちくま学芸文庫。

第12章

鈴木健之

ネオ機能主義から文化社会学へ
―― アレクサンダー社会学の展開

一つの「文化社会学」――はじめに

　ジェフリー・C・アレクサンダー（Jeffrey C. Alexander）は、社会学における「ネオ機能主義」（neofunctionalism）のプロジェクトを完了させ、「カルチュラル・ターン」以後、「文化社会学」（cultural sociology）を精力的に展開してきた。彼の「文化社会学」は、サブ・カルチャーやポピュラー・カルチャーを対象とした「文化の社会学」（sociology of culture）ではなく、社会学は「文化的」という前提に立ち、文化それ自体の解明に向かおうとするところにその特徴がある。アレクサンダーは、パーソンズ社会学の有力な後継者の一人として、『社会学の理論論法』（Alexander [1982-83]）を上梓することで有名になった。しかし、ドイツのもう一人のパーソンズ社会学の有力な後継者（？）であるニクラス・ルーマンの「システム論」としてのパーソンズ受容とは異なって、アレクサンダーの場合「行為論」、正確に言えば「行為－システム論」としてパーソンズ社会学を継承した点が注目される。周知のとおり、行為－システム論とは、文化、社会、パーソナリティという三分割されたシステムにおいて、文化の社会における制度化、文化のパーソナリティにおける内面化を議論したものである。これは後にAGIL図式に改編され、最後に人間の条件のパラダイムへと再構成された。こうした展開の形式（システムの入れ子構造）だけを見ると、社会システム論であれ、行為システム論であれ、「システム論者」としてパーソンズを位置づけたくなる。しかし、パーソンズの場合、文化とは、社会を一つにまとめあげる価値・規範を意味しており、彼の社会学は、一貫して、その比較論的研究として提出されていた。とくに彼の関心は、「国際的」なまなざしにおいて、一方で、普遍主義的な文化の制度化と内面化、それを特徴とする社会（＝アメリカ）、他方で、特殊主義的な文化の制度化と内面化、それを特徴とする社会（＝非アメリカ社会、あるいは反アメリカ社会）の対

比におかれ、同時に「国内的」なまなざしにおいて、一方で、普遍主義的な文化の制度化と内面化、それを特徴とするコミュニティ（アメリカ社会共同体）、他方で、特殊主義的な文化の制度化と内面化、それを特徴とする社会（非アメリカ社会共同体、あるいは反アメリカ社会共同体）の対比におかれていた。パーソンズが、国際的・グローバルなまなざしにおいて、普遍主義的なものとして自由主義社会を、特殊主義的なものとして共産主義社会を、国内的なまなざしにおいて、普遍主義的なものとして解放運動を、特殊主義的なものとしてマッカーシズムを論じていた点は注目に値する（Parsons [1969 = 1973-74]）。

　社会を一つにまとめあげる価値・規範としての文化、これへの強い関心こそがパーソンズ的伝統を形成する。アレクサンダーは、パーソンズにとっては愛弟子であり、アレクサンダーにとっては先生であるロバート・ベラーの「市民宗教」論に導かれながら、「市民社会」論を展開したが、彼らに共通しているものは「共通価値」、言い換えれば「文化」への強い関心である。パーソンズが取り出した「普遍主義」というアメリカ的価値は、デュルケーム的伝統の下、ベラーにおいては、さらに宗教的意味に一般化されたかたちで議論され、アレクサンダーにおいては、より社会（学）的意味に特定化されたかたちで議論された。

　アレクサンダーは、「ネオ機能主義、その後」のみずからの問題領域を「行為」、「文化」、「市民社会」の三つに分けた（Alexander [1998a]）。これはパーソンズの行為システムの三分割モデルにぴったりと重なり合う。ただ違いがあるとすれば、パーソンズの場合、文化が頂点、中間に社会、下位にパーソナリティの順番で、「サイバネティック・ヒエラルキー」をなしていたのに対し、アレクサンダーの場合、文化を頂点にしてはいるものの、左下に行為、右下に市民社会が置かれた「トライアングル」の形になっているという点である。普遍主義的な文化を内面化した行為者が市民社会を作り上げていく。したがって、パーソンズ的伝統において、文化はつねに守るべきものなのだ。こうした意味においても、パーソンズ的伝統においては、「文化の社会学」ではなく、「文化社会学」が展開されねばならない。しかし、アレクサンダーは、パーソンズ的伝統に与しながらも、その伝統から離れようとしている。

1.「ネオ機能主義、その後」のアレクサンダー

行為

　アレクサンダーは、1998年『ネオ機能主義、その後』（Alexander［1998a］）を刊行し、その本のなかで、「ネオ機能主義」という社会学における一つのプロジェクトの終結を公言した。アレクサンダー社会学は「パーソンズ・行為－システム論の再構成の試み」といえるが、それは「行為・文化・市民社会」という順番でなく、「行為」→「市民社会」→「文化」という順番で行なわれた。筆者が別稿で論じたとおり（鈴木［2004］）、アレクサンダー社会学のミッションは二つ、「理論の統合」と「社会の統合」であった。まず「行為」論を再構成することによって、アレクサンダーは一つの理論的統合をめざした。『社会学の理論論法』（Alexander［1982-83］）と『行為と行為環境』（Alexander［1988d］）の議論がこれにあたる。これらの著作においてアレクサンダーが展開した議論は、社会の統合という実質的な議論ではなく、理論の統合という理論的な議論であった（じじつ、後者の著作のサブタイトルには「一つの理論的統合をめざして」とある）。ちょうど、これらの著作に挟まれるかたちで『ネオ機能主義』（Alexander［1985］）が刊行された。「初期」アレクサンダーは、経験的な論文も書いてはいるものの、中心は理論的なものであり、関心は「理論的統合」に向けられていた。1980年代のアレクサンダーは「行為」の時代と呼ぶことができるかもしれない。

市民社会

　次に、1990年代に入ると、アレクサンダーの関心は、理論的なものから実質的なものへ、行為から市民社会へと移っていった。「理論の統合」に関する議論は中断し、「社会の統合」に関する議論が展開される。こうした議論の一部は、すでに『行為と行為環境』にも見て取れるが、明示的に市民社会論として提出されるに至るのは『現実の市民社会』（Alexander［1998b］）においてである。1980年代末の東欧社会の民主化はアレクサンダーにとって、ひじょうにインパクトの強い出来事であった。パーソンズのいう「普遍主義」の新しいかたちが現出したからだ。共産主義という特殊主義から普遍主義的な民主主義的価値への脱却。これを東欧に見たアレクサンダー。アレクサンダーによれ

ば、パーソンズから（さかのぼってデュルケームから）の社会学的遺産の一つが「連帯」（solidarity）概念だという。「普遍主義」と「連帯」。1990年代の中ごろまで、アレクサンダーの議論には政治的なものを直接的に扱ったものが少なくなかった。1990年代のアレクサンダーは「市民社会」の時代と呼ぶことができるかもしれない。

　しかし、アレクサンダーの市民社会論は、政治学的にというよりはむしろ、社会学的に、そして「文化社会学」的に論じられていった。その市民社会論に「運動」は出てこないし、「運動家」も出てこない。出てくるのは、「市民社会」の「文化」である。この時点に至ると、理論を一つに統合する、社会を一つに統合する、という初期の強気の姿勢は陰を潜め、理論は統合できるかもしれないし、できないかもしれない、社会は統合できるかもしれないし、できないかもしれない、とアレクサンダーは反省的に自問しはじめる。たとえば、スティーブン・サイドマンと編集した『新しい社会理論読本』（Seidman and Alexander［2001］）において、アレクサンダーは、『社会学の理論論法』で披露した「科学の連続体」の議論を捨て去ることを主張するようになる。かつて、アレクサンダーは、社会学の理論化はつねに実証的（ポスト実証的）たるべし、それに馴染まないヒューマン・スタディーズとは一線を画すべし、と主張していた（Alexander［1982-83］）。しかし、それから20年ほどたち、アレクサンダーの「スタイル」はまったく変わってしまった。彼は言う。社会科学／人文研究といった線引きはもはや必要ではない。「文化」を語るとき、こうした線引きはもはや要らない。文化の説明よりもむしろ、文化の解釈に進むべきだ、と。

　こうして、アレクサンダーは、理論の統合、社会の統合、いずれをも放棄するに至る。アレクサンダーは、一方で、「理論の統合」を中断し、『新しい社会理論』のあり方を、他方で、「社会の統合」を中断し、「現実の市民社会」の「文化社会学」を模索してきた。アレクサンダーは「理論の統合」と「理論の非統合」、「反統合理論」との間で揺れ動いている。かつて、アレクサンダーは、理論の統合を目指さない「言説」を切り捨てた。しかし今、彼は、理論の統合を目指さない言説にも最大限配慮するという、理論的な意味で、中庸な態度を取るようになった。同時に、アレクサンダーは、「社会の統合」と「社会の非統合」、「反統合理論」との間で揺れ動いている。かつて、アレクサンダーは、社会の統合を目指さない「言説」を切り捨てた。しかし今、彼は、社会の

統合を目指さない言説にも最大限配慮するという、実質的な意味で、中庸な態度を取るようになった。アレクサンダーはパーソンズ的伝統において自分が語られることを厭う。

文化

　アレクサンダーは、2003年、『社会における生の意味——一つの「文化社会学」』（Alexander［2003］）と題された「市民社会」の「文化」に関する著作を刊行した。これは、1980年代の中ごろから最近まで約20年間に発表された「文化社会学」の論文を集めたものである。アレクサンダーによれば、「文化社会学」とは「一種の社会精神分析学であり、その目標は社会的無意識を見えるようにするところにある」（ibid.：4）。本のタイトルが示すとおり、社会における生の意味を探ることが、「文化社会学」の使命と論じられる。上述したとおり、初期アレクサンダーの関心は、政治的なものであり、その関心に基づいて「政治社会学」が展開された。この時点では、パーソンズの行為システム論が全面的に継承されており、パーソンズ、ベラー、アレクサンダーのトライアングルとなっていた。それが1980年代後半になると、「市民社会」それ自体に関心が移り、その「深層構造」が明らかにされていった。ここでのアレクサンダーの関心も政治的なものではあるが、その関心に基づいて「文化社会学」が開始された。このとき、アレクサンダーは、パーソンズ的伝統から離れ、後期デュルケームの儀礼論とソシュールの記号論を呼び戻し、バイナリー図式を「文化社会学」の道具として再構成した。

　初期の議論とこの時代の議論をつなぐアレクサンダーの議論の一つに、「ウォーターゲート」論がある。アレクサンダーは、この事件を、初期段階では普遍主義的文化の制度化という観点から議論していたのに対して、中間段階ではウォーターゲート事件の「文化社会学」的考察に切り替えて論じている。この時点でも、アレクサンダーは、アメリカにおける普遍主義の強さを信じてやまないのだけれども、けがれたアメリカ的価値を浄化（purify）し、再び聖なるものにしていく一連のプロセスをウォーターゲート事件の「公聴会」に見て取りながら、アメリカ的価値を浄化するための「儀礼」を解読しようとした。ここにおいて、アレクサンダーは、普遍主義の制度化と内面化のプロセスのみを論じて、普遍主義それ自体の解釈に向かわないパーソンズを離れ、普遍主義それ自体、アメリカ的価値それ自体、ひいては文化それ自体の解釈をめざしてい

く。社会的意味の「結果」に関心を寄せる「文化の社会学」ではなく、社会的意味の「解釈」に関心を注ぐ「文化社会学」の理論を構築すること。そして、その理論を応用し、「多次元的な」文化の解読を試みること。これがアレクサンダーの現在の関心である。

2. パーソンズからアレクサンダーへ
——弱い文化理論から強い文化理論へ

弱い文化理論・強い文化理論

　アレクサンダーの「文化社会学」は元来、パーソンズ的伝統に与(くみ)し、文化の制度化・内面化の議論を試みたものであった。しかし、1980年代後半以降、その議論は彫琢(ちょうたく)されていき、文化それ自体の理論化をめざすものとなっていった。パーソンズの場合、文化が論じられるとき、「価値」に焦点がおかれる。それに対して、アレクサンダーの場合、文化が論じられるとき、「シンボルのパターン」に焦点がおかれる。アレクサンダーによれば、パーソンズのいう価値とは「機能的要求を通して姿をかえ、特定の役割において制度化されるシンボルの部分集合」（Alexander [1998a : 220]）のことである。パーソンズは、社会的世界における実際の行動パターンからの一般化によって、価値を論じようとする。これに対して、アレクサンダーは、行為者の意味、あるいは言説についての解釈学的な分析を通して、価値を論じようとする。アレクサンダーは、パーソンズの「価値の文化理論」は人類学から社会学を切り離してしまう結果となってしまった、と断定する。これに対して、アレクサンダーは、後期デュルケームの象徴論・儀礼論を再解釈し再評価することによって、人類学と社会学とが共同戦線を張り、パーソンズ型の〈弱い weak〉文化理論からデュルケーム・ルーツの〈強い Strong〉文化理論への転換を図ろうとする。これぞ彼の言う「文化社会学」である。アレクサンダーは言う。

　　パーソンズのいう「完全なる制度化という定理」は不和なき社会生活の実際の記述というよりはむしろ、理想的な類型モデルとみなされるものの、その定理が意味するところのものは、明らかに、パーソンズが文化よりも社会システムに、文化的パターンから選ばれた制度的なメカニズムに、何よりも制度的な調整や統制のためのメカニズムとしての文化にプライオリティを置

いている、ということである。パーソンズは文化それ自体の内的なコードやナラティヴにさしたる注意を払っていない。(ibid.: 221)

アレクサンダーは、社会学はあまねく「文化的」であらねばならない、という意味で、パーソンズ的伝統の正統な継承者であった。したがって、彼の社会学は「文化の社会学」ではなく、「文化社会学」であらねばならなかった。しかし、アレクサンダーは、文化それ自体の分析に進まないパーソンズを批判し、拒否する。たとえば、パーソンズの「社会共同体論」。これはアレクサンダーの「市民社会論」のベースになっているものである。上述したとおり、パーソンズが取り出した「連帯」概念をアレクサンダーは高く評価している。しかし、アレクサンダーは、パーソンズが社会共同体と他の社会的領域との間に起こる緊張をあまり見ようとしなかった点と、市民社会の相互作用的レヴェルの重要性の理解に欠けていた点を適切に批判している。アレクサンダーによれば、パーソンズの議論の最大の問題点は「社会共同体が制度化されるかどうかは普遍主義の価値の実現にかかっている」というテーゼにあるとされる。このように主張されてしまえば、一見すると、「特殊主義的」なアイデンティティ（人びと）とその人たちの、多様性のなかから生まれる「普遍主義的」な声（主張）が無視されてしまう。超越的、価値自由的な「普遍主義」。実はこの価値こそが新たな社会的緊張を生み出す。なぜならば、普遍主義こそバイナリーな象徴の分類だからだ。アレクサンダーは言う。

> 普遍主義は社会生活から特殊主義を排除しうるような一つの選択ではない。普遍主義は、対立物とみなされるものとの関係、すなわち「排除されている」、そして「特殊主義的」というカテゴリーとの関係においてはじめて意味をなす動機、関係、制度といったカテゴリーのコード化された定義なのである。［中略］普遍主義を構築する聖なる象徴的カテゴリーは、……別の種類の個人、制度、集団を特徴付ける俗なる動機、関係、制度との公的な対比によってのみ定義されうる。……排除される「他者」はつねに市民的領域［社会共同体］に包摂される人びとと並んで立っている。(ibid.: 226)

アレクサンダーがいう「文化社会学」は「新しい文化のモデルの構築」をめざすものではなく、「一般理論」、「演繹理論」の類をめざすものでもない。メ

ルロ＝ポンティの「弁証法の冒険」よろしく、みずからの試みを「弁証法の冒険――「文化社会学」の場合」と名づけ、「理論と調査のあいだ、解釈と説明のあいだ、文化の論理と文化の語用論のあいだを行ったり来たり」するからだ（Alexander [2003 : 6]）。アレクサンダーはこうして一般理論の構築をやめた、という。否、最初から志向していなかったのかもしれない。アレクサンダーはこうしてパーソンズを捨てた、という。否、にもかかわらず、パーソンズ的伝統から外れてはない、のではないか。

3. ベラーとアレクサンダー
―― 「文化社会学」の源泉

文化社会学者としてのベラー

こうしたアレクサンダーの「文化社会学」の源泉は、パーソンズを経由して、デュルケーム（後期デュルケームの儀礼論、象徴論）にさかのぼることができる。しかし、アレクサンダー自身が明言しているとおり、直接的な理論的・実質的な源泉はロバート・ベラーである（Alexander and Sherwood [2001]）。アレクサンダーの「文化社会学」には、パーソンズよりベラーの影響の方が強く出ている。アレクサンダーが当初、パーソンズの（行為）システム論的言語を用いて「理論論法」を論じていたのと同様に、ベラーも、1950年代後半から60年代前半にかけて、パーソンズのシステム論的言語を用いて「宗教の進化」を論じていた。「宗教のもつシンボル性」（religious symbolism）といった「文化社会学」につながる議論をすでにこの時点で提出していたベラーではあったが、彼の宗教社会学は（システム論的に）「一般的、普遍的、そして抽象的に」（ibid.: 5）議論されていた。こうした理論的な議論から予想される結論は楽観的なものである。ベラーは、1966年、「アメリカにおける市民宗教」（Bellah [1966 → 1970 = 1973]）という論文を発表した。論点は明快である。パーソンズの言う「普遍主義」はアメリカにおいて「市民宗教」というかたちで制度化されてきた。その伝統は、リンカーンからケネディまで、大統領の就任演説に見て取れる。アメリカを一つにまとめあげる価値・規範としての普遍主義は、たとえ当初の宗教的意味が失われ、世俗化されようとも、脈々と現在に連なり、今なお生きている。大統領の就任演説を聴け！

ベラーは、この時点では、パーソンズのシステム論的・進化論的世界観を信

奉しており、アメリカにおける普遍主義の実現を信じて疑わなかった。じじつ、『信仰を超えて』（邦題『社会変革と宗教倫理』）の第1部には、「理論的基礎」として、「宗教の進化」と題された、きわめて理論的、きわめてパーソンズ的な論文が置かれていた（ibid.）。しかし、『破られた契約』（Bellah [1975 = 1983]）になると、こうしたベラーの進化論的楽観主義は完全に消えてしまう。「市民宗教論」と『破られた契約』のあいだに、『信仰を超えて』という著作がおかれ、「市民宗教論」はここに収められていた。ベラーのまわりに、そしてベラー自身に何が起こったのだろう。ベラーの劇的な変化はまさにアメリカの「不断の危機の時代」に重なっていた。黒人解放運動、女性解放運動、ベトナム反戦運動、学生運動など、さまざまな「解放」運動は「今」そして「ここ」を確かに語りうる言葉を必要とした。それは一般化され、普遍化された抽象的な言葉ではなく、「今」そして「ここ」を特定的に、具体的に、主体的に語りうるものでなくてはならなかった。パーソンズのいうアメリカ的価値＝普遍主義を「市民宗教」と読み替え、市民宗教の強さの証明として、大統領の演説にちりばめられた普遍主義的メッセージを拾い集めるだけでは、今、ここに起きている、一見すると特殊主義的にみえる運動を理解することはできない。「宗教の進化」の議論よろしく、宗教の世俗化が進行してきたけれども、アメリカ的社会を一つにまとめあげる価値・規範は今も昔も普遍主義。特殊主義的な運動はすべてこの普遍主義に包摂されてきたし、これからもされていくだろう、といったパーソンズ流の社会観は説得力をもたなくなってしまった。

　この時代の危機に、ベラーのパーソナルな出来事が重なった。1967年、ベラーはハーヴァードを去った。そこに職を得られなかったからだ。1970年、『信仰を超えて』が出版されたとき、ベラーは、マサチューセッツ州ケンブリッジではなく、カリフォルニア州バークレーにいた。微妙な著作であるが、それにしても微妙なタイトルである。その本のなかで、理論の言葉と彼の本音が交錯しているからだ。次なる著作のタイトルはストレートだ。その名も『破られた契約』。副題には「アメリカ市民宗教の苦難」とある。この本には、パーソンズの名前はまったく登場しない。ベラーの普遍主義への信頼は大きく揺らいでいる。進化論・システム論的言語の一かけらも見当たらない。ベラーは「スタイル」をまったく変えてしまった。大きな変化である。しかし、それにもかかわらず、ベラーにおいて変わらなかったもの。これこそ「文化社会学」への関心である。「アメリカにおける市民宗教」は、市民宗教の強さを証明し

ようとする点において、パーソンズ的であるが、市民宗教の解釈学をめざす点において、パーソンズを超えている。「文化社会学」との関連で、ベラーの「解釈学的で現象学的な神話分析」(Alexander and Sherwood [2001:7]) が強調されねばならない。ベラーがその論文において試みたのは、アメリカというネーション、その創造神話の解釈、であったからだ。

文化社会学者としてのアレクサンダー

そのベラーの後を追うかのように、ハーヴァード大学を卒業したアレクサンダーは、大学院生としてカリフォルニア大学バークレー校にやってきた。その形式的な理由は「パーソンズの定年退官」によるものであったが、実質的な理由は、パーソンズ去りし後、ハーヴァードには学ぶべき先生がいなくなってしまった、というものであったろう。アレクサンダーは、理論に関しては、システム論をパーソンズ発、ベラー、スメルサー経由で受容している。アレクサンダーの「ネオ機能主義」はこのラインで展開された。しかし、もう一つのラインが存在した。ベラーの「価値論」とスメルサーの「社会学的精神分析論」を統合した新手の「文化社会学」の展開というラインである (Münch and Smelser [1992], Alexander [2004a])。スメルサーの場合、パーソンズの AGIL 図式を応用した「比較歴史社会学」(Smelser [1959]) や「集合行動論」(Smelser [1962]) が有名であるが、彼のもう一つの重要な業績に、広い意味では社会学的「パーソナリティ論」、専門的な意味では社会学的「精神分析論」(Smelser [1999]) がある。これはいわゆるパーソンズ型の「文化の内面化」モデルの再構成を試みようとするもので、「普遍主義」に加えて、「特殊主義」という価値・規範が内面化される際の「制度」の果たす役割について議論したものである。ここでスメルサーは、内面化のプロセスにおける「感情」の問題を取り上げて議論している。これはパーソンズが深く議論しなかったところのものである。アレクサンダーの「統合」の議論において、ベラーの議論は「文化」の次元として、スメルサーの議論は「パーソナリティ」の次元として設定しなおされ、そこに「社会」が介入する。これはいわゆるパーソンズのいう「行為システム」の三分割モデルであるが、「文化社会学」のはじめの一歩がこうして記されることとなった。

1972 年、ウォーターゲート事件が起こったとき、アレクサンダーは 25 歳であった。彼は早速、この事件を取り上げ、「文化社会学的」な論文を書き上げ

た（Alexander [1988c = 1996]）。最初のウォーターゲート論は、行為システム論の言葉で書かれたけれども、のちの「文化社会学」のエッセンスが随所に散りばめられている。デュルケーム発、ベラー経由、アレクサンダー行きというラインにおいて、連帯＝市民社会の領域が「文化社会学」の重要な研究領域として設定される。そして、同じラインで、現代社会における象徴や儀礼の役割について、試験的ではあるけれども、多面的な考察が試みられ、「文化社会学」の方法が提出される。このウォーターゲート論は、1984年、「文化と社会諸関係の三つのモデル——「ウォーターゲート」分析の試み」（Alexander [1988c]）と題され、アメリカ社会学会理論部会編集の『社会学理論』（*Sociological Theory*）に発表された。これに第二のウォーターゲート論、「実質の「形式」——儀礼としての上院ウォーターゲート公聴会」（Alexander [1986]）、そして第三のウォーターゲート論、「文化と政治的危機——「ウォーターゲート」とデュルケーム派社会学」（Alexander [1988b]）が続く。ここで、順番を入れ替えてみると、アレクサンダーの文化社会学の展開の意図がよくわかる。まず、アレクサンダーは、文化社会学の鉱脈を後期デュルケームに探り当て、「ウォーターゲート」を解釈して見せることで、その現代的意義を明らかにした（第三のウォーターゲート論）。アレクサンダーは、パーソンズ研究をシステム論としてではなく、文化論として転換させた。次にアレクサンダーは、パーソンズ的伝統を継承しながら、普遍主義、アメリカにおける共通価値、アメリカ的文化を擁護する議論を行なった（第一のウォーターゲート論）。しかし、「制度化」モデルをそのまま引き継ぐのではなく、制度化が困難な事例、そして制度化が不可能な事例、それぞれのモデルの提出も忘れなかった。そして、アレクサンダーは、パーソンズ的伝統とは距離を取りながら、文化それ自体の解釈学を試みるようになった（第二のウォーターゲート論）。現代における「神話」の社会学的分析、そして現代における「象徴」の社会学的解読がアレクサンダーの現在の関心となっている。

4. 一つの「文化社会学」の展開

アメリカ社会学とアレクサンダー

　アレクサンダー社会学は、アメリカ社会学において、きわめて反主流であり、マイナーな存在であった。しかし、彼の「文化社会学」は、現在のアメリ

カ社会学において、一つの地位を築きつつある。時代に逆行するかのように、アレクサンダーは、1960年代から70年代のアメリカ、反パーソンズの時代にあって、パーソンズを読み、反規範理論の時代にあって、「規範的なるもの」を議論した。「反規範理論」のスローガンの下に登場した新しい社会学（コンフリクト・ソシオロジー、エスノメソドロジー、現象学的社会学、合理的選択理論等々）にはまったく目もくれず、ひたすら「社会学の古典」を規範理論の観点から読むという作業を継続した。社会を一つにまとめあげる価値・規範、すなわち文化を前提にした社会学理論化こそが「パーソンズ的伝統」の核心であった。しかし「普遍主義の信奉」にパーソンズ流規範理論の限界を見たアレクサンダーは、パーソンズ的伝統とは自覚的（反省的）に距離を置き、パーソンズ流規範理論とは一線を画し、一つの「文化社会学」を展開してきた。アレクサンダーの文化社会学は、ただ「普遍主義」を唱えるという意味で、反（非）リフレキシヴなものでも、ただ「昔はよかった」的な、ノスタルジックなものでもなかった。パーソンズ発の「規範理論」は、A・グールドナーの「リフレキシヴ・ソシオロジー」を経由することで、リフレキシヴかつ反ノスタルジックな「文化社会学」へと再構成されたからである（鈴木［2004］）。

カルチュラル・ターン

　一方、60年代から70年代の西欧に目を転じてみると、アカデミック・シーンを席捲していたものは、当時のアメリカではマイナーな存在に過ぎなかった「文化論」、「文化研究」であった。アレクサンダーは、1980年代、彼独自の「文化社会学」を構築するにあたって、その理論的武器の導入（密輸入）を行なった。当時、哲学と社会学の役割分担に忠実であったアレクサンダーが領域を侵犯することはなかったけれども、彼が「西欧の文化論（フランスの構造主義・ポスト構造主義、ドイツの批判理論）」に影響を受けたことは間違いない。文化それ自体の解読のために、まず人類学の手法が導入される。文化をバイナリーなものとして読み解くレヴィ＝ストロースの構造人類学の手法がそれである。文化論の方法論的ルーツとして、アレクサンダーが挙げている人類学者は、M・ダグラス、V・ターナー、そしてC・ギアーツであるが、もとはレヴィ＝ストロースであり、さらに源流をたどると、デュルケームにたどり着く。これに加えて、R・バルトの「記号論」の手法が導入され、アレクサンダー「文化社会学」の方法論的武器が出揃う。また、彼の「文化社会学」の「前提

として、ユルゲン・ハーバーマスの「コミュニケーション論」がおかれた。アレクサンダーは、社会を一つにまとめあげる価値・規範の「形成」という重要な〈問い〉をハーバーマスから引き継いでいる。こうして、一つの「文化社会学」のお膳立ては出来上がる。しかし、アレクサンダーは、純粋に理論的な議論として西欧の文化論を紹介することには向かわず、プラグマティックに、社会学的なアレンジを加えたのである。

カルチュラル・スタディーズとカルチュラル・ソシオロジー

対照的に、西欧のもう一つの文化論である「ブリティッシュ・カルチュラル・スタディーズ」に対しては、アレクサンダーは一瞥をくれるだけであった。その研究対象が「経験的なもの」や「ポピュラーなもの」に偏りすぎており、文化それ自体の解釈に向かわないから、というのがその理由のようである。確かに、アレクサンダーの「無視」とはかかわりなく、70年代後半から80年代前半にかけて、ブリティッシュ・カルチュラル・スタディーズの理論と方法はアメリカにも紹介され、数かずの「ポピュラー・カルチャーの社会学的研究」が輩出された。しかし、これに対して、アレクサンダーは、「カルチュラル・スタディーズ」あるいは「ソシオロジー・オブ・カルチャー」ではない、「カルチュラル・ソシオロジー」を展開してきた。いわば、「ハイ・カルチャー」を扱うフランス・ドイツ型大陸型文化論と「ポピュラー・カルチャー」を扱うブリティッシュ・カルチュラル・スタディーズとの中間をいくというのが「アメリカ文化社会学」であり、なかでもアレクサンダーの「文化社会学」は、パーソンズの文化論に強く影響されており、パーソンズ的伝統において展開されているのである。

5. むすびにかえて

アレクサンダー社会学の「今」、そして「ここ」

アレクサンダーの「文化社会学」は「ウォーターゲート事件」の解読から始まった。上述したとおり、初めのほうの議論は、パーソンズ流のシステム論的言語で書かれていたけれども、議論が彫琢されていくにしたがって、ベラーと同様に、システム論的言語は消えていった。しかし、ベラーとは異なって、アレクサンダーの「文化社会学」には「信仰を超える」とか「契約が破られる」

といった「実質」的な言葉は見当たらない。アレクサンダーの議論は「形式の実質」よりもむしろ、「実質の形式」に関心を注ぐものだからだ。ベラーは、理論的言語を捨て去った後は、つとめて「形式の実質」を語ろうとしてきた。それに対して、アレクサンダーは今、つとめて「実質の形式」を語ろうとしている。

　文化を語るとき、われわれは「形式の実質」を語りたがる。そしてそのストーリーの多くは悲観的に展開されがちだ。たとえば、われわれは「9.11」以前・以後のアメリカ社会を、チョムスキーのように「メディア・コントロール」（Chomsky［1997 = 2003］）された社会、あるいはB・グラスナーのように「恐怖を売り物」にする社会（Glassner［1999 = 2004］）と断定し、「権力者は誰か」、「得をしているのは誰か」と問いただすこともできる。しかしわれわれは過度に政治的になる前に、「文化」それ自体の解読に向かわねばならないのではないか。アレクサンダーが行なおうとしているものは、まさにこれである。彼の最近の著作、『社会における生の意味』に収められている論文に、「悪の「文化社会学」」というものがある（Alexander［2003］）。アレクサンダーは、ここで、「悪なるもの」がどのようにして生み出され、育てられ、捨て去られて（浄化されて）いくのか、というひじょうに興味深い分析を行なっている。パーソンズ的伝統にそのまま浸っていたならば、「善なるもの」＝正義が高揚され、悪は社会から（そして社会学からも）排除されるべきものと議論されるだろう。アレクサンダーの「文化社会学」が主張するのは逆のことである。「悪」は「善」との対比において社会において、つねに必要とされてきた。そして、好む好まないにかかわらず今後も必要とされる、というものである。

　たとえば、このアレクサンダーの議論を応用して、われわれは「悪の枢軸」の「文化社会学」を試みることができるかもしれない。あるいは、デュルケーム発、ベラー経由、アレクサンダー行きのラインに沿って、われわれは、「大統領」の「文化社会学」、あるいはその日本版、たとえば「天皇」の「文化社会学」を展開することもできるかもしれない。かつて、ロラン＝バルトは日本を「表徴の帝国」（Barthes［1970 = 1996］）と呼んだことがあった。「表徴」＝「記号」の帝国であると同時に、日本は「儀礼」の帝国でもある。象徴、表徴（記号）、儀礼の「普遍的な形式」を理解することは、人類学、とくに象徴人類学の仕事なのかもしれない。しかしその意味を、「今、ここ」という空間において特定化したときに見えてくる「社会学的事実」は、ときに重大な発見であ

ったりする。われわれは、人類学と社会学が共同戦線を張り、そこに記号論という武器を導入して、ここ日本において一つの「文化社会学」を展開せねばならないだろう。

文献

Alexander, Jeffrey, 1982-83, *Theoretical Logic in Sociology*, 4 vols, Berkeley, Los Angeles: University of California Press. (=佐藤成基・鈴木健之訳,『社会学の理論論法』東京:青木書店より刊行予定。)

―――― (ed), 1985, *Neofunctionalism*, Beverly Hills: Sage.

――――, 1986, "The 'Form' of Substance: The Senate Watergate Hearings as Ritual", S. J. Ball-Rokeach and Muriel G. Cantor (eds.), *Media, Audience, and Social Structure*, Beverly Hills: Sage.

――――, 1988a (1984), "Action and Its Environments", Alexander (1988d), pp.301-33. (=石井幸夫ほか訳, 1998,「行為とその環境」『ミクロ-マクロ・リンクの社会理論』東京:新泉社。)

――――, 1988b, "Culture and Political Crisis: 'Watergate' and Durkheimian Sociology", Alexander (1988d), pp.187-224.

――――, 1988c, "Three Models of Culture and Society Relations: Toward an Analysis of Watergate", Alexander (1988d), pp.153-74. (=鈴木健之訳, 1996,「文化と社会諸関係の三つのモデル――「ウォーターゲート」分析の試み」『ネオ機能主義と市民社会』東京:恒星社厚生閣、pp.75-98。)

――――, 1988d, *Action and its Environments: Toward a New Synthesis*, New York: Columbia University Press.

―――― (ed), 1988e, *Durkheimian Sociology: Cultural Studies*, Cambridge, England: Cambridge University Press.

――――, Steven Sherwood and Philip Smith, 1993, "The British are Coming…Again!: The Hidden Agenda of 'Cultural Studies'", *Contemporary Sociology* 22: 370-5.

――――, 1998a, *Neofunctionalism and After*, New York: Blackwell.

―――― (ed), 1998b, *Real Civil Societies: Dilemmas of Institutionalization*, Thousand Oaks: Sage.

―――― and Steven Sherwood, 2001, "Mythic Gestures: Robert N. Bellah and Cultural Sociology", Richard Madsen, William M. Sullivan, Ann Swidler, Steven M. Tipton (eds.), *Meaning and Modernity: Religion, Polity, and Self*, Berkeley: University of California Press.

――――, 2003, *The Meanings of Social Life: A Cultural Sociology*, New York: Oxford University Press.

――――, Ron Eyerman, Bernhard Giesen, Neil Smelser and Piotr Sztomka, 2004a,

Cultural Trauma and Collective Identity, Berkeley: University of California Press.

――, Gary Marx and Christine Williams (eds.), 2004b, *Self, Social Structure, and Beliefs: Explorations in Sociology*, Berkeley: University of California Press.

Barthes, Roland, 1957, *Mythologies*, Paris: Éditions du Seuil.（＝篠沢秀夫訳、1967、『神話作用』東京：現代思想社。）

――, 1970, *L'Empire des signes*, Geneve: Editions d'Art Alvert Skira.（＝宗左近訳、1996、『表徴の帝国』東京：ちくま学芸文庫；石川美子訳、2004、『記号の国――1970』東京：みすず書房。）

Bellah, Robert, 1966 → 1970, "Civil Religion in America", R. Bellah, *Beyond Belief: Essays on Religion in a Post-Traditional World*, Berkeley: University of California Press, pp.168-89.（＝河合秀和訳、1973、「アメリカにおける市民宗教」『社会変革と宗教倫理』東京：未来社、pp.343-75。）

――, 1975, *The Broken Covenant: American Civil Religion in Time of Trial*, 2nd ed., Chicago: University of Chicago Press.（＝松本滋・中川徹子訳、1983、『破られた契約』東京：未来社。）

Chomsky, Noam, 1997, *Media Control: The Spectacular Achievements of Propaganda*, New York: Seven Stories Press.（＝鈴木主税訳、2003、『メディア・コントロール』東京：集英社。）

Durkheim, Emile, 1963, *The Elementary Forms of Religious Life*, New York: Free Press.（＝古野清人訳、1941-42、『宗教生活の原初形態』上・下、東京：岩波書店。）

Geertz, Clifford, 1973, "Thick Description: Toward an Interpretive Theory of Culture", C. Geertz, *The Interpretation of Cultures*, New York: Basic Books, pp.3-32.（＝1987、「厚い記述――文化の解釈学的理論をめざして」吉田禎吾ほか訳『文化の解釈学』I、東京：岩波書店、pp.3-56。）

Glassner, Barry, 1999, *The Culture of Fear*, New York: Basic Books.（＝松本薫訳、2004、『アメリカは恐怖に踊る』東京：草思社。）

Lévi-Strauss, Claude, 1962, La Pensée sauvage, Paris: Plon.（＝大橋保夫訳、1976、『野生の思考』東京：みすず書房。）

――, 1963, *Anthropologie structurale*, Paris: Plon.（＝荒川幾男訳、1972、『構造人類学』東京：みすず書房。）

Münch, Richard and Neil Smelser (eds.), 1992, *Theory of Culture*, Berkeley: University of California Press.

Parsons, Talcott, 1969, *Politics and Social Structure*, New York: Free Press.（＝新明正道監訳、1973-74、『政治と社会構造』東京：誠信書房。）

Seidman, Steven and Jeffrey C. Alexander (eds.), 2001, *The New Social Theory Reader*, New York: Routledge.

Smelser, Neil, 1959, *Social Change in the Industrial Revolution*, Chicago: University of Chicago Press.

―――, 1962, *Theory of Collective Behavior*, New York: Free Press.（＝会田彰・木原孝訳、1973、『集合行動の理論』東京：誠信書房。）
―――, 1999, *The Social Edges of Psychoanalysis*, Berkeley: University of California Press.
Smith, Philip (ed.), 1998, *The New American Cultural Sociology*, New York: Cambridge University Press.
―――, 2001, *Cultural Theory: An Introduction*, New York: Blackwell.
鈴木健之、2004、「ネオ機能主義以後」富永健一・徳安彰編『パーソンズ・ルネッサンスへの招待』東京：勁草書房。

第VI部
意味と社会

第 13 章　過去を担う自己と社会
第 14 章　羅生門問題

第13章

片桐雅隆

過去を担う自己と社会
――物語とカテゴリーの社会学

1. キーワードとしての物語とカテゴリー

　自己や社会とは何かを考えるとき、それらの過去を無視して考えることはできない。過去において何か大きな出来事に出会った人は、その過去の出来事に深く影響されながら現在を生きることになるだろう。それは、本や音楽との出会いであることもあれば、人との出会いであることもあるだろう。その経験は、深い傷として解釈されているかもしれないし、生きるエネルギーを与えてくれるものとして意味づけられているかもしれない。一方、過去を担うことは国家のような集合体においても当てはまる。たとえば、過去において他国によって侵略された経験をもつ国家は、その過去の経験をぬきにして侵略した国家との関係を築くことはできないだろう。

　過去を問うことは自己や社会を考えるうえで避けては通れない重要な課題だが、従来の社会学理論は、一部の例外を除いて、過去を担うものとして自己や社会を見る視点を開拓してこなかった。そのことは、従来の社会学が、社会の進歩や発展など前向きの方向で社会を考えてきたことにも起因している。本章の主旨は、自己や社会のあり方を〈いまとここ here and now〉の問題としてだけではなく、時間的な広がり、とりわけ過去との関係のなかに位置づけて考えることにある。そのことを考えるために、ここでは二つのキーワードに注目したい。それは、一つは物語（narrative）であり、もう一つはカテゴリーである。この二つのキーワードを用いて、過去を担うものとしての自己や社会とは何かを検討することにしよう。

　「自己とは何か」は、過去における自己のあり方を離れて考えることのできない問題であり、哲学の分野では自己の同一性（self identity）の問題として古くから検討されてきた。過去における自己と、現在における自己は同一なの

か、あるいはどのような関係にあるのかという問題が、自己の同一性問題である。第1節と第2節で詳しく述べるように、物語という概念は、同一性のあり方を説明する一つの考え方である。つまり、過去の自己と現在における自己とを、さまざまな出来事のあいだに筋をつけ、それらを順序立てることによって関連づけることが物語ることであり、そのことによって自己の同一性が確保されると考えるのが、物語論の基本的な視点である。そして、自己物語は固定したものではなく、そのつどの視点から書き換えられることに注目する必要がある。つまり、自己物語は固定した静態的なものではなく、過去が現在という時点から常に書き換えられるがゆえに流動的なものであるとする視点が、自己物語論では強調されている。

　一方、カテゴリーとは、一般に〈もの〉や人びとの分類を意味している。オックスフォードの辞書は、カテゴリーを「共通の固有な特徴をもつ〈もの thing〉や人びとの集合」と定義している（*Oxford Advanced Learner's Dictionary* [2000]）。この定義によれば、カテゴリーはある基準によって分類された〈もの〉や人びとの集まりそのものを意味することになる。カテゴリーとしてのジェンダーや階級という、従来の社会学で言われてきた「社会的カテゴリー」の考え方もそれに対応している。しかし、ここで用いるカテゴリー概念は、「〈もの〉や人びとの集合」そのものを意味するのではなく、〈もの〉や人びとを分節化し分類する認知的な枠組である[1]。それは多くの場合、もう一つの別のカテゴリーと対比されたり、複数のカテゴリーとの関連のなかに位置づけられている。たとえば、前者の場合では典型的には、男と女、大人と子供など、あるいは後者の場合ではライフコースの諸段階を示す、子供、青年、中高年などのカテゴリーのように。そして、一般にカテゴリーは、個別的な特性を捨象して抽出された（類型化された）属性によってくくられたものであり、カテゴリー概念に対立するものとしては、「個性記述的 idiosyncratic」（Shibutani [1961：285]）や、「類型化されない生き生きとした経験」（Schütz [1964：23-4 = 1991：47], 片桐 [1993：42-3]）などの概念が考えられてきた。したがって、カテゴリーはステレオタイプなどと同様に、対象を固定化し、物象化するとしてネガティヴに位置づけられることが多い。しかし、むしろここで強調したいことは、カテゴリー化の不可避性である。そして、後述するように、そのことは自己物語においても該当する。われわれは、自己物語とカテゴリーの関係、つまりは、自己物語の構築がカテゴリーを不可欠とする事態に注目したい。

このように、自己の同一性とは何かという問題や、自己物語の構築における
カテゴリー化の不可避性について考察することが本論文の主要な課題だが、自
己物語の構築は単なる認知的な営みではない。自己物語の構築は他者の存在、
すなわち相互行為を前提とする一方で、相互行為も、過去における自己と他者
の相互のあり方や、過去の出来事への想起や解釈の問題をぬきにして考えるこ
とはできない。したがって、＜いまとここ＞という現在における自己と他者の
関係の問題としてだけではなく、過去を視野に入れた時間的な広がりをもつ関
係として、相互行為やメンバーシップのあり方を考える必要がある。そのため
に第5節では、自己物語やカテゴリーへの視点を、社会＝集合体の問題へと展
開したい。

2. 自己の同一性と自己物語論

自己の同一性について

自己の同一性の問題とは、過去の自己と現在の自己が同一か否かという問い
であった。自己の同一性については、従来から身体的な同一性か、意識のうえ
での同一性かという二つの見方がある。J・ロックは、『人間知性論』（Lock
[1690＝1976]）において、「王様と靴職人の意識と身体が入れ替わったとき、
人間が入れ替わったと言えるだろうか」という問いを立てて、自己の同一性の
問題を論じている。つまり、王様の意識をもちながらも外見は靴職人の人と、
外見は王様で意識は靴職人の人とでは、どちらが本当の王様であり、またどち
らが本当の靴職人と言えるのだろうか。この問いは、一見架空の問いのように
思えるが、今日の臓器移植の問題を考えるとけっしてそうではない。しかし、
いずれにせよ、自己の同一性問題がすでに近代社会の黎明期である17世紀に
おいてロックによって語られていたことに注目したい[2]。

さまざまな変移はあるにしても、自己は一貫した「主体」であり、社会から
自立した理性や感情の担い手であるという自己観は近代社会に根強いものであ
った。その典型は「理性的な（あるいは啓蒙主義的な）自己」や「ロマン主義
的な自己」という典型に求めることができる。理性的な自己は、偏見を排して
対象を「客観的に」観察し判断しうる主体であり、一方、ロマン主義的な自己
は、心のうちにその個人にとって「本来的な」性質や情動をもつ主体であると
考えられる。これらの自己観に象徴される近代的な自己は、外界に依存しな

い、外界から自立した一貫した自己というイメージを前提としてきた（Gergen [1991：170]）。一方で、このような近代的な自己観は今日大きく問われている。一貫した同一性をもつ自己への疑問視はさまざまな試みに見ることができるが、その傾向は一般にポストモダン的な自己論に見ることができる。そして、ポストモダン的な自己の典型は、近代的（モダンな）自己に対して、多元的、戦略的であり、個々の状況に依存する自己と考えられている（ibid.：29, 片桐 [2000：200]）。そこでは、自己は状況ごとに異なって戦略的に演出されるのであり、したがって、自己の同一性は前提とされていないことになる。

　われわれは、近代的自己観に見られるような、自己の同一性をア・プリオリに認めるものではないが、だからといってポストモダン的な自己観のように自己を状況に還元し、自己の同一性を否定する立場に立つものでもない。多重人格や離人症（片桐 [2003：30]）の事例に見られるように、自己の同一性を維持しえないことは人間にとって大きな不安をもたらすものである。また、そのような特別な事例に限らず、A・ギデンズも自己とは同一性と不可分であると指摘している（Giddens [1991：53-4]）。

個人誌と自己の同一性

　では、自己の同一性はどのように説明されるべきだろうか。このことを考えるヒントは、現象学的社会学の分野での A・シュッツや P・L・バーガー、シンボリック相互行為論の分野での E・ゴフマンらの個人誌（biography）論にある。これらの個人誌論から導き出せる知見は、手短に指摘すれば、個人誌は「事実」ではなく現在の視点から書かれた（構築された）ものであること、そして、個人誌が一つしかないということも「事実」ではなく、人びとのあいだで自明とされているということである。

　バーガーは、個人誌の構築において、過去のどのような出来事を想起し、それを個人誌に書き込むかは、あくまで現在の「考え ideas」に依存すると言っている（Berger [1963：70 = 1989：84]）。つまり、過去のどのような出来事も、現在の「考え」の元で取捨選択されることによって、意義を付与されるのである。シュッツは、「レリヴァンス relevance」という概念によって、対象の知覚や対象への方向づけのメカニズムを説明した。人は、対象のすべての側面に注意を向けているわけではないし、すべての人が同じように対象を知覚し対象に対して方向づけをしているわけではない。対象に対してどのように注意を

向けるか、つまりテーマ化するかは、その人の動機や関心に依存するし（動機的レリヴァンスの問題）、テーマ化された対象をどのように理解するかは、その人のもつ「知識のストック stock of knowledge」に依存する（解釈的なレリヴァンスの問題）(Schütz and Luckmann [1990 : 202])。そして、このような取捨選択的な対象へのかかわり方は、過去の出来事においても同じなのである。個人誌は、過去の事実の模写ではない。個人誌は、あくまで現在の動機や関心から何が重要で何が重要でないかが判断され、そのような判断に基づいて過去の特定の出来事が想起された帰結として成立する。知覚と想起が、それぞれ同様な構図をもつことは、過去の出来事とは何かを考えるうえで重要な知見である。

このように、個人誌は過去の事実の模写ではなく、現在の観点から取捨選択的に書かれた＝構築されたものであるとしても、それは一つしかないのかという問いが二番目に考えるべき点である。ポストモダン的な自己観から導き出されるように、自己が状況に還元されるとすれば、それぞれの状況ごとに異なった、したがって多元的な個人誌が構築されたとしても不思議ではない。その難問に対して、ゴフマンは、人びとは個人誌が一つしかないことを自明視しているのだと指摘している (Goffman [1963 : 81 = 1970 : 104])。多重人格の事例にあるように、別の人格が行なった過去の行為を他の人格が知らないとしても、そのことは規範的には許されない。また、一般に、あるオーディエンスに対して言ったり行動したりする事柄が別のオーディエンスに対する事柄と大きく異なる場合は、その人は信用がおけない（裏表のある）人間というラベルを貼られることになる。このように、個人誌が一つか複数かという問いは、事実の問題というよりも、規範的な問題と考えられる。

ここまでの議論によって、われわれは、個人誌が、一つしかないものとして、現在の観点から取捨選択的に構築されるという結論に至った。したがって、個人誌が一つの「事実」であり、別様にはありえないと言っているのではない。現在の自己と過去の自己の同一性がなぜ成り立つかという問いに対する解答は、自己の同一性は、個人誌の構築作業（biographical work）によって獲得されるのだという点にある。そして、構築作業は永続的な営みと考えた方が妥当だろう。

一つしかないものとして、現在の観点から取捨選択的に構築される個人誌という考え方は、物語という概念によって、より適切にまとめることができる。

物語という概念は、現象学的社会学やシンボリック相互行為論においては用いられてこなかった。これらの理論の基本的な視点は、人びとの視線から自己や社会を考えることにある。そして、これらの理論が、人びとの視線に根ざしながら、自己の過去を含めて個人を考えるために共通して用いてきた概念が「個人誌」であった。じつは、この個人誌という概念が意味するものは物語という概念にきわめて密接に対応している。物語とは、定義すれば「時間的前後関係にある複数の出来事を一定の文脈の中で関連づけるような記述」（野家［1996：83］）である。複数の出来事を一定の文脈のなかで位置づけるためには、出来事同士のあいだの関連を説明できなくてはならない。出来事をただ時間的に並べるのではなく、ある出来事の後でどうして別の出来事が生じたかを説明するのが、プロット（筋）である。複数の出来事は、このようなプロットによって時間的に配列される。出来事の配列としてのストーリーとそれらの関連の理由づけとしてのプロットから成るものとして物語は構成される。ただ、物語における複数の出来事の関連づけは必ずしも一貫しているとは限らない。日常的な生活者は、たとえば科学としての専門的な歴史の記述に比較して、複数の出来事のあいだの厳密なプロット化を必要としないし、またそれを求められることもないからである。

　個人誌は、「客観的な事実の総和」ではなく、一つのものとして規範的に構築されるものであった。そして、個人誌は物語に対応し、個人誌はプロットとストーリーから成る物語によって一つのものとして構築されると考えられた。われわれの議論の出発点である自己の同一性とは物語的な同一性のことを意味している。つまり、過去の自己と現在の自己とのあいだになんらかの一貫性を見いだすことによって、人は自己の同一性を獲得することができるが、その同一性は、過去の自己と現在の自己とを結びつける物語を作る行為としての「物語行為 narrative act」によって確保されるのである。過去の出来事は取捨選択的に物語のなかに組み入れられるのであり、どのような出来事を取り上げて物語を紡ぐかは、現在の観点に依存する。その限りで、過去の出来事は物語を構成する素材であって、「生のまま」の出来事はありえない。

3. 物語の社会的なストック

　自己の同一性は、「客観的な事実」としてあるのではなく、一つのものとし

て構築された個人誌、つまりは物語によって確保されるのだという見方をここまで示してきた。次に考えられなくてはならないことは、物語はいかようにも構築されるわけではないという点である。その論点を、この節では「物語の社会的なストック」という点から、そして、次節では、カテゴリーに基づく物語の構築という点から検討しよう。

　自己の同一性は、過去の出来事を相互に関連づける物語によって確保されるのだが、そのような物語の構築は社会的に流布している物語、あるいはシュッツの「知識のストック」という用語を用いれば、人びとがもつ物語の社会的なストックに依存している。ここでは、児童虐待とジェンダーをめぐる物語を事例として取り上げよう。なぜなら、それらは、今日の社会において大きく変動した物語の典型だからである。

　「児童虐待の物語」は、親子の関係をめぐる物語であり、それに対抗する物語としては、「躾や愛情表現の物語」がある。長年のあいだに日常的に繰り返される、親が子供に対してとる暴力的あるいは精神的な行動を、躾や愛情表現として意味づけるか、あるいは虐待として意味づけるかの違いを、その二つの物語は示している。一方で、「シンデレラの物語」と「自立の物語」は、女というジェンダー、あるいは男と女の関係をめぐる代表的な物語である。シンデレラの物語とは、自分を暖かく迎えいれてくれ、恒久的で幸せな生活を与えてくれる「良い」人を待つ物語であり（Dowling [1981 = 1984]）、それに対して、自立の物語とは、そのような「良い」人に依存することなく、みずからの職業をもち人生をみずから切り開いていく物語を意味している。

　親子やジェンダーをめぐるこれらの物語の事例から言えることは、自己物語の構築において、物語の社会的なストックを参照することの不可避性である。躾や愛情表現の物語から児童虐待の物語への移行や、シンデレラの物語から自立の物語への移行は現代の趨勢である。しかし、親子関係をめぐる児童虐待の物語や、ジェンダーをめぐる自立の物語は、必ずしもすべての人びとが知識のストックとしてもっているわけではないし、それらのストックを人びとがもつ社会であっても一時代前には、それらの物語は一般化していたとは言えない。このように考えれば、どのような物語によって自己物語を構築するかは、その人の生きる時代や社会の物語のストックと切り離すことはできない[3]。

　親子関係やジェンダーをめぐる物語の事例をとおして、自己物語が物語の社会的なストックによって構築されることを指摘したが、人びとが知識のストッ

クとして共有する物語とは、典型的には集合体の物語を意味している。集合体の物語には、家族や地域社会、学校や企業などの職場、あるいは国家などの物語が含まれる。先に挙げた児童虐待の物語やジェンダーの物語は、家族におけるさまざまなメンバーとの関係で自己物語を構築する際に不可避的に伴う物語だと言える。また、学校や企業などの組織をめぐる典型的な物語としてはキャリアがある。ここで言うキャリアとは「事実としての経歴」ではなく、「未来に向かう人生の見取り図」であり（Hughes［1981：63］）、それぞれの組織のメンバーは、そのような意味でのキャリアを参照しながら、自己物語を過去に向けても未来に向けても構築する。

　そして、集合体の物語の典型は国家の物語であり、その国家の物語の典型は国家の歴史である。歴史は自己物語とは異なり、「共同化」と「構造化」という点で自己物語とは区別される（野家［1966：147］）。共同化とは、自己物語が、ある特定の個人の物語であり、他者によって共有されることを前提に書かれたものではないのに対して、歴史は多くの他者による共有が前提とされていることを意味している。一方、構造化とは、歴史においては、過去のさまざまな出来事のあいだの関連づけが、より厳密な因果的なつながりによって説明されていることである。共同化と構造化という二つの特徴の点で、歴史は自己物語とは区別される。しかし、歴史も現在の特定の観点から物語として構築されたものであり、その物語に見合うように出来事が解釈される限りにおいて、その構図は自己物語と共通する[4]。そして、自己物語はそのような歴史を知識のストックとすることによって、つまり歴史をリソース（資源）として参照することによって構築されるのである。しかし一方で、このような歴史の参照による自己物語の構築は、体系的な国家の歴史にのみ基づくとは限らない。歴史の参照のより身近な事例は、「ディケイド・ラベリング」の例に見ることができるだろう。政治の季節としての60年代、高度経済成長期としての70年代、失われた10年としての90年代などさまざまなディケイド・ラベリングを枠組として、みずからの過去の出来事を配列する。これらのことが、歴史の物語を参照することによって自己物語を構築することの具体的な事例であり、そのような過去の物語を知識のストックとして共有することが集合体を形成する。

　自己物語がさまざまな社会的な物語を参照することによって紡がれることを指摘してきたが、社会的な物語が一義的に自己物語を規定すると考えてはならない。また一方、物語の共有という点から集合体を考える視点は、「記憶の共

同体」論などに見られるように魅力的な視点だが、物語の共有を集合体の成立と同義に考え、集合体を実体的に考える立場をわれわれは取らない。物語の共有という点から、集合体の形成をどのように考えるかについては、あらためて第5節で検討することにして、次に、もう一つのキーワードであるカテゴリーと物語の関連を考察しよう。どのような自己物語を構築するかは、自己をどのようにカテゴリー化するかという自己の営みと深くかかわっているからである。

4. カテゴリーと物語

カテゴリーの働きについて

　カテゴリーは、先述したように、「共通の固有な特徴をもつ〈もの〉や人びとの集合」そのものではなく、〈もの〉や人びとの集合を構築する認知的な枠組であった。そのような意味でのカテゴリーの考え方が物語概念と対立するという指摘がある。

　　一つの出来事を特定のカテゴリーの中に位置づけることによって意味を見いだすのではなく、物語は、単一の孤立した現象の理解を排除し、単一の出来事の意味を他の出来事との時間的、空間的な関係の中でのみ見いだすことを求めるものである。(Somers [1994：616])

　つまり、男や女というジェンダーはこのような特徴をもつとか、特定のエスニシティはこのような属性をもつというように、ある人びとを特定のカテゴリーに還元して捉えることは、その理解を固定化するのに対して、他の出来事との時間的、空間的な関係のなかで捉えることの必要性をこの引用文は主張している。そのようなカテゴリーと物語の対比は間違ってはいない。しかし、ここでは、カテゴリーが物語を構築するという側面に注目したい。
　社会学のカテゴリー概念は一般に、ジェンダーやエスニシティなどの集合体あるいはその属性を意味したが、われわれの用いるカテゴリーは、対象を区分あるいは分類する認知的な枠組としてのカテゴリーであった。そのような意味でのカテゴリー化の作用は人間の認知的な作用にとって不可欠の要素である。シュッツは、失語症の研究を検討するなかで、ナイフというカテゴリーが、果

物を切るナイフや木を切るナイフなどの具体的に用いられるナイフから抽出され一般化されたものであることを指摘し、失語症患者においてはそのようなナイフというカテゴリーが成立しないことを紹介している（Schütz［1962：261 = 1983-85：82-3］）。この知見が示すことは、対象を知覚することは対象を模写することではなく、カテゴリーによって対象を構築するのだという点である。

　社会的な対象を構築するために用いる典型的なカテゴリーの一つは、「役割カテゴリー role category」である。役割とは、社会システムに内属する地位に付随する期待の束ではない。われわれの考える役割とは、自己や他者を定義するカテゴリーであり、さらにそのような役割カテゴリーは、上司と部下、あるいは教師と学生などのような組織に内属する地位の名前に限定されず、男と女、大人と子供、などを含む自他関係の認知地図を含んでいる（片桐［2000：37-8］）。これらの役割カテゴリーの他に、固有名やエスニシティあるいはナショナリティの名前、逸脱者へのラベリング、「ヤッピー」や「ナルシスト」などその時代に固有な人間類型などのさまざまなカテゴリーによって、人びとは自己や他者を定義している。さらに、「パーソン」や「個人」、「自己」や「自我」なども、自己対象化のためのカテゴリーである。その意味で、自己や他者の認知は、カテゴリー化を不可欠としている。

　カテゴリーは一般化、抽象化された属性をもつがゆえに、それは一方でステレオタイプと同じように、人びとの個性記述的な特性を物象化するものとされる傾向がある。しかし、注目すべきは、カテゴリーは認知的な働きにとって不可欠だという点であり[5]、さらに、カテゴリーは物語の構築においても不可欠な働きをもつという点である。カテゴリーが物語の構築において重要な働きをするとはどのようなことだろうか。そのことの一つの典型は、エスノメソドロジストのH・ガーフィンケルの通称「アグネス論文」の中に読み取ることができる。

カテゴリー化と自己物語の構築

　アグネス論文の主旨は、ジェンダーの区分が男と女の二つしかないことを人びとが自明視していること、またそのような前提に基づいて人びとが男や女であることを日常生活のなかでいかに実践しているかをアグネスという一人の人間をとおして描いたことにある。しかし、この論文は同時に、カテゴリーによる自己の同一性の構築、あるいはカテゴリーによる自己物語の構築を描いた論

文として読むことができる。

　女の胸と男の性器をもつ当時19歳のアグネスは、女としてのアイデンティティをもっており、手術によって女としての身体をもつことを望んでいた。アグネスがいかに女としてのアイデンティティをもち、したがってその手術がいかに妥当なものかを検証するために、アグネスへの聞き取りが行なわれた。ガーフィンケルは、アグネス自身の語る物語（個人誌）を紹介している。子供のころは、野球のような乱暴な遊びを好まなかったこと、人形遊びをしたり、兄のために泥んこでパイケーキを作ったこと、また、母親の家事の手伝いをしたこと。自分の身体についている男の性器は、用を足すためにただ偶然ついている付属物であり、男の性器という自覚はなかったこと。そして、現在では、ボーイフレンドによって女ということが当たり前のこととして受け入れられていることなどが語られている（Garfinkel［1967：128-9＝1987：237-9］）。

　そのような物語の構築のねらいは、アグネスが過去から現在に至るまで一貫して女であることを示すことにあったと考えられる。そのために、女というカテゴリーを自分に当てはめることによって物語を紡ぎ、自己の同一性を示そうとしたのである。論文の中ではふれられていないが、女というアイデンティティが強固でなかった時期があったとすれば、そのときにはまた異なった物語を構築していたかもしれない。したがって、子供のころの遊びの位置づけも、女というカテゴリーによって明晰に語られるものとは異なった語りをしていたかもしれない。どのようなカテゴリーに基づいて自己を定義するかによって描かれる物語は異なってくる。つまりは、物語はカテゴリーを基盤として紡がれ、築かれるのである。

　自己をどのようにカテゴリー化するかが、自己物語をどのように構築するかを決定するこのような事態は、物語一般に妥当する。われわれは、第2節において、物語の社会的なストックに言及し、親子関係の物語やジェンダーの物語の事例を検討した。アグネスの事例は、ジェンダーのカテゴリーがいかに物語を構築するかを示した典型である。一方、親子関係をめぐるカテゴリーがいかに物語を構築するかは、自己を「被児童虐待者」とカテゴリー化する事例、たとえば、親からの暴力を、親からの躾や愛情の表現として位置づけてきたことから、それを児童虐待の行為と見なすことによって自己物語を構築しなおす事例に見ることができる（Prager［1998］）。また、カテゴリーが物語を構築するという事態は、組織や国家などの集合体の物語による自己物語の構築の場合に

も当てはまる。自分が組織のメンバーだというアイデンティティ化（＝自己を組織の特定のメンバーとしてカテゴリー化すること）や、国家のメンバーというアイデンティティ化、換言すれば、自己を「国民」としてカテゴリー化することが、自己物語の枠組として組織や国家の物語を参照し、それに基づいてみずからの過去の出来事を配列するという事態を生むからである。

　カテゴリーに基づく物語の構築を論じてきたが、自己をどのようにカテゴリー化するかは動態的な事柄である。第一に考えられることは、カテゴリーそのものの変動性である。「躾や愛情表現の物語」から「児童虐待の物語」への親子関係をめぐる物語の移行や、「シンデレラの物語」から「自立の物語」へのジェンダーの物語の移行に見たように、自己を特定のジェンダーとしてどのようにカテゴリー化するか、あるいは親子関係において自己の位置をどのようにカテゴリー化するかは常に変化する。アグネスは、1958年に手術のためのカウンセリングを受けたが、現在では女というカテゴリーの意味内容が変化し、当時とは異なった自己物語が構築されるようになっているかもしれない。そして、将来において、男と女というカテゴリーの二分化が自明でなくなり、それ以外のカテゴリーが自明となるのであれば、当然アグネスのようなトランス・ジェンダーの自己物語は大きく変わるだろう。

　カテゴリーの動態性について言及すべきもう一つの論点は、自己をどのようにカテゴリー化するかは、他者によって付与されるという権力的な側面をもつという点である。自己をどのようにカテゴリー化するかに基づくアイデンティティは、「組織や国家によって付与される」（Loseke［2003：108-11 = 2003］）。たとえば、われわれが事例として取り上げた「児童虐待」や「トランス・ジェンダー」などのカテゴリーは、社会運動やセラピー・グループなどの組織が生み出したものである。したがって、虐待と定義するか親密性の表現と定義するか、あるいはトランス・ジェンダーと定義するか身体的なスティグマをもつ人と定義するかは、けっして既成の事柄ではない。また、第二次世界大戦中に、ドイツ国民やアメリカ国民としてのカテゴリーを奪われたユダヤ人や日系人の事例から典型的に理解されるように、自己を国民という集合体のメンバーとして定義することもけっして自明なことではない。自己をある特定の国民としてカテゴリー化し、それに基づいて自己物語を構築してきた人が、そのカテゴリーを強制的に奪われることは、みずからがアイデンティティを依拠してきた物語を奪われ、新たな物語の構築を迫られることでもある。そのことは、国家と

いう集合体に限らず、さまざまな他の集合体において日常的に生じている事態でもあるだろう。

カテゴリーは、自己や他者を固定化そして物象化し、歴史性や関係性を視野に入れないものだという見方があった。しかし、われわれの見方によれば、カテゴリーは過去をどう位置づけるかという物語のあり方に密接に結びつくものであったし、また、自己のカテゴリー化の営みは、他者との関係のなかで営まれる動態的かつ権力的な営みでもあった。このように、自己をどのようにカテゴリー化するかは、自己の恣意的な選択に委ねられるのではなく、他者の存在を前提としている。

5. 集合体と物語

われわれは、すでに知識のストックとして物語を共有することが即、集合体の形成を意味すると考えるような、集合体を実体的に見る見方を取らないことを宣言したが、それに対抗する見方を示すことが最後の課題である。

集合体の形成と物語の共有との関連を考える前提として、自己の同一性を築くものとしての物語の構築が、他者を前にした相互行為的な営みであるという論点をあらためて取り上げよう。自己の同一性の問題は相互行為の問題と関連している。人はみずからの過去を背負って相互行為に参加するがゆえに、相互行為を単に〈いまとここ〉の問題として考えることはできない。自己の同一性の構築が他者によって規範的に求められる営みであるように、自己の同一性を構築する物語行為も単独の営みではない。特定の相互行為の場面で自己をどのように呈示するかが、他者の存在を前提としその相互行為場面の文脈に依存するように、自己の過去をどのように物語るか、過去の出来事をどのように想起するかも、同じように他者を前にした相互行為に依存した文脈的、規範的な営みである。

この点は、想起が相互行為のもつ文脈に依存するという知見によっても裏づけられる。その知見とは、「記憶のトーク talk of memory」という考え方である。動機が、行動の内的な動因（inner drive）として説明されるのではなく、相互行為の文脈にふさわしい行為を理由づけるものとしての「動機の語彙 vocabularies of motive」によって説明されるように、想起も内的あるいは心理的な営みではなく、相互行為場面にふさわしい想起が求められることを、記憶

のトークという考えは示している（Shotter［1990：23］，片桐［2003：91-4］）。過去の出来事をどのように想起するかは、内的あるいは「心」の営みではなく、何が妥当な想起かは相互行為の場面で他者によって規範的に求められ、したがってそのような想起に基づく物語も、他者を前にした相互行為の文脈を離れて考えることはできない。

　また、相互行為の具体的な場面において想起を相互に付与するように、われわれは想起に基づく物語を付与し合っている。親密な関係においては、相手を家族のメンバー、友人、恋人などとカテゴリー化すると同時に、そのようなカテゴリーにふさわしい過去の物語を付与し合うことによって相互行為は成立する。人生の節目となるような重要な出来事を覚えていること、そして、そもそも何が想起されるべき重要な出来事なのかを自明視していること、それらを前提として構築される物語をもつことが相互に期待されるのである。また、国民というカテゴリーによってくくられる人びとは、国家の物語としての歴史を共有し、その歴史のなかに他者や自分自身の過去の出来事を位置づけることを、相互に自明視し、そして期待し合っている。

　集合体の成立はその集合体がもつとされる「価値」や「文化」の共有によって一義的に説明されるのではない。誰がメンバーで、そのメンバーの意味するものは何かというメンバーシップの問題はけっして一義的で固定したものではなく、特定の相互行為場面で確認されたり、否定されたりするという点で文脈依存的な性質をもっている。そして、その場面にふさわしく自己や他者を呈示できないとき、人はその場面から排除されるという意識をもつ。相互行為場面での相互の呈示はランダムなものではない。個々の相互行為の具体的な場面でふさわしいものとして求められるカテゴリーや物語に基づく相互の呈示が、相互行為を自明なもの、規範的なものとして形成するのである。そのことが集合体の形成を意味している。

　反面、カテゴリーやそれに基づく物語の意味内容は相互に一致するとは限らない。すでに指摘したように、どのように自己をカテゴリー化するか、そしてそれに基づいてどのような物語を構築するかは、他者の存在を前提とする権力的な営みであった。人びとは、メンバーというカテゴリーをめぐって、つまり誰がメンバーで誰がメンバーでないか、あるいはそのメンバーの意味内容をめぐってさまざまな意味を、そしてある場合には対立する意味を付与し合う。それは、とりわけ誰が逸脱者なのかという定義に見ることができるだろう。自分

はその集合体のメンバーであると思っていても、そのようなカテゴリーによって自己物語を構築することを許されないケースは、先に見た「国民」から排除される民族的なマイノリティに見ることができるし、さまざまなスティグマを貼られることによってメンバーシップを奪われるケースに見ることもできる（Loseke［2003＝2003］）。

　一般に、集合体のメンバーと見なされる人が、そのメンバーとして相互を同様にカテゴリー化し、それに基づく物語を築くとは限らない。例えば「この子は自分の子供だ」というように、一方が家族のメンバーだと思っていても、「こんな奴は自分の親ではない」というように、他方がそうだとは思っていない（児童虐待の）ケースに見られるように、家族のメンバーというカテゴリーによって自己や他者を定義しなければ、当然それに見合った物語を相互に要求することはない[6]。また、同じように国民というカテゴリーを自己に当てはめない人にとっては、国家の物語を参照することによって自己物語を構築することはないだろう。

　相互行為において自己や他者をどのようにカテゴリー化するかが相互行為場面の文脈に依存するように、物語の付与も相互行為の具体的な場面に依存している。物語の共有が集合体を形成するという言い方は、そのような物語の付与や相互の承認などの、相互行為場面での具体的で動態的な過程をぬきにして語ることはできない。われわれは、自己の同一性が物語によって確保されること、そして、そのような物語の構築がカテゴリーを基盤として行なわれることを指摘してきた。そのことの指摘がこの論文の主要なテーマだが、さらに、物語の構築を相互行為の場面において見ることの重要性を最後に確認しておこう。なぜならこれまで見てきたように、物語の共有が集合体を形成するという言い方は、相互行為場面で物語を相互に付与する具体的で動態的な過程を前提としてはじめて可能だからである。

注

1) 社会学では従来、カテゴリーはジェンダーや階級などの「社会学的カテゴリー」を意味していたが、近年、エスノメソドロジーや「社会問題の構築主義」などで、認知枠組としてのカテゴリーが相互行為や社会問題をどう構築するかといった論点が展開されるようになった。カテゴリーは、社会問題や相互行為論に限らず、自己や社会を考えるに当たって重要な概念だが、カテゴリー論そのものの展開は別稿に譲りた

い。
2) 近代社会は、経済行為や（犯罪などを含めた）法的行為の責任を個人に帰することに典型的に示されるように、個人を析出させた時代と言われている。それに関連して、司法的な同一性がどのように発展してきたかについては渡辺（2000）が参考となる。ロックの自己同一性論もそのような時代を背景としていると考えられるが、ここではロック論そのものは課題としない。
3) 物語の構築は人びとがもつ物語のストックに依拠するという見方は、E・デュルケームの用語でいえば「集合表象」としての物語という見方とも関連する。シュッツ的な類型論をデュルケーム的な集合表象論と結びつける視点についてはM・ダグラス（Douglas［1986］）が参考となるが、ここではその論点に立ち入らない。
4) 国家の物語としての歴史の特徴をここでは共同化と構造化という二つの点で指摘した。また、それぞれの学問には学説史という分野がある。その一つとしての社会学の学説史も、社会学の歴史を物語るものであり、社会学のアイデンティティを築くための重要な基点である。しかし、物語、あるいは物語るという営みは、国家の歴史を書くとか学説史を書くといった専門家による営みに限定されることはない。一人ひとりの個人も、それぞれがその人生の物語をもっている。しかし、その物語の築き方は歴史や学説史のそれと同じではない。その違いをここでは、共同化と構造化に求めている。
5) カテゴリーを認知的な枠組と定義したが、カテゴリーは必ずしも認知的な作用に限定されない。そのことは、カテゴリーが相互行為を構築するリソースであるという視点にとどまらない。ある（役割やジェンダー、エスニシティなどの）カテゴリーを剥奪されることは激しい情動を伴うし、また一方で、カテゴリー化そのものも身体的な属性と切り離すことはできない。身体や情動との関連でカテゴリーを論ずることは、カテゴリー論にとって今後の大きな課題である。
6) J・F・グブリウムとJ・A・ホルスタインは、家族が集合体としてあらかじめ「ある」のではなく、家族とは何かをめぐるイメージや、親や子などの家族のメンバーというカテゴリーに付与される相互の意味によって構築されることを、具体的なケースをとおして検討している（Gubrium and Holstein［1990 = 1997］）。

文献

Berger, Peter, *et al.*, 1963, *Invitation to Sociology*, New York: Penguin Books.（＝水野節夫・村山研一訳、1989、『社会学への招待』東京：思索社。）
Douglas, Mary, 1986, *How Institutions Think*, New York: Syracuse.
Dowling, Colette, 1981, *The Cinderella Complex*, New York: Ellen Levine.（＝木村治美訳、1984、『シンデレラ・コンプレックス』東京：三笠書房。）
Garfinkel, Harold, 1967, "Passing and Managed Achievement of Sex Status in an 'Intersexed' Person", H. Garfinkel, *Studies in Ethnomethodology*, Englewood Cliff, N.J.: Prentice-Hall.（＝山田富秋・好井裕明・山崎敬一訳、1987、『エスノメソドロ

ジー』東京：せりか書房。）
Gergen, Kenneth, 1991, *The Saturated Self*, New York: Basic Books.
Giddens, Anthony, 1991, *Modernity and Self-Identity*, Cambridge, England: Polity Press.
Goffman, Erving, 1963, *Stigma*, New York: Penguin Books.（＝石黒毅訳、1970、『スティグマの社会学』東京：せりか書房。）
Gubrium, Jaber and James Holstein, 1990, *What is Family?*, New York: Mayfield.（＝中河伸俊・湯川純幸・鮎川潤訳、1997、『家族とは何か』東京：新曜社。）
Hughes, Everett, 1981, *Men and their Work*, Westport, Conn: Greenwood Press.
片桐雅隆、1993、『シュッツの社会学』東京：いなほ書房。
―――、2000、『自己と「語り」の社会学』京都：世界思想社。
―――、2003、『過去と記憶の社会学』京都：世界思想社。
Lock, John, 1690, *An Essay Concerning Human Understanding.*（＝大槻春彦訳、1976、『人間知性論』東京：岩波書店。）
Loseke, Donileen, 2003, "Narratives and the Construction of Selves".（＝草柳千早訳、2003、「ナラティブと自己の構築」『文化と社会』第4号。）
野家啓一、1996、『物語の哲学』東京：岩波書店。
Oxford Advanced Learner's Dictionary, 2000, Oxford: Oxford University Press.
Prager, Jeffrey, 1998, *Presenting the Past*, Cambridge, Hague: Harvard University Press.
Schütz, Alfred, 1962, *Collected Papers* Ⅰ, Hague: Martinus Nijhoff.（＝渡部光・那須壽・西原和久訳、1983-85、『アルフレッド・シュッツ著作集』第1巻・第2巻、東京：マルジュ社。）
―――, 1964, *Collected Papers* Ⅱ, Hague: Martinus Nijhoff.（＝渡部光・那須壽・西原和久訳、1991、『アルフレッド・シュッツ著作集』第3巻、東京：マルジュ社。）
――― and Thomas Luckmann, 1990, *Strukturen der Lebenswelt*, Band 2, Frankfurt am Main: Suhrkamp.
Shibutani, Tamotsu, 1961, *Society and Personality*, Englewood Cliff, N.J.: Prentice-Hall.
Shotter, John, 1990, "The Social Construction of a Remembering and Forgetting", D. Middleton and D. Edwards（eds.）, *Collective Remembering*, London: Sage.
Somers, Margaret, 1994, "The Narrative Constitution of Identity", *Theory and Society* 23, Amsterdam: Elseviev.
平英美・中河伸俊、2000、『構築主義の社会学』京都：世界思想社。
渡辺公三、2000、『司法的同一性の誕生』東京：言語社。

第14章

浜 日出夫

羅生門問題
――エスノメソドロジーの理論的含意

1. パーソンズとホッブズ問題

「いかにして社会秩序は可能か」という問いは、サン‐シモンとコントが、フランス革命とナポレオン戦争後の混乱のなかで社会再組織の可能性を問うて以来、一貫して社会学の中心問題であり続けている。この問題を「秩序問題」と呼び、これに「ホッブズ問題」という古典的な定式化を与えたのはパーソンズであった（Parsons［1968＝1976］）。今日では、秩序問題といえば、パーソンズのホッブズ問題のこととして理解されているといってよい。だが、ホッブズ問題が社会学における秩序問題の唯一の定式化というわけではないし、パーソンズがホッブズ問題に対して与えた解決が秩序問題の唯一の解決というわけではない。本稿では、シュッツやガーフィンケルによって定式化されたもう一つの秩序問題と、かれらがそれに与えた解決について考察する[1]。

ホッブズによれば、各人はもっとも合理的な手段を用いて自己保存を追求する自然権をもつ。そのさい各人は能力において平等であるとされ、この能力の平等性から、目的達成に対する希望の平等性が生じる。だれもみずからすすんで自分の目的を断念したりはしない。その結果、各人が、自分の目的の達成のためには、暴力や欺瞞を用いて相手の財産や生命を奪うことも辞さない「万人の万人に対する闘争」という状態が生じる。これがホッブズの描いた自然状態である。

> この能力の平等から、目的達成にさいしての希望の平等が生じる。それゆえ、もしもふたりの者が同一の物を欲求し、それが同時に享受できないものであれば、彼らは敵となり、その目的にいたる途上において、たがいに相手をほろぼすか、屈服させようと努める。（Hobbes［1928＝1979：155］、下線引

271

用者)

　パーソンズはホッブズが描いた自然状態のうちに功利主義の論理的帰結を見出した。すなわち、ホッブズの自然状態が示しているのは、合理性を唯一の規範として利己的に自己の目的の達成を追求する人間を前提とするかぎり、社会秩序は論理的に成立不可能であるということである。それゆえ、パーソンズは、社会秩序の可能性に関する問いを「ホッブズ問題」と名づけた。
　この「ホッブズ問題」に対するパーソンズの解決は、よく知られているとおり、「共通価値による統合」であった。「共通価値による統合」というパーソンズによる秩序問題の解決は、しばしばその秩序偏重の社会観や過社会化された人間観を批判されてきたが、パーソンズに対してもっとも根底的な批判を提起したのは、パーソンズの学生であり、のちにエスノメソドロジーを創始したガーフィンケルであった。

2. ガーフィンケルのパーソンズ批判

　ガーフィンケルは、パーソンズの指導のもとで書いた博士論文『他者の知覚――社会秩序に関する一研究』(Garfinkel [1952]) において、パーソンズによる秩序問題の取り扱いを批判的に検討した。ガーフィンケルのパーソンズに対する批判は、他の批判のように、秩序問題に対してパーソンズが与えた解決に向けられているのではなく、むしろ「ホッブズ問題」という問題の定式化そのものに向けられていた。
　ガーフィンケルの批判は、次の三点に要約することができる。
　(1)　科学的合理性から常識的合理性へ
　(2)　事実性レヴェルから前提レヴェルへ
　(3)　対応説から同一説へ

科学的合理性から常識的合理性へ

　第一に、ガーフィンケルは、パーソンズが、行為者が科学的合理性を規準として合理的に目的達成を追求するというホッブズの前提を議論の出発点として受け容れてしまっていることを批判する[2]。ガーフィンケルは、シュッツにしたがって、科学的態度と日常生活の態度を区別する。ガーフィンケルによれ

ば、科学的合理性は、世界を思惟の対象としてみる科学的態度に固有のものであり、科学的合理性に従うかぎり、行為者は世界に対して働きかける活動を停止し、したがって「万人の万人に対する闘争」という帰結も生じないはずである（ibid.：43）。すなわち、行為者が科学的合理性を規準として行為すると仮定するかぎり、そもそもホッブズ問題そのものが成立しないはずなのである。行為者は、科学的合理性の規範ではなく、日常生活の常識的合理性の規範に従って行為していると考えられなければならない。

事実性レヴェルから前提レヴェルへ

　それでは、行為者が常識的合理性の規範に従って各自の目的を追求すると仮定すれば、「万人の万人に対する闘争」が帰結するのであろうか。ガーフィンケルは、そのさい重要な条件が見落とされていることを指摘する。ホッブズは、「ふたりの者が同一の物を欲求する」ことを闘争の原因と考えていた。だが、そもそも二人の行為者が「同じ」ものを欲求することはいかにして可能なのかを、ホッブズも、そしてパーソンズも問うていない。「同じ」対象をめぐる闘争が起こるためには、ある対象に関する二人の行為者の知覚が「同じ」でなければならないはずである。「万人の万人に対する闘争」は、じつは、複数の行為者のあいだでの対象の「同一性」を前提としているのである。だが、複数の行為者のあいだで対象が「同じ」であるということは、そこにすでに、ある秩序が存在していることを意味している。ホッブズ問題は、じつは、闘争に先立って、あらかじめある秩序が存在していることを暗黙の前提としているのである。ガーフィンケルによれば、「秩序と闘争は相伴う」（ibid.：80）のである。パーソンズは、複数の行為者のあいだでの対象の「同一性」を自明の前提としたうえで、「同じ」対象の獲得を目指す行為の集計態という、行為の事実性のレヴェルで、秩序の可能性を問うている。だが、ガーフィンケルによれば、それに先立って、そもそも複数の行為者のあいだでの対象の「同一性」はいかにして可能かという、行為の前提のレヴェルでの秩序の可能性が問われなければならないのである。

対応説から同一説へ

　パーソンズが対象の間主観的同一性を自明視していたことは、パーソンズが「対応説 correspondence theory」という立場をとっていたことと関連してい

る。対応説とは現実の対象と知覚された対象とは異なると考える、新カント派に由来する立場である。すなわち、それは、「一方に完全な具体的対象が存在し、他方にそうした対象の概念的再現が存在する」(ibid.: 95) と考え、そのうえで両者のあいだにさまざまな程度の近似関係を想定するものである。そのさい、科学的方法を用いれば、対象の正確な再現に近づきうるとされる。科学者は、対象が「本当は」なんであるかを決定しうる特権的な観察者である。だが、行為者もまた、科学的合理性を規準として行為しうると想定されている以上、原理的には科学的方法を用いて対象の正確な再現に近づくことができる。したがって、対応説という立場をとるかぎり、「行為者と観察者の共同体」(ibid.: 111) を想定することに、原理的にはなんの障害もない。科学的合理性からの逸脱は、行為者の無知や誤謬や先入見によるものとみなされる。対応説においては、対象の間主観的同一性という問題は、科学的方法によって対象が「本当は」なんであるかを決定しうるという想定によって、あらかじめ解決されているのである。

　この対応説に対して、ガーフィンケルはシュッツの「同一説 congruence theory」を対置する。同一説とは、「知覚された対象と具体的対象とは同一 (same) である」(ibid.: 104) と考える、現象学の志向性の理論に基づく立場である。同一説によれば、知覚された対象が現実の対象であり、知覚と独立に現実の対象が存在するわけではない。したがって、もはや近似すべき現実というものは存在しないし、対象が「本当は」なんであるかを決定しうる特権的な観察者も存在しないのである。

　以上の三点にわたってパーソンズによる秩序問題の定式化を批判したのち、ガーフィンケルは、「行為の前提レヴェルであらわれる秩序問題を、シュッツの決定［同一説］にしたがって理論的に提示すること」(ibid.: 151、［　］内引用者（以下同様))をみずからの課題として選択する。

　パーソンズが問うたのは、「同じ」対象をめぐる闘争の対立物としての秩序（秩序1）の可能性であった。これに対して、ガーフィンケルが発見したのは、闘争そのものがすでに、より根底的なレヴェルで、対象の間主観的同一性という秩序（秩序0）を前提としているということであった。闘争と秩序1はともに秩序0の存在を前提としており、秩序0が存在しなければ、闘争も秩序1も存在しえない。秩序0の対立物は、闘争ではなく、カオスである。パーソンズは秩序1の可能性を問い、これを「ホッブズ問題」と名づけた。これに対

して、ガーフィンケルが問うているのは、秩序1の基礎にある、秩序0の可能性である。秩序1と秩序0が別個のものである以上、秩序0の可能性を問う秩序問題は、別の名前を必要としている。われわれは、ガーフィンケルによって新たに見出された、このもう一つの秩序問題を「羅生門問題」と呼ぶことにしよう。エスノメソドロジーの最大の理論的貢献はこの「羅生門問題」の発見にあると言っても過言ではない。

3. 羅生門問題

映画『羅生門』

「羅生門問題」とは言うまでもなく映画『羅生門』からとったものである。『羅生門』は、芥川龍之介の短編小説『藪の中』を原作とする、1950年の黒澤明監督の作品で、1951年のベネチア映画祭でグランプリを獲得した。そして、ガーフィンケルが博士論文を提出したのと同じ1952年に、アカデミー賞最優秀外国語映画賞を受賞している。そして、単なる偶然の符合にはとどまらず、ガーフィンケルが博士論文で発見した秩序問題と『羅生門』のあいだには構造的な同型性が見出される。

この映画は、羅生門の下で雨やどりをしている旅法師と杣売(そまうり)が、いましがた経験した不思議な出来事を、やはり雨やどりにやってきた下人に語って聞かせるという形で進行する。

二人は、検非違使庁(けびいし)で、一人の死んだ男について、証言をしてきたところであった。旅法師は事件の直前に男を目撃しており、杣売は死体の第一発見者であった。不思議な出来事というのは、事件の当事者三人が、事件の経緯についてまったく食い違う証言をしたことである。それも、よくあるように、三人が責任のなすりあいをしているというのではない。三人が三人とも「自分が殺した（あるいは自殺した）」と証言しており、しかも、三人の証言する、男の死にいたる経過がまるで違うのである。

第一に、盗賊の多襄丸によればこうである。多襄丸は、山道で出会った武士の夫婦をだまして、森のなかに連れこみ、男を縄で縛りあげると、男の目の前で女を手ごめにした。多襄丸が立ち去ろうとすると、女が追いすがり、夫と闘うように求め、どちらか生き残った方に連れそうと言う。多襄丸は男の縄を切ってやり、正々堂々と男と斬り結んだのち、ついに男を倒したが、そのとき女

はすでにいなかった。

　男の妻、真砂が語ったのはこうである。多襄丸は真砂を手ごめにすると、立ち去ってしまった。真砂が夫のもとにかけよると、夫は冷たい蔑みのまなざしで真砂を見つめる。真砂は短刀で夫の縄を切り、短刀を差し出し、自分を殺すように求めたが、夫は冷笑をうかべて、真砂を見つめるばかりである。真砂は錯乱して、短刀を手にしたまま気を失うが、気がついてみると、夫の胸には短刀が突き刺さり、夫はすでに事切れていた。

　死んだ男、武弘は、巫女の口をかりてこう語る。多襄丸は真砂を手ごめにしたあと、自分の妻となるようあれこれ真砂を口説いた。真砂はそれを承服したばかりか、武弘を殺すよう多襄丸に要求した。多襄丸はこれにあきれはて、真砂を突き倒すと、武弘に、真砂を殺すか助けてやるかと問う。真砂はすきをみて逃げ去り、多襄丸も、武弘の縄を切ってやると、立ち去った。一人残された武弘は、短刀を自分の胸に突き立て、自害する。

　このように、『羅生門』では、一人の男の死が三通りに物語られる。ここで語られているのは、「同じ」事実についての三通りの解釈や評価ではない。むしろ、三つの異なる事実が語られているのである。それらはたがいに競合し、両立不可能である。ここには同一説の論理的な帰結をみることができる。

藪の中——世界の複数性

　対応説においては、科学的方法が対象の正確な再現を与えるとされ、この科学的方法によって対象の間主観的同一性が保証されていた。しかし、同一説によれば、対象は各自の知覚の構成所産であり、対象が「本当は」なんであるかはもはや誰にもわからない。そこでは、科学もまた他の知覚とならぶ一個の知覚でしかない。それゆえ、同一説からは、「世界の複数性」（Garfinkel［1952：97］）という帰結が生じることになる。『羅生門』はこの帰結をグロテスクに誇張して描きだしたものである。だが、この「世界の複数性」という事態は、単なるフィクションではなく、われわれが日常生活のただなかでつねに経験しているものである。

　シュッツによれば、行為者は、社会的世界において占める位置と、それに付随するレリヴァンス体系（system of relevance）とによって規定された、各自のパースペクティヴから対象を知覚している（Schütz［1962a = 1983a：59］）。したがって、「ここ」にいるわたしと、「そこ」にいる他者とでは、対象の異な

った側面を見ており、またそれぞれの生活史に由来するレリヴァンス体系も異なるため、厳密には、わたしが見ている対象と、他者が見ている対象は、「同じ」ではないのである。シュッツはこの事態を"discrepancy"と呼んでいる（浜［2004］）。シュッツにおいて日常生活の世界は、さまざまな亀裂が走り、不一致と食い違いに満ちたものであったのである。

われわれは、同一説から帰結するこの「世界の複数性」という事態を、『羅生門』の原作にちなんで、「藪の中」と呼ぶことにしよう。

三人の証言を聞いた旅法師は次のように言う。

戦、地震、辻風、火事、饑饉、疫病……来る年も来る年も災いばかりだ。その上、盗賊の群が津波のように荒し廻らぬ夜はない。僕もこの眼で、虫けらのように死んだり殺されたりして行く人をどの位見たかわからぬ。しかし今日のような恐ろしい話ははじめてだ。（黒澤［1988：52］）

「恐ろしい？」と問う杣売に、旅法師は答える。

そうだ、恐ろしい話だ。今日という今日は、人の心が信じられなくなりそうだ。これは、盗賊よりも、疫病よりも、饑饉や火事や戦よりも恐ろしい。（ibid.）

旅法師はいったい何を恐れているのか。盗賊や戦（「万人の万人に対する闘争」）より恐ろしいものとはなんなのか。それは、盗賊や戦においてすら前提とされている、世界の間主観的同一性という、根源的な秩序（秩序0）の崩壊にほかならない。「藪の中」とは、この世界の間主観的同一性が崩壊した状態の謂である。同一説に立って行為の前提レヴェルで秩序0の可能性を問うとき、まさに克服されるべき事態として現われるのが、この「藪の中」である。これはちょうど、ホッブズ問題における「万人の万人に対する闘争」に対応するものである。ホッブズ問題が、功利主義の帰結である「万人の万人に対する闘争」を回避して、いかにして秩序1が可能であるかを問うのに対して、羅生門問題は、同一説の帰結である「藪の中」＝「世界の複数性」を克服して、いかにして世界の間主観的同一性（秩序0）を達成することは可能であるかを問うのである[3]。

違背実験

　ガーフィンケルが考案した違背実験は、対象の間主観的同一性を破壊することによって、人工的に「藪の中」を作り出そうとするものであったと考えることができる。ガーフィンケルが博士論文で行なった「医学校ニセ面接実験」をふりかえってみよう。

　この実験で、ガーフィンケルは、被験者の学生に、ニセの面接試験の録音を聞かせる。録音を聞いた学生は、録音のなかの受験生を「礼儀知らず」として知覚する。そのあと、ガーフィンケルは、学生に、面接官はその受験生を「上品で礼儀正しい青年である。……十分推薦に足る」と評価したこと、そして「録音を聞いた他の六人の面接官も同じ意見」であり、「あなたは［実験に協力してくれた］二六人目の学生だが、二三人までは［面接官と］同じ意見」であったなどと伝える。当然だれが聞いても「礼儀知らず」にちがいないと思っていた学生たちは、突然、対象の間主観的同一性をうちこわされ、混乱におちいる。学生たちはこのとき「藪の中」に投げこまれているといえる。たとえば、ある学生の反応は次のようなものであったという。

　わかりません……いまだに自分の最初の意見が正しいと思っています。私……私は……私のどこが……間違っていたんでしょうか。私は……私が間違った考え……初めから間違った態度を取っていたんだ。たしかに……私は……思ったんです……絶対にそうではないと。私には理解できません。まったく困ってしまいます。本当に、私は……私がなぜそんな間違いをしたのかわかりません。きっと、私の考え——人びとに対する私の評価は——恐ろしくひねくれていたんでしょう。たぶん私が悪かったんだ……恐らく私の価値観……が……狂っていたか……それとも違っていたんだ……他の三三人とでは。(Garfinkel［1967 = 1989：68］)

　それでは、羅生門問題に対してガーフィンケルはどのような解決を見出したのであろうか。その解決を、ガーフィンケルは「信頼」と呼ぶ。

4. 信頼

三目並べ実験

　ガーフィンケルが「羅生門問題」に対する解決を見出すために行なった違背実験の一つが「三目並べ実験」である。三目並べとは、3×3の升目に、二人のプレイヤーが交互にマークを置き、先に三目並べた方が勝ちという、五目並べに似たゲームである。この実験では、実験者は、何食わぬ顔をして、相手のマークを動かし、自分のマークを置く。実験の結果は以下の通りであった（表14-1）。

　縦軸は、被験者の混乱の程度を表わしている。

　横軸は、被験者が実験者のふるまいをどのように正常化しようとしたのかを表わしている。被験者が、なにも問題が起こっていないかのようにふるまい、実験者が新しいゲームをはじめたととらえた場合、被験者は、三目並べを放棄して、新しい秩序を打ち立てたとみなされた。被験者が、なにかトリックが隠されているとか、実験者がなにか未知のゲームをはじめた（たとえば、自分をからかっている）ととらえた場合、被験者は、三目並べは放棄したけれども、代わりの秩序をみつけるにいたっていないとみなされた。被験者が、実験者は三目並べでいかさまをしたととらえた場合、被験者は三目並べの秩序を維持しているとみなされた。

　この表は、三目並べゲームが維持されていると考えた被験者のうち、約半数に、驚きやとまどいや怒りなど大きな混乱がみられたことを示している（①）。この結果は、「二人のプレイヤーが交互にマークを置く」「相手のマークを動かしてはいけない」などのルールの共有こそゲーム秩序が成立するための条件であり、ルール違反はすぐさまゲーム秩序の混乱をもたらすことを示しているようにみえる。しかし、②のグループは、事態がそれほど単純ではないことを示している。このグループは、実験者が三目並べゲームとは異なる新しいゲーム（たとえば「相手のマークを動かしてもよい」というルールをもつゲーム）をはじめたととらえ、混乱がほとんど、あるいはまったくみられなかった人たちである。このグループは、ルール違反が自動的にゲーム秩序の混乱をもたらすわけではないことを示唆している。

		三目並べの放棄		三目並べの維持	計
		新しい秩序	未知の秩序		
混乱の程度	混乱なし／小	② 26	(※) 36	20	81
	混乱　中	3	46	32	81
	混乱　大	1	33	① 51	85
計		30	114	103	247

（注）　表は、ガーフィンケル（Garfinkel [1963 : 204]）より作成。
（※）　35 の誤りと思われる。

表 14-1　三目並べ実験の結果

```
    ゲーム秩序              日常生活の秩序
       ↑                       ↑
    基礎的ルール             日常生活の態度
       ↑ 構成的アクセント        ↑ 構成的アクセント
    構成的期待              構成的期待
```

図 14-1　ゲーム秩序の構成　　　図 14-2　日常生活の秩序の構成

構成的期待

　ガーフィンケルは、この実験結果を説明するために、図 14-1 のようなゲーム秩序のモデルを考える。

　ガーフィンケルは、同じルールが共有されていることをゲーム秩序の基礎と考える対応説的な見解に対して、「「より根源的な」前提」（Garfinkel [1963 : 198]）を追求する。同一説に立つかぎり、もはやルールが「同じ」であることを素朴に前提とするわけにはいかない。ルールの同一性がいかにして可能であるかがさらに問われなければならない。そして、ガーフィンケルは、ルールの間主観的妥当性を作り出しているものを「構成的期待」と呼ぶ。構成的期待とは、「(a) 可能な選択肢のうちから……を期待する、(b) それが自分に妥当するのと同様、他者にも妥当すると期待する、(c) こちらが、それが他者にも妥当すると期待しているように、他者もそれがこちらに妥当すると期待していると期待する」（ibid. : 209）という三つの期待のセットであり、これら三つの期待が付与された──「構成的アクセント」を付与された──選択肢が、そのつど基礎的ルールとなるのである。すなわち、ルールは、(a) ルールの自分自身に対する妥当の期待、(b) ルールが、自分だけでなく、他者にも間主観的に

妥当することの期待、(c) この期待が、自分だけの期待ではなく、他者と共有された間主観的な期待であることの期待、という三つの期待によってはじめて間主観的に妥当するものとなるのである。そして、ガーフィンケルは、この構成的期待が維持されている状態を「信頼」と呼ぶ。

> ある人々の共同的な環境の取り扱いが構成的期待によって支配されている場合、その人たちは互いを「信頼」しているという。(ibid.：193)

ガーフィンケルによれば、ゲーム秩序を支えているのは、ルールそのものではなく、そのルールを作り出している信頼なのである。
　このモデルを用いて実験結果を考察すると、②のグループは、「相手のマークを動かしてはいけない」というルールから構成的アクセントを剥奪して、別の選択肢「相手のマークを動かしてもよい」にアクセントを移したのだと考えられる。これによって、「相手のマークを動かしてもよい」が新たにルールとなり、この新しいルールに基づいて新しいゲームがはじめられたのである[4]。ここで注意しなければならないのは、新しいゲームに移行するために、プレイヤーの間でルールの変更が話し合われたり、なんらかの新たな合意がなされたりしたわけではないということである。②のグループの被験者は、構成的期待の (c) に従って、実験者が、マークを動かすことを、実験者にとって妥当する「正しい」手であると考えているばかりでなく、こちらにも妥当する「正しい」手であると考えている、と想定する。実験者の手を「正しい」手とするのは、選択肢「相手のマークを動かしてはいけない」ではなく、選択肢「相手のマークを動かしてもよい」である。この想定に従って、かれらは、構成的アクセントを、選択肢「相手のマークを動かしてはいけない」から、選択肢「相手のマークを動かしてもよい」に移動させたのである。すなわち、構成的期待が維持されているかぎり、相手は、自分の手を「正しい」と考えており、かつそれがこちらにもあてはまると考えていると想定されるため、相手の手を「正しい」ものにするルールが事後的に探し出されるのである。ルールの共有がゲームを成り立たせているのだとすれば、ルール違反はただちにゲームの混乱をもたらすはずである。しかし、この実験は、ゲーム秩序を支えているのはルールそのものではないこと、むしろルールは、構成的期待、すなわちルールの間主観的妥当性に対する信頼によって支えられているかぎりで、妥当しているにす

ぎないこと、そして信頼が働いているかぎり、ルールは事後的に発見されること、を示している。同一説に立ちつつ、ゲーム秩序の成立の条件を追求したガーフィンケルは、ルールの共有という事実ではなく、ルールが共有されているという仮定、すなわち信頼がゲームを成り立たせていることを発見したのである。

会話実験

　ガーフィンケルは、三目並べ実験から得られたゲーム秩序に関する知見を、日常生活の秩序へと拡張する。ガーフィンケルによれば、日常生活の秩序もまた基本的にはゲームの秩序と同じ構成をもっている（図14-2参照）。

　日常生活の秩序を構成する出来事は、それらが「他者と共通に知られている」ということによって、すなわち間主観的な同一性によって定義されるが、この性質は、構成的期待を付与された日常生活の諸仮定[5]から成る日常生活の態度によって作り出されるものである。シュッツによれば、行為者は各自のパースペクティヴから対象を知覚しているため、厳密にいえば、「ここ」にいるわたしが見ている対象と、「そこ」にいる他者が見ている対象とは「同じ」ではないのである。「共通に知られている」という性質を対象がもつためには、このパースペクティヴの違い＝「藪の中」が乗り越えられなければならない。そして、シュッツによれば、このパースペクティヴの違いは、日常生活の仮定の一つである「視界の相互性の一般定立」（Schütz [1962a＝1983a : 60]）によって乗り越えられるのである。視界の相互性の一般定立は「立場の交換可能性の理念化」と「レリヴァンス体系の一致の理念化」という二つの仮定から成り、この二つの理念化、すなわち知覚や価値の一致の仮定によって、対象の間主観的同一性が生み出されるのである。ガーフィンケルによれば、「世界の同一性は、立場の交換可能性の仮定による達成」（Garfinkel [1963 : 213]）なのである。同一説においては、世界の間主観的同一性は、知覚の一致や価値の一致（共通価値）によっては保証されない。なぜなら、知覚や価値の一致を担保しうる特権的な観察者がもはや存在しないからである。同一説に立つかぎり、世界の間主観的同一性は、知覚や価値の一致によってではなく、知覚や価値の一致の仮定によって作り出されるものである。そして、この仮定は、構成的期待が付与されているかぎりで、維持されているにすぎない。したがって、「世界の同一性は、事実的世界によって課される不確定性のもとでも、[立場の交換可

能性の〕仮定を維持する人間の「能力」によって保証されている」（ibid.：213）のである。同一説において、世界の間主観的同一性を根底において支えているのは、知覚や価値の一致の仮定を維持する能力である。そして、この能力こそ「信頼」である。

　ガーフィンケルは、日常生活の秩序を支えている信頼を可視化するために、一連の違背実験を行なったが、その一つが会話実験である。この実験は、レリヴァンスの一致の仮定を破棄するために行なわれたものである。レリヴァンスの一致の仮定に基づいて、「話し手は、他者が、自分の発言に、自分が意図している意味を付与するであろうと期待しており、したがって、いちいち確認したりしなくても何の話しをしているか双方ともわかっていると話し手が仮定することを、他者は認めるであろう、と期待している」（ibid.：220）。ガーフィンケルは、この期待を可視化するために、学生たちに、友人や知り合いと普通の会話をしているときに、相手に、あたりまえの発言の意味を説明するよう求めてみるように指示した。ガーフィンケルが報告している事例の一部は次の通りである（ibid.：222）。

（被験者）　あいつにはむかつく。
（実験者）　むかつくって、どこか具合が悪いのかい。
（被験者）　冗談だろ。おれの言ってることはわかるだろ。

　われわれは、「あいつにはむかつく」と言うとき、レリヴァンスの一致の仮定に従って、「むかつく」という言葉は、（a）自分にとって「頭にくる」ことを意味しているばかりでなく、（b）他者にとっても「頭にくる」ことを意味していると仮定し、さらに（c）こちらがそう仮定しているように、他者も同じように仮定していると仮定している。被験者の発言「おれの言ってることはわかるだろ」（You know what I mean）は、この仮定をみごとに可視化している。

　会話は、通常、語彙や文法の共有のうえに成り立っていると考えられているが、ガーフィンケルのこの実験は、会話が、語彙や文法の共有に基づいてではなく、語彙や文法の共有の仮定（「おれの言ってることはわかるだろ」）に基づいて進行していることを示している。そして、この仮定もまた構成的期待によって支えられている。ガーフィンケルは、ゲーム秩序と同様、日常生活の秩序

もまた、構成的期待、すなわち日常生活の諸仮定の間主観的妥当性に対する信頼のうえに成り立っていることを示したといえる。

5. 共通価値から信頼へ

パーソンズが「ホッブズ問題」において問うたのは、「同じ」対象をめぐる複数の行為者のあいだの争い（「万人の万人に対する闘争」）がいかにして回避されるかであった。そして、パーソンズはその解決を「共通価値」のうちに求めた。

これに対して、ガーフィンケルは、そもそも複数の行為者のあいだで対象が「同じ」であることはいかにして可能かを問う。われわれはこれを「羅生門問題」と呼んだ。ガーフィンケルの違背実験は、対象の間主観的同一性を破壊して、人工的に「藪の中」を作り出すことによって、「羅生門問題」に対する解決を実験的に見出そうとするものであった。相手が突然自分のマークを動かすとき、また相手が突然「むかつくって、どこか具合が悪いのかい」と尋ねてくるとき、被験者は、素朴に前提としてきたルールの同一性や言葉の意味の同一性をうちこわされ、「藪の中」に投げこまれる。そして、これらの被験者たちが「藪の中」を乗り越えるのは、対象の間主観的同一性の想定を維持しつづけることによってであった。医学校ニセ面接実験で、二度目に同じ録音を聞いた学生の一人は次のように述べている。

> 彼はさっきよりも感じがいい人のように思えました。……彼は今回はさっきより愛想がいいように感じました。彼は明晰に話をしていましたし、なんでも筋道立てて話していました。さっきはそんなふうには感じられなかったのですけれども。(Garfinkel [1952: 492])

この学生もまた、「面接官」や「他の学生たち」を信じて、知覚を再組織することによって、対象の間主観的同一性を回復しようとしている。ガーフィンケルは、このように自己と他者のあいだの世界の同一性を想定することを「信頼」と呼んだ。ガーフィンケルは、社会秩序はその根底において「信頼」によって支えられていることを見出したのである。

暗黒の中での跳躍

　この発見は、われわれに、ウィトゲンシュタインのパラドクスを思い起こさせる。ウィトゲンシュタインは次のように述べる。

　　われわれのパラドクスは、ある規則がいかなる行動のしかたも決定できないであろうということ、なぜなら、どのような行動のしかたもその規則と一致させることができるから、ということであった。(Wittgenstein [1968 = 1976 : 162])

　クリプキは、このパラドクスを展開して、次のような奇妙な例を考え出す。わたしは57以上の数の加法計算をしたことがないとする。そして今、わたしは「68 + 57」を計算しようとしている。わたしは、過去に行なってきた加法計算のルールに従って、「125」という答えを出す。そこに懐疑論者が現われて、わたしが過去に行なってきた計算のルールに従えば、答えは「5」であるはずだと言う。すなわち、わたしがそれまで従ってきたルールは、二つの数がどちらも57より小さい場合には加法計算を行ない、どちらか一方でも57以上であればすべて5になるというルールであった、と言うのである。じっさい、このルールもまた、わたしが過去において行なった計算と完全に両立するものである。この奇妙な例は、いかなる行為もそれを正常化するルールを事後的に発見しうること、逆にいえば、ルールは行為を決定することができないことを示している。「68 + 57」に「125」という答えを出すとき、われわれはルールに従ってそうしていると考えているが、じつは、われわれは「暗黒の中での正当化されていない跳躍」(Kripke [1982 = 1983 : 18]) を行なっているのである。

　三目並べゲームにおいて、相手がマークを置いたあとに、自分のマークを置くとき、われわれは三目並べのルールに従ってそうしていると考えている。しかし、三目並べ実験から明らかとなったのは、ルールは構成的期待によって支えられているかぎりで妥当しているにすぎないということであった。だが、ルールの妥当性が構成的期待によって保証されているということは、ゲーム秩序には、じつは、保証が存在していないことを意味している。というのも、構成的期待とは、ルールの間主観的妥当性についての期待が共有されていることについての主観的な期待である以上、それをさらに保証するものは、同一説に立

つかぎり、存在しないからである。したがって、三目並べにおいて、相手がマークを置いたあとに、自分のマークを置くとき、われわれもまた、じつは、「暗黒の中での跳躍」を行なっているのである。ゲーム秩序が、ルールそのものではなく、構成的期待、すなわちルールの間主観的妥当性に対する信頼によって支えられているということは、じつは、ゲーム秩序の底が抜けているということを意味している。

　事情は日常生活の秩序についても同じである。日常生活の秩序が、構成的期待、すなわちルールの間主観的妥当性に対する信頼によって支えられているということは、じつは、日常生活の秩序には基礎なるものは存在しないということ、日常生活の秩序は底が抜けていることを意味している。

　ガーフィンケルが行なった別の実験はこのことを視覚的に示してくれる。その実験では、ガーフィンケルは、学生たちに会話を記録するように言い、紙の左半分に、実際に話されたことを、右半分に、話し手がそれによって意味していることを書くように求めた。ガーフィンケルが報告している事例の一部は次のとおりである（Garfinkel [1967 = 1989 : 37]）。

（夫）	今日、ダナは抱き上げてやらなくてもパーキング・メーターにうまいこと1ペニー入れたよ。	私の四才になる息子のダナは、以前はいつもパーキング・メーターの高さまで抱き上げてやらねばならなかった。でも、私が彼を幼稚園から連れ帰った今日の午後、車を駐車場に留めた時には、息子はメーターの高さに十分手が届き、上手に1ペニーを投入することができた。
（妻）	あなた、あの子をレコード店に連れていったの？	息子がメーターに1ペニーを入れたのなら、あの子が一緒の時に、あなたは寄り道をしていたのだ。息子を連れに行く途中か、それともその帰り道のどちらかで、レコード店に立ち寄ったにちがいない。帰り道に寄ったのであの子はあなたと一緒だったのか？　それとも、迎えに行く途中でレコード店に寄り、帰り道にはどこか別の所に寄ったのか？

ガーフィンケルは学生たちにさらに説明するように求めるが、いくら説明しても、被説明項が増えるばかりで、「共有された合意」には到達せず、結局、学生たちは説明を断念する。この実験は、会話がなんらかの「共有された合意」に基づいて成り立っているのではなく、「おれの言ってることはわかるだろ」という仮定に基づいて進行していること、そしてこの仮定の下は、底無しの深淵であることを示している。

パーソンズにおいては、社会は共通価値という堅固な基礎の上に築かれていた。しかし、ガーフィンケルによれば、もはや素朴に価値が共通であることを前提とすることはできない。むしろ、価値が共通であることの可能性がさらに問われなければならないのである。社会化はこの問いに解決を与えるものではない。というのも、社会化は生活史の違いを取り除くことはできないし、生活史の違いは必然的にレリヴァンス体系の違いをもたらす。そして、このレリヴァンス体系の違いは「視界の相互性の一般定立」によって乗り越えられるほかはないからである。いいかえれば、価値が共通であることの可能性もまた、信頼によって支えられるほかはないのである。だが、共通価値もまた信頼によって支えられているということは、社会には基礎というものがないということ、社会はじつは底が抜けているということを意味している。というのも、信頼には、結局、客観的な保証はないからである。ガーフィンケルの違背実験は、この底の抜けた社会において「暗黒の中での跳躍」を続けているわれわれの姿を照らし出しているのである[6]。

注

1) 盛山（1991）は、シュッツやガーフィンケルによって提起された秩序問題を「日常世界的秩序問題」と呼んで、パーソンズによって定式化された「ホッブズ的秩序問題」から区別している。本稿は、盛山の言う「日常世界的秩序問題」の構造を明確にし、二つの秩序問題の関係を論じるものである。
2) たとえば、パーソンズは、功利主義が前提としている「合理的行為」の概念を次のように定式化している。「行為が合理的であるのは、それが、状況の諸条件のなかで可能な目的を追求し、行為者に入手可能な手段のうちで、実証的で経験的な科学によって検証され理解可能な理由に基づいて、目的にとって内在的に最も適合的な手段を用いる限りにおいてである」（Parsons [1968 = 1976 : 97-8]）。パーソンズは、この「合理性の規範」だけでは不十分であるとして、もう一つの規範、すなわち「価値の規範」を導入するが、この「合理性の規範」そのものを批判したわけではない。

3) シュッツもまたすでに、「行為者によって主観的に自明視されている世界が、観察者にとっても同様に疑問の余地のないものであるという保証は何もない。……だが、それにもかかわらず、少なくともある程度まで、人は他の人を理解することができる。このことはいかにして可能なのか」（Schütz［1962b = 1983b：170-1］）と問うていた。シュッツやガーフィンケルによって定式化された秩序問題と、ホッブズ問題との違いを無視して、シュッツやガーフィンケルによる秩序問題の取り扱いを批判している例として、アレクサンダー（Alexander［1987］）を参照。
4) 正確にいえば、「新しいゲーム」ではない。新しいルールは、最初の手にさかのぼって適用され、はじめから「相手のマークを動かしてもよい三目並べ」であったとみなされるからである。
5) ガーフィンケルは、「他者と共通に知られている」という性質を作り出す日常生活の仮定として、八項目を挙げている（Garfinkel［1963：210-4］）。それらは、①出来事の現われと意図された出来事の対応、②世界の出来事に対する実践的関心、③日常生活の時間パースペクティヴ、④エト・セトラ仮定、⑤対象の時間的同一性、⑥共通のコミュニケーション図式、⑦視界の相互性の定立（a：立場の交換可能性の仮定、b：レリヴァンスの一致の仮定）、⑧社会性の形式、である。
6) ジンメルは、すでに『貨幣の哲学』において、貨幣交換が、貨幣の継続的利用可能性に対する信頼によって支えられており、したがって根拠をもたないことを明確に述べていた（浜［2001］）。

文献

Alexander, Jeffrey, 1987, *Twenty Lectures*, New York: Columbia University Press.
Garfinkel, Harold, 1952, *The Perception of the Other: A Study in Social Order*, Ph.D. dissertation, Cambridge, Mass.: Harvard University.
―――, 1963, "A Conception of, and Experiments with, 'Trust' as a Condition of Stable Concerted Actions", O. J. Harvey (ed.), *Motivation and Social Interaction*, New York: Ronald Press.
―――, 1967, "Studies of the Routine Grounds of Everyday Activities", H. Garfinkel, *Studies in Ethnomethodology*, Englewood Cliffs, N. J.: Prentice-Hall.（＝G・サーサスほか著、北澤裕ほか訳、1989、「日常活動の基盤」『日常性の解剖学』東京：マルジュ社。）
浜日出夫、2001、「神と貨幣――ジンメルにおける社会学の形成」居安正・副田義也・岩崎信彦編『ゲオルク・ジンメルと社会学』京都：世界思想社。
―――、2004、「危機としての生活世界――シュッツの"discrepancy"概念」『年報社会科学基礎論研究』第3号、社会科学基礎論研究会。
Hobbes, Thomas, 1928, *The Leviathan*, London: J. M. Dent & Sons Ltd.（＝永井道雄・宗片邦義訳、1979、「リヴァイアサン」『ホッブズ　世界の名著28』東京：中央公論社。）

Kripke, Saul, 1982, *Wittgenstein on Rules and Private Language*, Cambridge, Mass.: Harvard University Press.（＝黒崎宏訳、1983、『ウィトゲンシュタインのパラドックス』東京：産業図書。）

黒澤明、1988、「羅生門」『全集黒澤明　第3巻』東京：岩波書店。

Parsons, Talcott, 1968, *The Structure of Social Action*, New York: Free Press.（＝稲上毅・厚東洋輔訳、1976、『社会的行為の構造　第1分冊』東京：木鐸社。）

Schütz, Alfred, 1962a, "Commonsense and Scientific Interpretations of Human Action", A. Schütz, *Collected Papers* I, The Hague: Martinus Nijhoff.（＝1983a、「人間行為の常識的解釈と科学的解釈」渡部光・那須壽・西原和久訳『アルフレッド・シュッツ著作集第1巻──社会的現実の問題』I、東京：マルジュ社。）

─────, 1962b, "Choosing among Projects of Action", A. Schütz, *Collected Papers* I, The Hague: Martinus Nijhoff.（＝1983b、「行為の企図の選択」前掲書。）

盛山和夫、1991、「秩序問題の問いの構造」盛山和夫・海野道郎編『秩序問題と社会的ジレンマ』東京：ハーベスト社。

Wittgenstein, Ludwig, 1968, *Philosophische Untersuchungen*, Oxford: Basil Blackwell.（＝藤本隆志訳、1976、『哲学探究』東京：大修館書店。）

人名索引

あ 行

アイゼンシュタット Eisenstadt, S. 187
芥川龍之介 275
アシュビー Ashby, R. 41
アドルノ Adorno, T. 130
アベレス Abeles, M. 166
アボラフィア Abolafia, M. 184
アリストテレス Aristoteles 201, 207, 209
アルチュセール Althusser, L. 134
アレクサンダー Alexander, J.C. vi, 236-250
アンダーソン Anderson, B. 148
インサル Insull, S. 185, 188
ヴァレラ Varela, F. 81
ウィトゲンシュタイン Wittgenstein, L. 219, 220, 285
ウィマー Wimmer, A. 134, 141-146
ヴィルケ Willke, H. 96
ウィンチ Winch, P. 32
ヴェーバー Weber, M. vii, 6, 29, 32, 43, 52, 57, 89, 114-121, 134-136, 140, 157, 176, 177, 215, 226
ウォード Ward, L.F. 20
ウズィー Uzzi, B. 184
エジソン Edison, T. A. 185
エリアス Elias, N. 136
エリツィン大統領 22
オースティン Austin, J. 220
オッカム Ockham, o.W. 219
オルテガ Ortega, G. 202

か 行

カイエ Caillé, A. 159, 161, 170
カズナー Kirzner, I. 187
カーツァー Kertzer, D. 214
ガーフィンケル Garfinkel, H. vi, 36, 37, 263, 264, 271-275, 278-284, 286, 287
カフカ Kafka, F. 123
ガリレオ Galilei, Galileo 83
川島武宜 158, 171
カント Kant, I. 64, 85, 102, 198, 199, 202, 206
ギアーツ Geertz, C. 247
キツセ Kitsuse, J. I. 39
ギディングス Giddings, F. H. 19
ギデンズ Giddens, A. 136, 139-141, 144, 257
クラストル Clastres, P. 166, 172
グラスナー Glassner, B. 249
グラノヴェター Granovetter, M. 176-189
グラムシ Gramsci, A. 130
クリプキ Kripke, S. 285
グールドナー Gouldner, A. 35, 247
黒澤 明 vi, 275
クワイン Quine, W. v. O. 81
ケージ Cage, J. 104
ケネディ大統領 243
ケルゼン Kelsen, H. 41
ゲルナー Gellner, E. 5, 8
ゲルハルト Gerhardt, U. 116
孝明天皇 8
ゴドリエ Godelier, M. 159
コーネル Cornell, D. 101
ゴフマン Goffman, E. vi, 257, 258
コール Cole, G.D.H. 4
コールマン Coleman, J. 13, 188
コント Comte, A. 10, 11, 19, 194, 271

さ 行

サイドマン Seidman, S. 40, 239
佐藤信淵 163
サーリンズ Sahlins, M. 159, 169
サン－シモン Saint-Simon, C. H. R. 9-11,

291

271
シェーラー Scheler, M. 19, 36
シュジェ師 200
シュッツ Schütz, A. vii, 33, 36, 37, 43, 75, 257, 260, 262, 271, 272, 274, 276, 277, 282
ジンメル Simmel, G. vii, 123, 176, 177
スウェドバーグ Swedberg, R. 178
ズーキン Zukin, S. 183
スコッチポル Skocpol, T. 137, 139
鈴木栄太郎 4, 5, 14
スピルマン Spillman, L. 147
スペクター Spector, M. B. 39
スペンサー Spencer, H. ix, 10, 11, 99
スペンサー＝ブラウン Spencer-Brown, G. 104
スミス Smith, Adam 11, 19, 157, 167, 168
スミス Smith, Anthony 8
スミス Smith, D. 130
スメルサー Smelser, N. 15, 177, 178, 180, 245
ゼライザー Zelizer, V. 183, 185, 188, 189
セルズニック Selznick, P. 100
ソシュール Saussure, F. 31, 66, 196, 240
ソローキン Sorokin, P.A. 118
ゾンバルト Sombart, W. 115

た・な行

高城和義 116
高田保馬 vi, 4, 18-21
ダグラス Douglas, M. 247
ターナー Turner, B. viii, 56
ターナー Turner, V. 247
田中成明 101
棚瀬孝雄 101
タルド Tarde, J. G. 19, 20
ダーレンドルフ Dahrendorf, R. 51
ダントー Danto, A. 205
チョムスキー Chomsky, N. 57, 249
ティエリ Thierry, J.N.A. 10
ディマジオ DiMaggio, P. 183
ティリー Tilly, C. 139-141

デュシャン Duchamp, M. 104
デュルケーム Durkheim, E. iii, vii, 29, 31, 33, 34, 57, 76, 94, 99, 157, 176, 177, 199, 230, 239-241, 243, 246, 247, 249
デリダ Derrida, J. 38, 40, 159, 161, 170
テンニェス Tönnies, F. 11, 20
トクヴィル Tocqueville, A. 138
富永健一 168-170
外山正一 10
ニーチェ Nietzsche, F. W. 38, 162
ノイラート Neurath, O. 66-71
ノネ Nonet, P. 100

は 行

バウマン Bauman, Z. v, 114-131
バウムガルテン Baumgarten, A. G. 207
バーガー Berger, P. L. 31, 33, 34, 36, 51, 59, 75, 185, 257
バース Barth, F. 187
パーソンズ Parsons, T. ii, iv-viii, 6, 13-15, 20, 21, 34, 35, 44, 48-71, 76, 80, 89, 95, 98, 99, 114-131, 137-139, 141, 177, 180, 215, 236-249, 271-275, 284
バタイユ Bataille, G. 167
バディ Badie, B. 139
バート Burt, R. 187
パトナム Putnam, H. 70
バトラー Butler, J. 38
パノフスキー Panofsky, E. 194, 199-201, 203
ハーバーマス Habermas, J. 80, 84, 89, 130, 172, 248
馬場靖雄 41
バルト Barthes, R. 247, 249
パレート Pareto, V. 157
平田篤胤 163
ビルンボーム Birnbaum, P. 139
フィアカント Vierkandt, A. 36
フェルスター Foerster, H. 81
福澤諭吉 8, 9, 23
フーコー Foucault, M. vii, 37, 38, 121, 130
フッサール Husserl, E. 36, 42, 85, 86

ブラウ Blau, P.　31, 165, 168
プラトン Platon　38, 39
フリッグスタイン Fligstein, N.　190
ブルア Bloor, D.　39
ブルデュー Bourdieu, P.　v, 13, 159, 168, 169, 178, 194-209
ブルーベイカー Brubaker, R.　147
フロイト Freud, S.　59, 123
フロベール Flaubert, G.　204
フロム Fromm, E.　118
ヘーゲル Hegel, G. W. F.　85, 143
ベッカー Becker, G.　13, 188
ベッカー Becker, H.　31-34, 37
ベック Beck, U.　19
ベネディクト Benedict, R.　164
ベラー Bellah, R.　20, 237, 240, 243-246, 248, 249
ベンディックス Bendix, R.　138, 141
ポッジ Poggi, G.　139
堀田正睦　8
ホッブズ Hobbes, T.　271-274, 277, 284, 287
ボードリヤール Baudrillard, J.　159
ボナルド Bonald, d.　162
ポパー Popper, K.　39, 76
ホブズボーム Hobsbawm, E.　148
ホマンズ Homans, G. C.　31
ポランニー Polanyi, K.　177, 181
ホルトン Holton, R.　56
ホワイト White, H.　177, 188

ま行

マーシャル Marshall, T. H.　134, 137-141, 145
マッキーヴァー MacIver, R.　4, 11, 12, 14, 20
松島　剛　10
マトゥラナ Maturana, H.　81
マートン Merton, R. K.　30
マルクス Marx, K.　vii, 11, 38, 44, 89, 99, 119, 120, 124, 128, 130, 143, 167, 171, 176
マン Mann, M.　134, 141-146
マンドヴィル Mandeville, B.　171, 172
マンハイム Mannheim, K.　53-56, 89
ミード Mead, G. H.　31
ミード Mead, M.　195
ミル Mill, J. S.　16, 157
ミルズ Mills, C. W.　136, 137
メストル Maistre d.　162
メルッチ Melucci, A.　76
メルロ=ポンティ Merleau-Ponty, M.　242
モース Mauss, M.　v, 159-166, 169-172, 199, 201

や・ら・わ行

ヤコブソン Jakobson, R.　57
ヤヌコビッチ大統領　22
ユクスキュル Uexküll, J.　75
ユーシェンコ大統領　22
ライベンスタイン Leibenstein, H.　156
ラッセル Russell, B.　67
リカード Ricardo, D.　16
リップス Lipps, T.　19
リンカーン大統領　243
ルックマン Luckmann, T.　31, 33, 34, 36, 75, 185
ルーマン Luhmann, N.　iv, vii, 41-43, 66, 74, 76, 77, 79-88, 90, 94-108, 178, 236
レヴィ=ストロース Lévi-Strauss, C.　31, 57, 66, 157-159, 162, 247
レヴィナス Levinas, E.　130
レーニン Lenin, V. I.　125
ロック Locke, J.　11, 256
ローティ Rorty, R.　70
ロバートソン Robertson, R.　viii, 19
ロールズ Rawls, J.　168
ロング Wrong, D.　58, 182
ワトソン Watson, J. W.　57

人名索引 | 293

編者紹介
富永健一（とみなが けんいち）
1931 年東京都生。東京大学文学部社会学科卒業。東京大学大学院博士課程単位取得。博士（社会学，東京大学），（経済学，京都大学）。現在，東京大学名誉教授。社会学専攻。著書，『社会変動の理論』（岩波書店，1965 年），『社会学原理』（岩波書店，1986 年），『日本の近代化と社会変動』（講談社学術文庫，1990 年），『経済と組織の社会学理論』（東京大学出版会，1997 年），『戦後日本の社会学』（東京大学出版会，2004）など多数。

執筆者紹介 （掲載順）
盛山和夫（せいやま かずお）
1948 年鳥取県生。東京大学大学院社会学研究科博士課程単位取得。博士（社会学）。現在，東京大学大学院人文社会系研究科教授。社会学専攻。主著，『社会調査法入門』（有斐閣，2004 年）。

油井清光（ゆい きよみつ）
1953 年神戸市生。神戸大学大学院文化学研究科単位取得修了。博士（文学）。現在，神戸大学文学部社会学専修教授。理論社会学，社会学史専攻。近著，『身体の社会学』（共著，世界思想社，2005 年）。

徳安　彰（とくやす あきら）
1956 年佐賀県生。東京大学大学院社会学研究科博士課程単位取得。現在，法政大学社会学部教授。社会システム理論専攻。主著，『パーソンズ・ルネッサンスへの招待』（共編著，勁草書房，2004 年）。

馬場靖雄（ばば やすお）
1957 年新潟県生。京都大学大学院文学研究科博士課程単位取得。現在，大東文化大学経済学部教授。理論社会学専攻。訳書，ルーマン著『社会の芸術』（法政大学出版局，2004 年）。

進藤雄三（しんどう ゆうぞう）
1954 年群馬県生。京都大学大学院文学研究科博士課程単位取得。博士（文学）。現在，大阪市立大学大学院文学研究科教授。理論社会学，医療社会学専攻。訳書，ロバートソンほか編著『近代性の理論』（共訳，恒星社厚生閣，1995 年）。

佐藤成基（さとう しげき）
カリフォルニア大学ロサンゼルス校大学院修了。博士（社会学）。現在，法政大学社会学部助教授。比較ナショナリズム研究，社会学理論専攻。訳書，ブルーベイカー著『フランスとドイツの国籍とネーション』（共訳，明石書店，2005 年）。

荻野昌弘（おぎの まさひろ）
1957 年千葉県生。パリ第七大学大学院社会科学研究科修了。博士（社会学）。現在，関西学院大学社会学部教授。文化社会学専攻。近著，『零度の社会』（世界思想社，2005 年）。

渡辺　深（わたなべ しん）
1949 年東京都生。カリフォルニア大学ロサンゼルス校大学院修了。博士（社会学）。現在，上智大学総合人間科学部教授。経済社会学，組織社会学専攻。主著，『経済社会学のすすめ』（八千代出版，2002 年）。

田中秀隆（たなか ひでたか）
1958年東京都生。東京大学大学院社会学研究科博士課程単位取得。現在，大日本茶道学会副会長（茶名：仙堂）。芸術社会学専攻。主著，『茶道のイデア』（茶道之研究社，1997年）。

志田基与師（しだ きよし）
1955年山形県生。東京大学大学院社会学研究科博士課程単位取得。現在，横浜国立大学大学院環境情報研究院教授。理論社会学，数理社会学専攻。主著，『平成結婚式縁起』（日本経済新聞社，1991年）。

鈴木健之（すずき たけし）
1961年宮城県生。法政大学大学院社会科学研究科社会学専攻博士後期課程修了。博士（社会学）。現在，盛岡大学文学部助教授。社会学理論，文化社会学専攻。主著，『社会学者のアメリカ』（恒星社厚生閣，1997年）。

片桐雅隆（かたぎり まさたか）
1948年東京都生。東京都立大学大学院社会科学研究科社会学専攻博士課程単位取得。博士（文学，早稲田大学）。現在，千葉大学文学部教授。理論社会学，自己論，現代社会論専攻。主著，『過去と記憶の社会学』（世界思想社，2003年）。

浜　日出夫（はま ひでお）
1954年生。大阪大学大学院人間科学研究科博士課程中退。現在，慶應義塾大学文学部教授。社会学説史，知識社会学専攻。主著，『実践エスノメソドロジー入門』（共著，有斐閣，2004年）。

理論社会学の可能性
客観主義から主観主義まで

初版第1刷発行　2006年2月6日Ⓒ

編　者	富永健一	
発行者	堀江　洪	
発行所	株式会社　新曜社	
	101-0051　東京都千代田区神田神保町2-10	
	電話（03）3264-4973（代）・FAX（03）3239-2958	
	URL : http://www.shin-yo-sha.co.jp/	
印　刷	長野印刷商工	Printed in Japan
製　本	難波製本	
	ISBN4-7885-0976-8　C3030	

──── 好評関連書より ────

P・バーガー、T・ルックマン 著／山口節郎 訳
現実の社会的構成　知識社会学論考
四六版 344 頁
本体 2,900 円

知識と現実との弁証法的関係に〈社会的なるもの〉の核心をとらえ、現代社会学の底流を方向づけた世界的名著。『日常世界の構成』の改題・新版。

J・クルター 著／西阪　仰 訳
心の社会的構成　ヴィトゲンシュタイン派エスノメソドロジーの視点
四六版 320 頁
本体 2,900 円

「心」はあなたの内になく、外にある。ヴィトゲンシュタイン派言語哲学に基づく日常言語の分析を通して、心のありかと本質を探究する。

D・オーウェン 著／宮原浩二郎・名部圭一 訳
成熟と近代　ニーチェ・ウェーバー・フーコーの系譜学
四六版 448 頁
本体 3,900 円

近代思想・哲学界の三巨星が「成熟」をめぐる理論化の伝統のなかに新たな相貌を現わす。〈批判としての系譜学〉の大胆な試み。

山口節郎 著
現代社会のゆらぎとリスク
四六版 296 頁
本体 2,800 円

「危機」は現代の社会システムと人びとの行動原理に根ざした必然であることを、その構造の根底から捉えた理論的作品集。

坂本佳鶴恵 著
アイデンティティの権力　差別を語る主体は成立するか
四六版 368 頁
本体 3,500 円

言葉を奪われ、主体性を否定されたマイノリティは、差別を語ることができるか。ゴフマンらの社会理論を精査し、主体の可能性を提起する。

安田　雪 著
実践ネットワーク分析　関係を解く理論と技法
A5版 200 頁
本体 2,400 円

ネットワーク分析をツールとして使うための基本的概念から分析の手法まで、生きた事例を織り込み、直ちに応用できるよう解説。

（表示価格に税は含みません）

──── 新 曜 社 ────